Découvrez l'histoire par les archives de presse

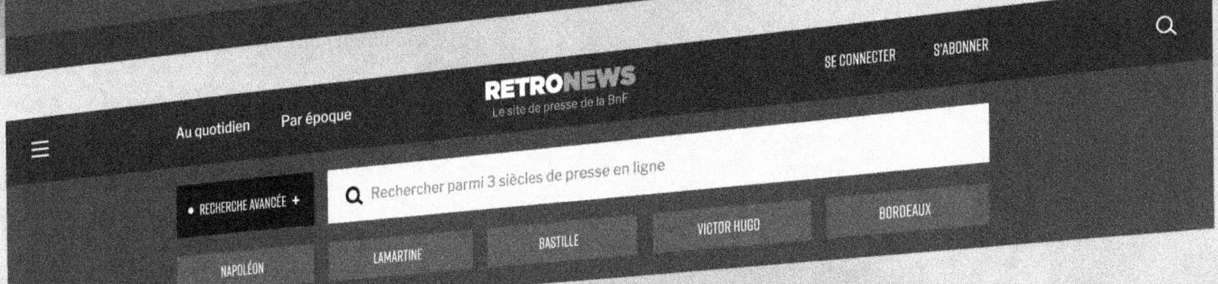

15ᵉ année — Nᵒ 1. — Edition des Départements. — Un Nᵒ 10 c. — Dimanche 2 Janvier 1887.

LE
Dimanche illustré

ANNONCES ET RÉCLAMES

A l'Administration, 28, rue du Faubourg Arnaud-Bernard, Toulouse.

DIRECTION ET ILLUSTRATIONS
PAR
Louis-Victor GESTA
ARTISTE PEINTRE-VERRIER
Chevalier de l'Ordre de Saint-Sylvestre.

ABONNEMENTS

Toulouse, un an . . . . . 5 fr.
Départements . . . . . . 6 fr.

SIMON DE MONTFORT

SIMON DE MONTFORT

Simon de Leicestre, comte de Montfort, est une des grandes figures de notre histoire du Midi. — Fort jeune encore lors du partage des biens de Simon II, comte d'Evreux, son père, il eut pour sa part les comtés de Montfort et de Leicestre, dont il prit les noms. — Avant de se faire connaître dans le Languedoc, il s'était déjà distingué par sa bravoure qui fit beaucoup espérer de lui, et qui lui valut l'alliance des Montmorency ; il passa, peu de temps après son mariage, en la Terre-Sainte, où il multiplia ses hauts faits d'armes, et il était de retour de Judée, lorsque survinrent les luttes entre les partisans de l'Eglise et Raymond VI, comte de Toulouse. Lié avec le duc de Bourgogne, qui l'avait engagé à suivre la croisade contre les hérétiques Albigeois, il devint, par ses grandes qualités, un des chefs de l'entreprise. — Vers l'an 1210, Carcassonne fut assiégée et prise. — Le comte de Toulouse ayant été excommunié, Simon de Montfort tourna les armes contre lui. En 1212, il convoqua, à Pamiers, une assemblée générale de chevaliers qui décida de s'opposer aux forces réunies des comtes de Toulouse, de Foix, de Comminges et du roi d'Aragon. Les hostilités commencèrent. La bataille de Muret fut un triomphe pour Montfort et consacra sa renommée. — Quelques temps après, le comte de Toulouse parvint à réunir une armée et recommença les hostilités. Au commencement de 1218, Raymond avait remporté quelques avantages et le château Narbonnais, résidence de Montfort, fut le but vers lequel ses attaques se dirigèrent. Simon accepte le combat et vole sur tous les points, ranimant par ses cris et son activité le courage de ses soldats. Tout à coup un trait frappe la tête de son cheval qui s'emporta et le conduisit à portée d'un soldat de Raymond qui lui perça la cuisse d'un coup d'arbalète. Guy de Montfort parvint enfin à arrêter le fougueux coursier et fit soigner Simon. Mais pendant que le général des croisés s'avançait pour indiquer à son père la direction qu'il voulait faire prendre à ses soldats, une énorme pierre lancée d'un mangonau, tomba d'aplomb sur sa tête et la lui fracassa. — C'est à cela que Raymond fut redevable de la victoire.

LES SAINTS DE LA SEMAINE

Dimanche, 2 janvier. — Saint MACAIRE.
Saint Macaire (le jeune) naquit à Alexandrie. Il se retira dans les déserts de la Thébaïde. Il mérita d'être exilé par son inviolable attachement à la doctrine catholique. Enfin, après avoir atteint une extrême vieillesse, il s'endormit dans le Seigneur, vers l'an 394.

Lundi, 3 — Sainte GENEVIÈVE.
Le village de Nanterre, situé à deux lieues de Paris, eut la gloire, vers l'an 422, de donner à l'Eglise cette sainte illustre que la capitale de la France s'honore d'avoir pour patronne. Geneviève n'avait que sept ans, lorsqu'elle se consacra solennellement à Dieu. Elle fut éprouvée par le feu des tribulations. A la calomnie se joignit bientôt la persécution, lorsqu'elle essaya de rassurer ses compatriotes contre les alarmes que leur causait l'approche d'Attila ; mais l'évènement la justifia. Elle mourut l'an 512.

Mardi, 4. — Saint GRÉGOIRE.
Grégoire était un des principaux sénateurs de la ville d'Autun. On le plaça malgré lui sur le siège de Langres, à la cinquante-septième année de son âge. Saint Grégoire de Tours, son arrière petit-fils, rapporte que, non content de passer dans de fervents entretiens avec Dieu tout le temps qu'il avait de libre pendant tout le jour, il se levait secrètement la nuit pour aller à l'église, dont les Anges lui ouvraient les portes. Il mourut au commencement de l'année 541, quelques jours après l'Epiphanie.

Mercredi, 3. — Saint SIMÉON STYLITE.
Saint Siméon naquit à Sisan sur les confins de la Cilicie et de la Syrie, vers l'an 390. Il embrassa la vie monastique, où il

se livra à la pénitence, au point de passer
des carêmes entiers sans prendre de nourriture. il se sentit inspiré de monter sur
différentes colonnes qui s'élevèrent successivement jusqu'à la hauteur de quarante
coudées, et où il ne pouvait demeurer que
debout. Ce fut ainsi qu'il passa les trente-six
dernières années de sa vie. Sa mort arriva
l'an 459.

Jeudi, 6. — L'ÉPIPHANIE DE N.-S.

Le principal objet de la fête de l'Epiphanie est d'honorer la manifestation de J.-C.
aux Mages. Cette solennité doit nous être
d'autant plus chère, que les Mages étaient
les prémices de la gentilité, qui, par un
secret jugement de Dieu, devait bientôt être
substituée aux enfants d'Abraham: Aussi
l'Épiphanie a-t-elle toujours été regardée
comme une des principales fêtes de l'année.

Vendredi, 7. — Saint LUCIEN, martyr.

Saint Lucien était de Somosate en Syrie.
Devenu prêtre, il entreprit de donner une
nouvelle édition des livres saints, en corri-
geant les fautes qui s'étaient glissées dans le
texte de l'Ancien et du Nouveau testament.
Cette nouvelle édition mérita une estime
universelle, et fut d'un grand usage à saint
Jérôme. Quoique prêtre d'Antioche, ce fut à
Nicomédie qu'on l'arrêta, lorsque Dioclétien
y publia ses premiers édits contre les chrétiens. Il consomma son martyre l'an 312.

Samedi, 8. — Saint APOLLINAIRE, évêque.

Claude Apollinaire, évêque d'Hiéraple en
Phrygie, fut une des plus brillantes lumières du second siècle de l'Église. Ce saint
pasteur osa prendre ouvertement la défense
des chrétiens dont le paganisme avait conjuré la perte entière. Il fit leur apologie,
qu'il adressa à l'empereur Marc Aurèle,
vers l'an 177. Il paraît que Marc Aurèle
reçut favorablement un ouvrage si solide,
et qu'il arrêta pour le moment la fureur des
ennemis du christianisme ; saint Apollinaire continua de s'appliquer avec zèle au
gouvernement de son Église. On ignore
l'époque de sa bienheureuse mort.

A TRAVERS LE MONDE CATHOLIQUE

NOUVELLES DE ROME

LES NOCES D'OR DE S. S. LÉON XIII. —
Léon XIII a été ordonné prêtre le 31 décembre 1837. A cette époque il était déjà
marqué par la Providence pour le pontificat
suprême.

S'il est d'usage, pour les noces terrestres,
d'assembler, après 50 ans, les enfants et les
arrière-petits-enfants, pour rendre grâces
à Dieu, ceci convient merveilleusement
pour le sacerdoce, qui confère à un homme
la véritable paternité sur des générations
d'âmes.

Que sera-ce s'il s'agit du Père commun
des fidèles ?

Plusieurs évêques ont signalé ce joyeux
anniversaire dans des mandements, et, à
peine monté sur le siège de Paris, Mgr
Richard veut achever « l'année remplie
d'impérissables souvenirs pour son diocèse,
en saluant l'aurore de l'année du jubilé
sacerdotal de Léon XIII. »

« La voix de Léon XIII n'a cessé, dit-il,
de se faire entendre depuis neuf ans, » et
après avoir passé en revue les enseignements doctrinaux du Pape, pour tirer par
l'enseignement de la vérité les intelligences
de l'anarchie et de la tempête des doctrines
fausses, S. G. ajoute:

« Le souvenir de l'Encyclique par
laquelle Léon XIII a si nettement défini la
constitution chrétienne des Etats est présent
à tous les esprits. Des opinions audacieuses
tendent au bouleversement complet des institutions sociales et des gouvernements ;
des esprits timides cherchent dans des doctrines affaiblies un fondement ruineux pour
la société ; le Souverain-Pontife rappelle
l'enseignement de l'Eglise qui maintient à
travers les siècles les principes fondamen-
taux de l'ordre social et qui laisse l'essor
libre à l'activité humaine, dans les chan-
gements qu'amène forcément le cours des
âges. L'Eglise ne repousse aucune forme
politique dès que l'on reconnaît les droits
de Dieu dans le gouvernement des sociétés
humaines, et elle tempère avec une con-
descendance maternelle sa discipline pour
l'accommoder aux nécessités des lieux e.

des temps, toujours attentive à poursuivre le but que lui a assigné son divin Fondateur, le salut éternel des âmes.

« N'est-il pas vrai, que tout homme qui réfléchit au spectacle que nous avons sous les yeux, reconnaît la nécessité de se rapprocher de cette chaire de Pierre, sur laquelle s'appuie l'Eglise tout entière ? C'est là ce que nous ferons en célébrant le Jubilé sacerdotal de Léon XIII. Autant que nous pouvons juger des desseins de la Providence, ce sera une manifestation de la vie de l'Eglise, destinée à exercer une influence salutaire sur la société contemporaine. »

Le 23 décembre, à l'occasion de Noël, le Collège des cardinaux est allé présenter ses souhaits au Pape.

En réponse au discours du doyen du Sacré-Collège, le Pape a protesté contre le mouvement anti-clérical de l'Italie, contre les attaques dont sa personne et l'Eglise sont l'objet, contre la loi qui dépouille l'Eglise des derniers restes de son patrimoine et contre l'ingérence indue de l'élément laïc.

Le pape a protesté également contre l'expulsion des Religieuses, contre les meetings anticléricaux organisés avec la tolérance du gouvernement, et a constaté qu'il ne lui restait d'autre liberté que celle laissée aux Pontifes romains dans les premiers temps de l'Eglise.

Il a terminé son allocution en renouvelant toutes ses protestations contre la situation qui lui est faite.

A l'occasion de la Noël, le Pape a fait distribuer 12,000 francs aux pauvres et 160 lits neufs à autant de familles indigentes de Rome.

— Le Souverain-Pontife a adressé un bref très important à la Société des intérêts catholiques. Dans ce bref, après avoir loué les efforts généreux et le zèle actif des membres de la Société, le Saint-Père stigmatise la guerre odieuse, continuelle et implacable faite à l'Eglise catholique et à son Chef dans la ville même où siège le Pontife, rendant ainsi sa situation de plus en plus intolérable et prouvant bien que les sectes, en dépouillant le saint-siège du pouvoir temporel, que les siècles avaient consacré pour sa liberté et son indépendance, n'ont eu en vue que l'anéantissement de la foi religieuse et la destruction de la religion du Christ.

— On télégraphie de Rome à l'agence Reuter que le cardinal Jacobini, secrétaire d'Etat, a remis au Pape sa démission, motivée par des raisons de santé.

Léon XIII a refusé d'accepter, mais on s'occupe pourtant de choisir un successeur au cardinal.

— Un journal italien avait dit dernièrement que les négociations entre l'Angleterre et le Vatican, pour le rétablissement des relations diplomatiques, avaient été interrompues par suite des prétentions exagérées formulées par le Saint-Siège.

Le *Moniteur de Rome* déclare que cette information est absolument inexacte, et il ajoute, sous toutes réserves, que le voyage de lord Hartington à Rome pourrait bien se rattacher à des questions ecclésiastiques.

DIOCÈSES DE FRANCE

PARIS. — *La charité administrative.* — Voici à quoi servent les paperasses qui coûtent des millions :

— Un vieux cocher tout grelottant de fièvre, tout mouillé, se présentait la nuit dernière au poste du boulevard Diderot. — Je suis sans emploi, sans domicile, dit-il au brigadier de service, et de plus je suis malade. Voyez comme j'ai le ventre enflé ! Je suis allé dans plusieurs hôpitaux, mais on m'a répondu qu'on ne pourrait me recevoir que demain matin, après la visite du médecin. Voici mes papiers, je me nomme André Augier et je suis un honnête homme; mais je vous prie de me mettre au violon cette nuit... Touchés de cette infortune, les gardiens de la paix étendirent près du poêle, au milieu du poste, un matelas sur lequel ils installèrent le vieux cocher. Vers cinq heures, il cria: Je souffre ! je souffre ! On courut immédiatement chercher le docteur Godeau, mais à son arrivée il ne put que constater un décès.

— *Un escroc.* — On nous prie d'insérer la communication suivante :

« Un soi-disant instituteur révoqué, se donnant tantôt le nom de Foisel, tantôt celu de Bourgeois, et en ces derniers temps celui d'Armant, parcourt depuis quelque temps les principales villes du centre et de l'ouest de la France, faisant appel à la charité des personnes compatissantes et surtout des communautés religieuses. Muni d'une lettre fabriquée, portant la signature du supérieur d'une école libre de Lunéville, et plus souvent de M. le chanoine Brisson, supérieur du collège de Saint-Bernard, à Troyes, il surprend la bonne foi des personnes bienfaisantes. Il n'y a rien de vrai dans ce qu'il raconte, et ce prétendu persécuté n'est qu'un escroc, que nos lecteurs feront bien de signaler à la police, s'il s'adresse à eux. »

(Semaine de Paris).

— *Le mariage des prêtres.* — La première chambre du tribunal civil de la Seine vient de statuer sur la question du mariage des prêtres.

On se souvient que le 30 janvier de cette année, la cour d'Amiens a rendu un arrêt qui, revenant sur toute la jurisprudence antérieure, a déclaré valable le mariage contracté par un ancien prêtre catholique.

Le tribunal de la Seine, au contraire, énonce que les anciens canons, autrefois reçus en France et prohibant le mariage des prêtres, ayant été remis en vigueur, le mariage est nul.

Dans l'espèce actuelle, la nullité du mariage était demandée par Mme Rouet, pour laquelle se présentait M⁰ Clunet. M⁰ Bousquet plaidait pour M. Rouet. M. le substitut Faleimagne avait énergiquement conclu dans le sens de l'arrêt d'Amiens.

— *Les léproseries.* — La *Gazette de France* donne sous ce titre une lettre très naïve de M. Ordinaire au ministre, pour se plaindre du mépris dont on couvre certains instituteurs laïcs qui ont volé l'école des congréganistes et qui veulent, malgré les parents, donner une éducation sans Dieu aux enfants :

« Monsieur le ministre,

« Vous ne savez pas encore (mais vous ne tarderez pas à le savoir) comment la loi de laïcité et d'obligation est appliquée dans certains départements de l'Ouest où la République ne semble être connue que de nom.

« Eh ! bien, voici quelques renseignements que je tiens d'un de mes anciens camarades de l'École normale, un professeur des plus distingués, un homme digne de foi, que je ne nomme pas, parce qu'il ne veut pas être nommé.

« Dans deux communes de la Loire-Inférieure, les instituteurs congréganistes ont été remplacés par des laïques, et les laïques y sont traités en parias.

« L'une est Philbert-de-Grandlieu. Là, il avait été fait défense aux bouchers de livrer de la viande à l'homme de la loi scélérate, et aux barbiers de le raser.

« A Frossay, près Paimbœuf, l'interdit n'est pas levé, et l'école laïque est isolée et tenue pour suspecte COMME UNE LÉPROSERIE.

« L'institutrice n'est désignée dans le pays que sous le sobriquet de *Madame Obligatoire*. Elle et son mari n'ont de relations qu'avec de rares fonctionnaires assez hardis pour braver l'influence de M. de Lareinty, toute-puissante dans cette région.

« Car voici la situation de l'école laïque de ce malheureux pays : non seulement la boucherie publique est interdite au directeur, mais la municipalité lui refuse tout. »

Mais puisque les parents, dit le journal *La Croix*, refusent les enfants, pourquoi donnerait-on des fournitures de bureau.

On ne refuse pas un passe-port pour s'en aller, et voilà où la *Gazette* nous paraît se tromper : les lépreux des léproseries sont aimés par ceux qui se dévouent à les ouvrir, mais ici on n'a aucun amour pour ces lépreux, plus hideux que les traîtres.

Nous félicitons les paysans qui on surnommé la citoyenne institutrice, qui chasse les Sœurs, de ce nom si vrai : *Madame Obligatoire*.

AUTUN. — Il y a cinquante ans, à pareil jour, dit la *Semaine religieuse* d'Autun, Mgr d'Héricourt ordonnait neuf prêtres. Cinq sont survivants. L'un d'eux, l'éminentissime cardinal Pitra, après avoir été professeur de rhétorique au petit séminaire d'Autun, puis bénédictin de Solesmes, est à cette heure bibliothécaire de la sainte Église Romaine, évêque suburbicaire de Porto et Sainte-Rufine, et sous-doyen du Sacré-Collège. Nous n'entreprendrons pas de retracer sa vie; notons seulement que sa vaste érudition ecclésiastique l'a conduit à cette haute dignité.

Après avoir publié l'*Histoire de saint Léger et de son siècle*, il se lança dans une étude plus large et rechercha dans les principales bibliothèques de l'Europe les sources primitives de la tradition catholique, et recueillit une riche collection de documents inédits qu'il publia en partie dans les quatre volumes de son *Spicilegium Solesmense*.

Un article qu'il publia dans l'*Univers* sur une édition des canons grecs attira l'attention de Pie IX. Il fut mandé par le Saint-Père, envoyé en mission scientifique à Saint-Pétersbourg et à Moscou et, lorsqu'il vint rendre compte de sa découverte, le Pape voulut le retenir auprès de sa personne et le revêtit, malgré sa résistance, de la pourpre romaine. Ce que Dom Guéranger a fait pour la liturgie romaine, le cardinal Pitra l'a fait pour la tradition patriotique et pontificale. Après le *Spicilège* de Solesmes, huit volumes in-4° ont paru ; deux autres sont sous presse, et d'autres encore en préparation. Dieu veuille donner à l'illustre savant le temps de tout conduire à bonne fin !

C'est le 18 décembre que l'éminentissime cardinal Pitra a célébré ses noces d'or sacerdotales, dans son antique église suburbicaire, avec le concours de trois Abbés de la Congrégation bénédictine de France, dont il est le protecteur officiel, après en avoir été le membre le plus illustre. Par un touchant rapprochement, il a conféré, ce même jour, l'ordre de la prêtrise à l'un des jeunes profès de la Congrégation, au R. P. Bourgeois, de l'abbaye de Sainte-Madeleine de Marseille.

AVEYRON. — MM. les Sénateurs et députés conservateurs de l'Aveyron viennent d'adresser à leurs électeurs l'appel suivant :

Chers concitoyens,

Nous avons lutté, jusqu'à la dernière heure, au Sénat comme à la Chambre des députés, pour défendre la liberté d'enseignement et les droits sacrés des pères de famille.

Vous nous aviez donné ce mandat, nous croyons l'avoir fidèlement rempli.

Malgré nos efforts, la loi du 30 octobre dernier va enlever à nos écoles communales les Frères et les Sœurs qui avaient votre confiance.

A peine promulguée, cette loi a reçu dans notre département une odieuse et brutale application.

Les Frères ont été chassés d'Espalion. Cette guerre aux instituteurs chrétiens se fera demain partout.

En attendant que devenus la majorité dans le Parlement, nous puissions, par une loi nouvelle, rendre à la liberté et à la conscience publique les droits qui viennent de leur être ravis, nous avons avec vous une tâche à remplir.

A côté de l'école athée, nous devons ouvrir l'école chrétienne.

En face de chaque établissement fermé à nos *Frères et à nos Sœurs*, nous devons ouvrir un établissement semblable, qui les reçoive aussitôt, et où les élèves s'empresseront de les suivre.

Nous traverserons ainsi les mauvais jours.

Nous permettrons ainsi aux pères et mères chrétiens de sauver leurs enfants d'une éducation qui menace de combattre et d'étouffer en leurs âmes leurs convictions les plus chères et nos plus saintes croyances. Pour atteindre ce résultat, nous avons besoin de votre généreux concours.

Nous formons dans ce but un comité départemental chargé de recueillir les souscriptions, d'en organiser et d'en surveiller l'emploi, et nous venons vous dire : Vous voulez lutter avec nous contre l'instruction irréligieuse ! donnez-nous aujourd'hui vos offrandes, comme hier vous nous donniez vos voix.

Cet appel, chers concitoyens, vous l'entendrez, catholiques, chrétiens, amis de la liberté, c'est la cause de la liberté, de la civilisation chrétienne, de la religion, que nous soutiendrons ensemble.

Tous vous tiendrez à honneur de vous y associer. Tous vous apporterez votre obole à l'œuvre, nous en sommes convaincus, et c'est du plus profond de notre cœur que nous vous en remercions, au nom de la France chrétienne et de notre catholique Aveyron.

Delsol, Meyran, Lacombe, sénateurs Cibiel, Barascud, Calvet-Rogniat, Roques, de Montéty, de Benoît, députés.

Les honorables sénateurs et députés conservateurs de l'Aveyron ne se sont pas contentés de cet appel : ils ont tenu à prêcher d'exemple. Nous apprenons qu'en même temps qu'ils publiaient l'appel éloquent que nous venons de reproduire, ils souscrivaient au profit des écoles chrétiennes les sommes suivantes, qui figureront en tête de la première liste de souscription.

MM. Delsol, sénateur, 2.000 fr.; Mayran, sénateur, 10,000 fr.; Lacombe, sénateur, 1,000 fr.; Cibiel, député, 40,000 fr.; Barascud, député, 500 fr.; Calvet-Rogniat, député, 1,000 fr.; Roques, député, 1,200 fr. de Montéty, député, 1,000 fr.; de Benoît, député, 1,000 fr.

Ce qui donne déjà un total de 57,700 francs.

Quel bon exemple à suivre !

CAEN. — Mme le Prestre de Vauban, en religion sœur Ste-Chantal, attachée au couvent des Sœurs hospitalières de Caen, vient de faire don au ministre de la guerre d'un portrait original du grand ingénieur Vauban. Le ministre a adressé, au nom de l'armée, les plus vifs remercîments à la donatrice et lui a fait connaître que le portrait de son illustre aïeul figurerait dans la salle d'honneur du ministère de la guerre.

GOURIN (Finistère). — *L'éducation chrétienne.* — La population de Gourin (Finistère) a montré la plus courageuse attitude en face des éducateurs laïques de l'enfance.

Les Frères y dirigeaient, depuis de longues années, une école très florissante ne comptant pas moins de deux cents pensionnaires; ils avaient reçu l'ordre de quitter la maison pour le 16 novembre, afin de faire place à un instituteur laïque.

Le jour indiqué, ce dernier trouvait la maison libre, en effet, bien libre; tous les élèves pensionnaires étaient rentrés dans leurs familles et les externes attendent dans leurs maisons l'ouverture de l'école libre.

La population de Gourin, indignée de l'iniquité de l'administration civile, ouvrit aussitôt une souscription, qui est montée, en moins de huit jours, à la somme de 20,000 francs. La construction du nouvel établissement va commencer immédiatement.

GRENOBLE. — *Tolérance et compromission.* — A propos d'un mariage civil, purement civil, auquel ont assisté, comme témoins, M. Guérin Long, président du tribunal de Nyons (Drôme), qui chantait naguère des *noëls* à l'orgue de la cathédrale d'Embrun, et M. Moural, procureur de la république, appartenant à une famille où le mariage civil est estimé concubinage légal, le *Dauphiné catholique*, sous la signature d'un ancien magistrat, fait ces observations :

» Il est triste de voir ces défaillances. Nous plaignons ces magistrats, d'avoir approuvé, par leur présence, des outrages à la religion catholique, qu'ils professent encore, croyons-nous.

» On peut juger par là de l'influence d'un régime de persécution athée sur les hommes en apparence les plus indépendants. Que ne produit pas cette influence ou du moins cette oppression sur des hommes prêts à tout pour parvenir ?

« Un certain nombre de magistrats de la cour de Grenoble ont donné lors de l'enterrement civil d'un conseiller, un exemple qui est suivi. Le mal s'aggrave comme tous les fléaux. Nous nous contentons d'appeler de ces défaillances à la conscience de leurs auteurs, à l'époque où l'orgie actuelle aura pris fin et où ils jugeront eux-mêmes ce qu'ils font aujourd'hui. »

ILE DE RÉ. — 345 récidivistes se sont embarqués pour les colonies. Le curé de Saint-Martin de Ré, aumônier de pénitencier, leur a adressé une allocution et distribué des médailles reçues avec reconnaissance. Ils les suspendaient à leur cou, quelques-uns les ont cousues dans leurs vêtements. Leur tenue à la messe du dimanche était bonne et presque tous ces malheureux écoutaient l'instruction avec attention et profit. Un aumônier leur continuera ses bons offices, à moins d'opposition hélas possible avec nos républicains. Tant qu'on lui en laisse le pouvoir, la religion assiste l'homme dans ses misères.

LOURDES. — *Un Pèlerin lointain.* — Le docteur E. du Défaix a fait le voyage de l'île Cuba à Lourdes, tout exprès pour faire célébrer une messe solennelle.

La cérémonie a eu lieu en grande pompe, le mardi, 14 Décembre. Le pèlerin d'outremer y assistait au nom de beaucoup de ses compatriotes dont les intentions avaient été deposées sur l'autel.

LYON. — *L'attentat de Lyon.* — Le 25 décembre, un criminel attentat a été commis dans l'église Saint-Vizier pendant la messe de minuit.

Une bombe chargée de matière explosible plus terrible que la dynamite, garnie de mitraille, a été déposée, mèche allumée, dans l'église qui était remplie de monde.

C'est un gardien de la paix qui, par sa présence d'esprit, a pu empêcher l'explosion et éviter un grand malheur. Ce brave homme apercevant la lueur de la mèche voulut l'écraser du pied ; mais il constata alors qu'il avait devant lui une bombe dont la forme était dissimulée sous un paquetage de chiffons. Sans hésiter, il s'empara de l'engin, sortit de l'église et noya la mèche dans un ruisseau.

Le gardien de la paix s'empressa d'adresser son rapport au secrétaire général de police qui fit examiner l'engin par un expert. C'est ce dernier qui a reconnu la composition de la bombe.

Une enquête a été aussitôt ouverte ; aucune arrestation n'a encore été opérée.

L'émotion est grande à Lyon.

MARSEILLE. — *La cause de Mgr Gault.* — L'*Echo de Notre-Dame de la Garde* publie la note suivante :

« La cause de Mgr J.-B. Gault, évêque de Marseille, vient de faire un pas de plus. Mgr Robert a profité du passage à Marseille de Mgr Battendier, postulateur si zélé et si intelligent de cette cause chère aux Marseillais, pour lui remettre dûment scellés et authentiqués les écrits du serviteur de Dieu, au nombre de vingt-trois. Ce pli précieux a dû être ouvert, à cette heure, par la Sacré-Congrégation des Rites, qui en confiera l'examen à un réviseur dont il faudra attendre les observations (*animadversiones*).

« Nous recommandons aux fidèles marseillais de faciliter par leurs prières ce travail et d'accélérer auprès de Dieu la solution d'une instance qui attirera sur le diocèse d'abondantes faveurs. »

POITIERS. — *Lettre de M. Harmel aux Dames de la Halle de Poitiers.* — Sur la demande de M. le comte de Grimouard, M. Harmel était venu faire à Poitiers quelques conférences.

A la suite de la réunion à laquelle ce véritable apôtre les avait convoquées, les dames de la halle de Poitiers, qui depuis se sont constituées en association, avaient envoyé une adresse à M. Harmel pour le remercier de l'apostolat qu'il exerce en faveur de l'idée coopérative. M Harmel vient de leur répondre :

« Du Val-des-Bois, par Varmériville (Marne).

« Mesdames, c'est avec un vif plaisir que j'ai reçu votre lettre du 3 décembre, avec vos signatures. Je suis très touché du témoignage de votre reconnaissance, car j'y vois la preuve que votre association va naître et sera solide avec de si excellents éléments. Or, l'association chrétienne, c'est le principe de la régénération de la famille et de la société ; c'est Dieu régnant non plus seulement au fond des cœurs, mais au foyer domestique, dans les affaires, dans toutes les réunions humaines. Dieu est le Maître partout et toujours ; c'est lui qui est la source de tous les biens, c'est lui qui a fait de notre grande famille ouvrière du Val-des-Bois tout entier, un petit paradis.

« Avec Lui, tout est bon ; sans Lui tout est effondrement, misère et chagrin. Du courage donc, Mesdames ; que votre association en fasse naître beaucoup d'autres, afin que le peuple redevienne heureux.

« Veuillez me croire votre bien dévoué en Notre-Seigneur.

« Léon Harmel.

« *Aux dames de la halle Notre-Dame, Poitiers.* »

Ce n'est pas le seul fruit du passage de M. Harmel à Poitiers, dit la *Semaine* de cette ville.

Grâce au zèle des membres du Comité, cette œuvre prend à Poitiers un essor qui permet de concevoir les plus belles espérances.

SAINT-LÉON-SUR-VÉRÈZE (Dordogne). — *Démission honorable.* — On lit dans l'*Indépendant de la Dordogne* :

M. de Saincthorent, maire de Saint-Léon-sur-Vézère, vient de donner sa démission de maire de cette commune. Nos lecteurs en trouveront les motifs dans la lettre suivante adressée par M. de Saincthorent à M. le préfet de la Dordogne :

« Monsieur le Préfet,

« Depuis dix-huit mois ma commune est sans prêtre, faute d'un secours que le gouvernement refuse à ma chère population de Saint-Léon pour réparer son presbytère.

« Des quatre coins de ma commune on se plaint hautement de ce lamentable état de choses.

Ma conscience religieuse se refusant à participer, même indirectement, à cette grave responsabilité, je donne en conséquence ma démission de maire, que je vous prie, Monsieur le préfet, d'accepter.

« A partir de ce jour, je remets mes pouvoirs entre les mains de mon adjoint.

« Je suis, Monsieur le préfet, avec respect, votre très humble serviteur.

« Th. DE SAINCTHORENS. »

SOLESMES. — Depuis six ans, une brigade de gendarmes garde la porte du monastère de Solesmes (Sarthe), et reçoit pour cette belle besogne la solde de campagne. Les RR. PP. Bénédictins n'ont pu approcher de ce monastère qui est leur propriété, même pour entretenir les bâtiments et réparer les dégâts que ne cessent de causer les vents et les pluies.

Aujourd'hui, le gouvernement s'inquiète des ruines qui s'y accumulent, il se souvient sans doute qu'il y a là des chefs-d'œuvre de sculpture qu'on ne peut laisser disparaître sans encourir le reproche de vandalisme et il invite les religieux à faire les réparations à leurs frais, sans toutefois leur permettre de reprendre possession de leur monastère.

Les RR. PP. préfèrent passer par ces dures conditions plutôt que de laisser périr et leur église et leur abbaye riche de tant et de si saints souvenirs. Réduits à la misère par les persécutions du gouvernement républicain et ne vivant que de la charité des fidèles, ils se voient obligés de quêter encore pour cette restauration. Le Révérendissime abbé Dom Couturier vient d'écrire une lettre à cette fin au journal l'*Univers*.

STRASBOURG. — Le digne et vénéré évêque de Strasbourg, Mgr André Rœss, a fêté le 93ᵉ anniversaire de sa fête patronale. De toutes les parties de son vaste diocèse et du dehors, les vœux et les félicitations son parvenues au vénérable Prélat, à qui Dieu fasse la grâce de pouvoir célébrer son centenaire.

Sa Grandeur a fait distribuer de nombreuses aumônes aux pauvres de Strasbourg et du diocèse.

ÉTRANGER

BELGIQUE. — *Procession septennale de Saint-Feuillen.* — Le dernier numéro de la *Semaine religieuse* de Namur nous a apporté le très intéressant récit d'une procession unique en son genre, qui se fait tous les sept ans à Fosses (ville de Belgique située entre Namur et Charleroi), en l'honneur de saint Feuillen, fondateur et patron de cette ville. Cette procession s'est perpétuée dans la forme qu'elle a dû prendre à l'époque où les châsses des saints, alors qu'elles sortaient des églises, devaient être gardées par la force armée pour n'être point enlevées.

Cette année, vingt compagnies, présentant un effectif de 2,500 hommes, parfaitement équipés, et plusieurs escadrons de cavalerie s'étaient rendus à Fosses pour la procession ou la *marche* de Saint-Feuillen.

A neuf heures, tous les détachements, avec leurs cartels, les drapeaux de leurs paroisses et leurs sociétés de musique, étaient rangés sur une longueur de deux kilomètres.

La compagnie de Malonne, qui, de temps immémorial, a le privilège de faire la garde d'honneur devant le Saint-Sacrement et des châsses de Saint-Feuillen, arrive devant le porche de la vaste et si intéressante collégiale. M. le doyen, portant l'ostensoir et précédé de tous les curés du pays, prend place sous le dais, autour duquel se rangent, montant de magnifiques coursiers, les plus anciens et les plus honorables citoyens de Fosses, costumés en officier d'état-major.

Le cortège s'avance entouré et suivi d'un peuple innombrable. 32 trains spéciaux, venant des deux directions, plus 12 trains ordinaires, ont déversé autour de Fosses une foule que ne saurait contenir les rues de la ville, toutes pavoisées de drapeaux et d'oriflammes. On évalue à plus de 35,000 le nombre des étrangers accourus de partout pour être témoins de cet extraordinaire acte de foi. Toutes les grandes familles de la province sont représentées. On remarque aussi beaucoup d'officiers et de militaires de la garnison de Namur, qui se distinguent par leur attitude correcte.

Tous les pèlerins, même ceux qui restent perchés sur leurs voitures, se prosternent respectueusement au passage du Saint-Sacrement. Je m'attendais à une cohue, j'ai été émerveillé de l'ordre parfait qui a régné pendant toute la journée.

C'est à travers champs que ce cortège sans fin fait le tour de la ville, s'en tenant à une distance moyenne d'un kilomètre. On a coupé les haies, comblé les fossés, établi des ponts provisoires, partout où c'était nécessaire.

A l'arrivée du Saint-Sacrement sur la place de la bénédiction, toutes les troupes sont disposées sur deux rangs, en un immense carré, long d'un kilomètre. Un reposoir roulant, véritable œuvre d'art, est monté sur un char traîné par des chevaux brillamment harnachés : il se place au milieu de l'un des petits côtés du vaste rectangle formé par les compagnies ; on abaisse un escalier que gravit M. le doyen, déposant l'ostensoir sur l'autel. Pendant qu'ont lieu les encensements, les commandants de toutes les compagnies arrivent de tous côtés, au grand galop de leurs montures et viennent se ranger devant l'autel saluant de leurs épées le Saint-Sacrement. Les tambours battent aux champs, les soldats présentent les armes ; de quelque côté qu'on porte les regards, la plaine est couverte d'une foule compacte et prosternée.

La bénédiction donnée, les commandants passent au triple galop, *reporter la bénédiction* chacun à sa compagnie et commander les feux de peloton ; aussitôt, la première compagnie exécute sa décharge, puis défile devant l'autel en présentant les armes. Les décharges se succèdent et les compagnies défilent successivement.

Le défilé des compagnies d'infanterie et des escadrons de cavalerie, a duré plus de 45 minutes.

Il est deux heures ; le clergé reprend le chemin de l'église, escorté par les Malonnais.

Ce spectacle, unique aujourd'hui, m'a profondément ému ; quelle piété et quel ordre ! Je me reportais, par la pensée, à ces époques de foi, où toutes les classes de la société étaient prosternées devant le même Dieu dont la crainte maintenait entre elles ce parfait équilibre malheureusement rompu aujourd'hui.

La prochaine procession de Saint-Feuillen aura lieu en 1893, centième anniversaire de ces terribles bouleversements dont nous éprouvons jusqu'aujourd'hui le contre-coup.

ESPAGNE. — Les Espagnols viennent de planter la croix dans l'île de Yar, l'une des Carolines que leur a attribuées l'arbitrage du Saint-Père.

Cette croix a été élevée sur l'emplacement choisi pour l'église et la résidence future des missionnaires. C'était le 16 juillet, jour où la catholique Espagne célèbre le triomphe de la croix, où l'Église entière exalte Notre-Dame du Mont-Carmel, où l'ordre franciscain fête la canonisation du Séraphique Patriarche. Quelle prise de possession, au nom du Christ Rédempteur, de la Vierge Immaculée, du stygmatisé de l'Alverne ! ce gouverneur de l'île, ce chef militaire avec ses hommes en grande tenue faisaient escorte aux missionnaires capucins qui portaient la croix. Les indigènes, attirés par cet apparat insolite, s'étaient groupés à quelque distance sur le versant du promontoire et témoignaient leur étonnement par des cris de joie, et des gestes très expressifs : « *Fel ni fel* : c'est beau, très beau ! »

POLOGNE. — *La persécution contre les catholiques polonais. – Une église gardée par le peuple.* — Les pauvres catholiques de Pologne sont de nouveau l'objet d'atroces violences.

Voici ce qu'on écrit au *Monde* :

« ... Je vous décrivais dans ma dernière lettre la touchante et héroïque défense d'une église catholique perdue dans les forêts lithuaniennes, que de pieux paysans défendent contre la commission russe qui veut la fermer et l'enlever au culte. Nous recevons des détails plus précis sur cette affaire. A l'arrivée des premiers fonctionnaires chargés d'apposer les scellés, le peuple a envahi l'église avec des sanglots et cris, répétant qu'il n'abandonnerait point le sanctuaire sans avoir essayé de le défendre auprès du tsar lui-même. Le chef de la commission ayant rudement ordonné à un des prêtres du voisinage d'avoir à emporter les saintes Espèces, c'est en vain que celui-ci essaya de se conformer à cet ordre. Le peuple, tout en lui témoignant le plus grand respect, le ramenait toujours, vivement ému de tant de foi, hors du sanctuaire. Depuis, voilà la quatrième semaine que ces héroïques paysans gardent leur église, qui ne se désemplit pas. Quand les uns s'en vont, d'autres viennent les remplacer ; les prières, les pieux cantiques remplissent jour et nuit les parvis. Ils s'encouragent mutuellement à persévérer en prononçant des espèces de sermons d'une touchante éloquence. « Dieu nous punit, disent-ils, parce que nous ne profitions pas des grâces et des enseignements que nous recevions par la bouche de ses serviteurs ; nous ne nous ralliions point assez aux sociétés de tempérance. Par la pénitence et les prières nous obtiendrons miséricorde. » En attendant, deux députations se sont déjà rendues à Saint-Pétersbourg ; en attendant leur retour, la commission s'est provisoirement retirée ; mais les fidèles ne comptent point évacuer l'église tant qu'ils n'auront pas obtenu la certitude de la conserver au culte catholique. »

On écrit de Varsovie que l'affaire a eu une solution, et une solution sanglante.

Un ordre venu de Saint-Pétersbourg prescrivait l'emploi de la force. Le gouvernement se rendit donc sur les lieux, commanda à la foule de se disperser et, celle-ci ne bougeant pas, fit tirer sur elle. Un grand nombre de ces malheureux tombèrent. Alors seulement, devant l'impossibilité de toute résistance, les fidèles quittèrent l'église et le prêtre enleva les saintes Espèces. Force resta... à la force.

D'autre part, on annonce également la fermeture de l'église catholique de Brest-towsk, paroisse de 20,000 âmes, et celle de deux églises du district de Stuck. La persécution ne chôme pas.

SUISSE. — *Conversion.* — On signale une conversion qui fait grand bruit à Bâle. C'est celle de M. Speiser, frère de M. le conseiller d'Etat Paul Speiser. Il vient d'abjurer le protestantisme. M. Speiser appartient à une famille riche et considérée. Il s'est décidé à embrasser le catholicisme après de patientes études et une recherche sérieuse de la vérité. (*Ami du Peuple*).

— *Le P. Hyacinthe au Grand Saint-Bernard* — Parmi les innombrables visiteurs accourus cet été à l'Hospice du Grand-Saint-Bernard, les religieux virent un jour arriver un Français de condition civile, qui, sous l'habit laïque, avait quelque chose de sacerdotal. — Ce doit être un prêtre, disait-on. — A l'heure de l'office, le mystérieux personnage se rendit à l'église et assista à quelques messes. Avant de partir, il fit une excursion sur une des sommités qui entourent le monastère. C'est là que, quelques jours après, les religieux trouvèrent sa carte de visite signée : Ch. Loyson, avec ces mots : *Cur non ascendam ?!*

Quelle fut en ce moment la pensée de l'ancien conférencier de Notre-Dame de Paris, tombé de si haut et si bas ?.....

(*Ami du peuple de Fribourg.*)

BIBLIOGRAPHIE

ALMANACH DE L'AMI DES CAMPAGNES
pour 1887

Les longues veillées de l'hiver retiennent les travailleurs chez eux ; l'homme inoccupé éprouve le besoin de lire et ne se pervertit que trop souvent par la lecture d'ouvrages qu'une main perfide lui prête.

Le meilleur moyen d'écarter les mauvais livres, c'est de prêter ou de donner de bons ouvrages. Les almanachs contiennent beaucoup de matières et se lisent avec intérêt, surtout à cette époque de l'année ; ils sont faits à dessein pour la propagande, qu'ils favorisent par leur bas prix.

C'est à ce titre que nous recommandons l'*Almanach de l'ami des Campagnes pour 1887*. On y remarque, cette année, les portraits du duc de Bragance et de la princesse Amélie d'Orléans, du prince Alexandre de Bulgarie, du roi de Milan, de la comtesse de Chambord, du général Vander-Smissen, du général Schmitz, de M. de

Falloux, du prince Valdemar et de la pricesse Marie d'Orléans.

Mais si l'œil est satisfait, l'esprit ne l'est pas moins, l'utile s'y mêle à l'agréable. C'est ainsi que les *découvertes agricoles et viticoles*, les articles sur l'*horticulture*, la *floriculture*, l'*apiculture*, les *Conseils du docteur*, l'*art du vétérinaire*, le *Carnet de l'avocat*, etc, etc... sont entrecoupés de récits émouvants et dramatiques dont il nous suffira de citer : La *Noce du Village*, le *Vieux père Champagne*, le *Paradis sur terre*, le *Panier de fraises*, une *Belle-Mère*, l'*Agent d'Affaires*, *Légende de Noël*. Le tout se termine par le *Bilan révolutionnaire de l'année* 1886.

Cet *almanach* renferme la matière d'un fort volume, et cependant, au point de vue de la propagande, il est cédé, par une faveur spéciale aux abonnés du *Dimanche Illustré* au prix de 25 c. (au lieu de 50 c.). Ajouter 10 c. par exemplaire pour recevoir l'almanach *franco*. 30 exemplaires peuvent être expédiés *franco* en gare la plus rapprochée du domicile, moyennant 60 c., ou 85 c.

S'adresser *directement à M. J. Gondry du Jardinet*, 13, rue Cassette, à Paris.

La *collection* des années 1881 à 1887 inclusivement est cédée au prix de 2 fr. 45

∾◦◦◦∾

MOSAÏQUE

On a conservé dans le département des Basses-Alpes l'usage d'une danse guerrière telle que la pratiquaient les Grecs et les Romains. Cette danse se nomme Bacchu-Ber. Voici, d'après la *Nature*, quelques détails sur ce divertissement bizarre.

« Les dix ou douze jeunes gens qui sont réunis sont armés chacun d'une épée. Ils se disposent en rond. De la main droite ils tiennent leur épée, et de la gauche l'épée de leurs voisins. Ensuite chacun place son épée par terre, de manière que la pointe soit au centre du cercle, dont elle fait un rayon. Puis on reprend l'épée ; puis on défile sous la voûte formée par les bras de deux danseurs. Les épées sont relevées de nouveau, et par petits groupes on simule un combat rapide. A ces exercices succèdent des sauts en cadence et des pirouettes. L'éclair de l'acier brille au-dessus de la tête des danseurs. Il faut être bien habitué à ce jeu pour qu'il n'arrive pas accident ; aussi n'y admet-on que ceux qui ont fait leurs preuves. La danse est conduite par un danseur plus expérimenté que les autres, auquel on obéit. Les choses se passent gravement : personne ne rit. C'est, paraît-il, fort gracieux. Les épées, très anciennes, sont conservées par un habitant du village.

Des curieux ont cherché à les acheter et en ont offert des sommes considérables, mais vainement. Ils n'ont même pas pu obtenir qu'on leur en prêtât une pour en faire copier le type.

*
* *

Il paraît que la statuomanie sévit en Autriche comme dans les autres pays. A ce propos, le chroniqueur viennois du *Journal de Sain -Pétersbourg* esquisse un type curieux, celui de fondateur de statues :

« La capitale de l'Autriche avait été pendant longtemps très pauvre en monuments, elle paraissait avoir oublié toutes ses illustrations, et elle n'est devenue statuomane que le jour où l'on a élevé un monument à Schiller. Après Schiller, qui n'était pas Autrichien, il fallait bien se souvenir des gloires locales et nationales, de François Schubert, né à Vienne ; de Beethoven, mort à Vienne ; de Haydn, de Tegetthoff, de Grillparzer, de Ferdinand Raimund, tous Autrichiens. Ces monuments déjà créés ou prêts à voir le jour, n'existeraient pas sans l'initiative du fondateur de statues,

« Son zèle continue malheureusement, alors que la liste des grands hommes est déjà épuisée. Il n'abdique pas, il ne renonce pas à sa passion, et si les gloires viennent à manquer, il en invente. Fouillant dans le passé, il exhume l'auréole depuis longtemps éteinte du poète X..., médiocre versificateur d'il y a cent ans. Comment, peuple ingrat, tu ne te souviens plus du poète X..., du grand X..., chantre national, né au milieu de toi ? Cet oubli est un crime ! Ce crime, il s'agit de le réparer !

« Et la statue sera élevée, car notre type le veut ainsi. »

Ce fondateur est le bienfaiteur des fondeurs, c'est toujours cela.

****

Economie domestique : *L'absinthe.* — Peu de boissons sont aussi attrayantes, aussi dangereuses pour l'homme qui y a une fois goûté ! Donner sa composition, nous servira à faire comprendre son danger.

L'absinthe renferme une énorme quantité d'alcool. L'absinthe commune se fabrique avec de l'alcool à 40°, l'absinthe suisse avec de l'alcool à 70°. On boit malheureusement quatre litres d'absinthe suisse contre un litre d'absinthe ordinaire.

En sus de cette grande quantité d'alcool, l'absinthe contient encore des essences d'absinthe et d'anis mortelles pour le système nerveux.

Tout le monde connaît l'expérience du professeur Bouchardat. Dans un premier bocal contenant un litre d'eau et des poissons, il ajouta six gouttes d'acide prussique ; dans un second contenant la même quantité d'eau et des poissons, il verse six gouttes d'acide prussique ; dans un second contenant la même quantité d'eau et des poissons, il verse six gouttes d'essence d'absinthe. Eh bien, l'essence d'absinthe foudroie les poissons plus vite que l'acide prussique.

Comme si l'alcool et les huiles essentielles ne suffisaient pas, les distillateurs ajoutent encore des sels de cuivre pour lui donner sa belle couleur verte et d'autres ingrédients. Que ceux qui se plaisent à étrangler un perroquet se le tiennent pour dit : leurs jours sont comptés.

Malheureusement aux buveurs d'absinthe surtout s'applique le proverbe : « Qui a bu boira. » On connaît peu d'exemples de conversions d'absinthiques. Le plus sage est donc de n'y jamais goûter.

(*La Croix*)

BULLETIN DIOCÉSAIN

APOSTOLAT DE LA PRIÈRE

Intention générale du mois de janvier 1887: Le Sacré-Collège. — On cite du pape Paul II cette parole étonnante, bien propre à relever l'idée que nous devons nous faire de la grandeur du Sacré-Collège et de la sublimité des fonctions dont il est investi : « Pour le commun des affaires, le Souverain Pontife peut, à la rigueur, se contenter d'une lumière humaine ; pour le choix des évêques, il a besoin d'une lumière angélique ; pour l'élection des cardinaux, il ne lui faut rien moins que la lumière *divine.* »

Nous comprendrons mieux la valeur d'un tel témoignage, si nous considérons que les membres du Sacré-Collège sont, dans l'économie hiérarchique de l'Eglise, comme autant de fondements, ou plutôt — selon l'étymologie même du mot *cardinal* — comme les *gonds* sur lesquels se meut et roule la porte du temple saint.

Les cardinaux ne font moralement *qu'un avec le Pape,* et doivent à cette glorieuse unité toute leur grandeur : Il appartient donc aux membres de la Ligue du Cœur de Jésus de prier pour eux comme pour le Saint-Père lui-même. Ils ne sauraient mieux répondre aux intentions et aux désirs de ce divin Cœur.

Prière quotidienne pendant ce mois. — Divin Cœur de Jésus, je vous offre, par le Cœur immaculé de Marie, les prières, les œuvres et les souffrances de cette journée, en réparation de nos offenses et à toutes les autres intentions pour lesquelles vous vous immolez sans cesse vous-même sur l'autel.

Je vous les offre en particulier, pour les membres du Sacré-Collège qui assistent le Souverain Pontife dans le gouvernement de votre Eglise, afin qu'ils se montrent de plus en plus fidèles à la mission que vous leur donnez et aux intérêts dont ils ont la garde.

Emile Régnault.

L'acte entre vifs par lequel moyennant le service d'une rente perpétuelle une fabrique s'engage à faire célébrer des services religieux à l'intention du constituant, de manière que ces services absorbent le produit de la rente, renferme un louage d'industrie ou d'ouvrage, sujet seulement au droit de 1 0/0.

Cette solution de la régie, en date du 2 mai 1885, confirmée par la jurisprudence, vient d'être appliquée à une fondation de messes faite au profit de la fabrique de Saint-Pierre à Toulouse.

Une dame pieuse avait donné à cette fabrique un capital produisant une rente de 300 francs à la condition de faire célébrer tous les ans cent cinquante messes pour elle et les membres de sa famille.

La donation ayant été autorisée par le gouvernement et dûment acceptée par le trésorier, le receveur de l'enregistrement perçut le droit de donation mobilière sur le capital (9 0/0 et les décimes).

Sur les réclamations de la fabrique de Saint-Pierre, la direction des Domaines de Toulouse, faisant application des principes sus-énoncés a, par décision du 11 décembre 1886 ordonné la restitution de 829 fr. 75 c. indûment perçus par M. le Receveur.

Après l'expropriation qui l'éloigna de la rue Lafayette, l'établissement des *Orphelines* avait été abrité provisoirement dans l'immeuble Mazens, maintenant lycée de jeunes filles, et puis dans l'ancien externat du collège Sainte-Marie, rue Bellegarde.

Pendant ce provisoire, qui a duré plus de cinq ans, une maison a été bâtie rue des Recollets, 41, et l'œuvre vient d'y être installée définitivement. Tous les services y sont largement disposés, et il n'y a que justice à dire que cette fois l'administration hospitalière a bien fait les choses.

La chapelle, seule partie inachevée de l'édifice, est d'un bon style et ne tardera pas à être livrée.

Les Filles de Saint-Vincent-de-Paul, chargées des *Orphelines*, sont tout auprès de leurs Sœurs qui desservent la maison de Charité de Saint-Michel, au n° 43. C'est là que chaque année on voit une des plus belles crèches de Toulouse, au temps de Noël. Déjà les pèlerinages enfantins ont commencé de se diriger, comme par le passé, vers cette charmante représentation du mystère de Béthléem, et ce ne sera ni la bonne sœur Louise, ni les petits Chinois qui s'en plaindront.

LA BONNE ANNÉE. — Qu'est-ce qu'une bonne année?

Une bonne année, aux yeux de l'homme du monde, de cet *homme animal qui n'entend rien aux choses de Dieu*, est une année exempte de toute peine, de toute souffrance ; une année pleine de prospérité et de plaisirs temporels. C'est bien celle des animaux, qui n'ont que la vie présente.

Une bonne année, selon le cœur des grands saints, est l'opposé de celle qui est souhaitée dans le monde ; c'est une année pleine de souffrances, d'humiliations et de sacrifices acceptés pour la gloire de Dieu ; et quand une année de cette nature est couronnée par le martyre, ils sont au comble de leurs vœux. Mais combien peu connaissent les trésors cachés dans le mystère de la croix ! et que les grands saints sont rares parmi nous !

La bonne année de la famille chrétienne est celle où *le règne de Dieu et de sa justice* sera plus fidèlement respecté par tous les membres de cette famille. La paix et le vrai bonheur dépendent de cette fidélité, et quant aux autres avantages, même temporels, ils *seront donnés par surcroit*, si Dieu les juge utiles au bien des âmes.

La bonne année d'une nation chrétienne n'est point celle que rêvent les incrédules, conservateurs ou anarchistes ; elle ne sera jamais que dans le réveil et le triomphe de la foi. Or, quand l'impiété règne en souveraine, comme aujourd'hui dans la France, ce triomphe de la foi, cette bonne année ne peut s'obtenir qu'au prix d'une résistance héroïque et des plus grands sacrifices.

Petit dialogue. Un mari peu content de sa femme voulut lui donner congé. Il recourut à la loi du juif Naquet, et le divorce fut prononcé. Libre alors, il jette les yeux sur une autre femme, douce, honnête, chrétienne. Il demande sa main, on l'accepte, on arrête à peu près le jour des noces. Cependant une amie de la jeune femme va la trouver et lui dit :

— Tu vas te marier ?

— Oui, ma chère.

— Et c'est à M. un tel ?

— Lui-même.

— Tu ne sais donc pas qu'il est déjà marié?

— Il l'a été, mais il ne l'est plus; il est veuf.

— Comment veuf? sa femme est parfaitement vivante.

— Sans doute; mais c'est la même chose puisqu'il est divorcé.

— Divorcé devant la République, mais toujours marié devant l'Eglise.

— Quoi! nous ne pourrons pas nous marier à l'Eglise!

— Assurément non. La femme de ton monsieur est toujours sa femme. Toi, tu ne seras que sa concubine, et vous vivrez ensemble dans l'adultère. Ce sera propre.

— En ce cas, ma chère amie, tout est rompu.

Et tout fut rompu.

Ce petit dialogue s'est tenu dans une ville de l'Orne.

———

PRIÈRE SUR LES TEMPS ACTUELS. — O Dieu, notre Créateur et notre Maître, qui avez donné pour base à la famille et à la société la croyance à vos enseignements et la pratique fidèle de vos lois ; vous qui nous avez placés en ce monde pour vous connaître, vous aimer, vous servir et pour mériter par ce moyen la vie éternelle ; vous qui, pour préparer l'homme dès son enfance à ces devoirs et à cette sublime destinée, avez communiqué aux pères et aux mères une part de votre autorité comme de votre tendresse, daignez inspirer à tous les parents un vif sentiment de leurs obligations dans l'éducation de l'enfance ; faites-leur comprendre qu'ils auront un jour à répondre devant votre redoutable tribunal de toutes les âmes que vous leur aurez confiées.

O Jésus, vous qui aimâtes les enfants, vous qui daignâtes vous faire petit comme eux et qui ordonniez de les laisser venir à vous, leur réservant vos plus douces bénédictions, vous qui avez maudit ceux qui oseraient devenir pour eux une cause de chute, ayez pitié de tant de milliers d'enfants qu'on voudrait éloigner de vous, de votre ciel.

Conservez-nous les maîtres chrétiens qui se dévouent avec tant d'intelligence et de cœur aux soins de la jeunesse, et préparez à la France, par leurs leçons, d'utiles ouvriers, de bons citoyens et de vaillants soldats.

Ecartez, Seigneur, toutes les oppressions, toutes les embûches, tous les maux que l'enfer suscite à vos serviteurs. Donnez-nous la paix, l'union fraternelle, la sainte liberté, afin qu'après avoir passé sur la terre des jours tranquilles et purs, nous soyons trouvés dignes de vous voir et de vous posséder dans le bonheur qui ne finira jamais. Ainsi soit-il.

———

Que sauront les enfants élevés sans principes religieux, et qu'ignoreront-ils ?

Ils sauront, à la fin de leurs classes, que la terre est ronde, qu'elle tourne autour du soleil.

Arithmétique, physique, botanique, zoologie, géométrie, physiologie, minéralogie, chimie, géologie, astronomie, leur mémoire en sera remplie, gonflée, bouffie.

Ils vous expliqueront les lois de la chute des corps, la formule de l'air et de l'ammoniaque, les pièces de la machine électrique, la décomposition de la lumière, la transformation du mouvement en chaleur, et les trois états de la matière.

Ils comprendront les jolis mots de compressibilité, affinité, équivalents, aphélie, périhélie, cryptogames, phanérogames dioïques, monoïques, dicotylédonés. Ils croiront comprendre les autres mots de liberté, égalité, progrès, fraternité.

Je leur fais la part belle; je leur suppose à tous l'intelligence et l'attention, la bonne volonté qui écoute, et la mémoire qui retient.

Ils sauront tout ce qu'on enseigne dans nos écoles catholiques, et les mensonges en plus.

Que leur manquera-t-il à ces jeunes savants à la cervelle pleine et rebondie ? que manquera-t-il à leur vaste science qui va de l'atome aux astres ?

Une chose seulement.

Il leur manquera, non pas l'accessoire (ils l'ont abondamment), mais le principal et le nécessaire.

Il leur manquera ce qui manquerait au voyageur si, ayant à accomplir un trajet, il ignorait deux choses: d'où il vient et où il va.

La vie est un chemin. Ils sauront tout, mais ils ne sauront pas vivre ; Ils sauront tout, mais ils ne sauront pas marcher.

Ce seront des petits savants et de grands ignorants. Et quand, tout le long de leur route, ayant à choisir entre le bien et le mal, ils verront se dresser devant chacun de leurs pas le grand point d'interrogation de leur origine et de leur destinée, leur science ignorante ne pourra pas seulement répondre ce que nous savions sur les genoux de nos mères : « C'est Dieu qui m'a créé pour le connaître, l'aimer et le servir, et par ce moyen acquérir la vie éternelle. »

PENSÉES

Si le corps appelait l'âme en justice, il la convaincrait aisément de mauvaise administration.   (DIOGÈNE.)

On *joue* d'un journal comme on *joue* d'un instrument ; le ton et la gamme que prennent les journaux dans les luttes politiques donnent des résultats aussi précis, aussi certains que les combinaisons d'orchestre dans une partition. Seulement, la musique charme, émeut les cœurs sans aucun danger ; la politique, au contraire, peut égarer les esprits jusqu'à pousser à de déplorables désordres, à de cruelles violences.

Qui n'a santé, n'a rien.

(*Proverbe français.*)

VARIÉTÉS

LES BÊTES ILLUSTRES

Rome, pour se souvenir de ses origines, entretient des louves puantes au Capitole ; Genève a ses grands oiseaux de proie ; Berne, ses ours qui ont donné leur nom à la cité ; Béziers avait son dromadaire ; nous ne parlons pas des bêtes empaillées, comme le rat d'Abbeville, ou de celles en fer-blanc telles que la Grand'Goule de Poitiers, qui s'est réfugiée au Grand Séminaire, ni de la Gargouille de Rouen, détruit, par les révolutions, ni de la Tarasque superbe de sainte Marthe, qui vient de s'emparer de Paris et qui habite un palais, celui de l'Industrie ; nous ne parlons que des bêtes vivantes.

Parmi celles-ci, une des plus célèbres fut jusqu'en ces derniers temps le lion d'Arles ; mais tout s'en va, et les villes s'habituent à mépriser leurs vieilles gloires.

Or, s'écrie M. Paul Arène, à Arles, même à Arles, près du campanile léger que surmonte l'homme de bronze, les gardiens camargais et les pâtres de Crau passent, sans y jeter les yeux, devant le palais vide du Roi-Lion.

Un lion en chair et en os, que la République entretenait à ses frais et qui paraissait dans les fêtes. Ce lion avait le titre de roi d'Arles : c'était au surplus le seul roi dont les bons Arlésiens reconnussent la souveraineté. Une fois l'an, pour amuser son peuple, ce monarque à crinière se rendait de sa personne aux arènes, et bravement y combattait les taureaux.

Arles conserva son roi-lion bien longtemps après que ses libertés eurent disparu. Il y en avait encore un à la fin du seizième siècle. Mais Arles était bien déchue, et faisait durer ses lions comme un pauvre homme son habit.

Le dernier que l'histoire mentionne, vieux et perclus de rhumatismes, n'osait plus, paraît-il, aborder les taureaux. Au lieu de taureaux, on lui donna un bélier à combattre ; et, à la consternation générale, le lion fut tué par le bélier. Ainsi finit le dernier roi d'Arles ! On oublia de le remplacer, et maintenant le palais du Lion sert hélas, de poste de police.

Arène.

Toulouse. — Impr. catholique Saint-Cyprien.

15ᵉ année — Nº 2. — Edition des Départements. — Un Nº 10 c. — Dimanche 9 Janvier 1887.

LE
Dimanche illustré

MONUMENT MITHRIAQUE au bourg Saint-Andéol (Ardèche).

MONUMENT MITHRIAQUE

AU BOURG SAINT-ANDÉOL (Ardèche).

C'est sur la façade septentrionale d'un rocher que sont sculptés, sur un espace d'environ cinq pieds les attributs que représente, notre gravure. Le culte de Mithras (soleil) fut apporté dans les provinces de la Gaule par les Romains. C'est en son honneur que ce monument fut taillé dans le roc. Comme on peut le remarquer, il représente, par la grande figure qui est au milieu, un jeune homme vêtu d'une clamyde et coiffé d'un bonnet phrygien; il sacrifie un taureau; il a à sa gauche la figure de la lune, et, à sa droite, celle du soleil rayonnant. Un oiseau semble venir se reposer sur la tête du sacrificateur; sous les pieds du taureau est un serpent qui reçoit son sang; puis un chien qui s'élance au devant de l'animal sacrifié, comme pour prendre part à l'holocauste.

Les bienfaits du christianisme ont fait disparaître ces dieux que les Romains adoraient, et l'art, grâce à lui, s'est élevé au sublime. Le monde entier en témoigne. Aussi, est-ce comme une simple curiosité que le temps efface et fera bientôt disparaître, que nous avons fait aujourd'hui la description d'un monument mithriaque.

LES SAINTS DE LA SEMAINE

Dimanche, 9 Janvier. — Saint JULIEN l'hospitalier et ses compagnons, martyrs.

On lit dans les Actes de saint Julien et de sainte Basilisse, qui vivaient en Egypte, et dans les anciens Martyrologes, que le jour même de leur mariage, par une inspiration particulière de l'Esprit-Saint, sans doute, ils s'engagèrent l'un et l'autre à vivre perpétuellement dans la continence. Ils consacrèrent tous leurs revenus au soulagement des pauvres et des malades. La sainte mourut en juin, non pas toutefois sans avoir auparavant essuyé de rudes persécutions. Julien lui survécut de plusieurs années, et reçut enfin la couronne du martyre avec Celse enfant, Antoine prêtre, Anastase, et Marcianille mère de Celse.

Lundi, 10. — Saint GUILLAUME, archevêque de Bourges.

Saint Guillaume (Berruyer) sortait de l'illustre famille des anciens comtes de Nevers. Le soin de son éducation fut confié à Pierre l'Ermite, son oncle maternel et archidiacre de Soissons. Guillaume répondit parfaitement aux vues de son oncle. Il s'engagea dans l'état ecclésiastique, et fut successivement chanoine de Soissons et de Paris. Il se retira dans la solitude de Grandmont, où, de là, il passa dans l'ordre de Cîteaux. Il était abbé de Châlis, lorsque l'archevêque de Bourges, étant venu à mourir, on s'adressa à l'ordre de Cîteaux pour lui trouver un successeur. Le choix tomba sur Guillaume. Il mourut saintement l'an 1209.

Mardi, 11. — Saint THÉODOSE, abbé.

Théodose naquit l'an 423 dans une petite ville de Cappadoce. Ayant embrassé l'état ecclésiastique, il acquit une grande connaissance des saintes Ecritures. Mais ensuite, il alla se cacher dans une grotte profonde, où il soumettait la chair à l'esprit par une prière continuelle. Il mourut saintement en 529.

Mercredi, 12. — Saint ALFRED, abbé.

Saint Alfred (ou Aelred) naquit en 1109, dans la partie septentrionale de l'Angleterre. Sa réputation l'ayant fait connaître à David, roi d'Ecosse, ce prince lui confia le gouvernement de son palais. Alfred quitta l'Ecosse et vint, à l'âge de vingt-quatre ans, embrasser l'institut de Cîteaux à Rieval. Ayant été nommé, malgré lui, abbé de Revesby, puis de Rieval, il s'appliqua à faire régner, dans son monastère où il y avait trois cents religieux, la paix et la charité la plus parfaite. Il mourut en 1166, à l'âge de cinquante-sept ans.

Jeudi, 13. — Sainte VÉRONIQUE de Milan.

Sainte Véronique naquit dans un village peu éloigné de Milan. La prière était le plus cher ob,et de ses délices. Elle se sentit appelée à la vie monastique et elle fut admise chez les Augustines de Sainte-Marthe, à Milan. Sa fidélité embrassait les plus petites choses comme les plus importantes. Elle mourut en 1497, âgée de cinquante-deux ans.

Vendredi, 14. — Saint HILAIRE, évêque de Poitiers.

Saint Hilaire naquit à Poitiers, au commencement du iv⁰ siècle, d'une des plus illustres familles des Gaules. Il lut les saintes Ecritures qui déterminèrent sa conversion. Elevé sur le siège de Poitiers, il ne se regarda plus que comme l'homme de Dieu. Constance cherchait alors à répandre l'arianisme dans l'Occident : Hilaire y opposa de nombreux et savants écrits qui lui valurent d'être exilé en Phrygie. Les hérétiques le firent renvoyer dans les Gaules, où on le reçut comme en triomphe. Il mourut l'an 368.

Samedi, 15 — Saint PAUL, ermite.

Saint Paul naquit dans la basse Thébaïde, en Egypte, vers l'an 227. L'empereur Dèce ayant excité une cruelle persécution l'an 250, Paul s'enfuit au désert où il vécut jusqu'à l'âge de quarante-trois ans. Il avait déjà cent treize ans lorsque saint Antoine vint dans sa solitude. Après un frugal repas, ils passèrent la nuit en prières. Le lendemain, Paul pria Antoine de lui aller chercher le manteau de saint Athanase; mais, à son retour, il trouva le saint ermite à genoux, sans mouvement et sans vie. Il enveloppa son corps dans le manteau et deux lions venus du désert ayant creusé une fosse, il l'y déposa, après avoir récité les prières de l'Eglise, l'an 342.

A TRAVERS LE MONDE CATHOLIQUE

NOUVELLES DE ROME

LE DISCOURS DU PAPE. — La veille de Noël, Léon XIII a reçu le Sacré-Collège qui lui a présenté ses vœux par l'organe du cardinal Sacconi.

Le Saint-Père a répondu par le discours suivant que neus divisons en chapitres, à l'exemple d'un autre journal :

Puisse la joie qui émane du berceau du Rédempteur divin, pénétrer tous les cœurs, les soutenir au milieu des angoisses et des craintes qu'inspire l'époque présente si bouleversée et les réconforter par l'abondance des consolations célestes.

Nous aussi, en vérité, Nous en sentons vivement le besoin. — Ce n'est pas, comme Nous avons eu d'autres fois occasion de dire, que nous éprouvions de l'affliction et de l'amertume pour ce qui est commis contre Notre personne, attaquée tous les jours par les offenses et les outrages les plus sanglants. Quand on les souffre pour l'Eglise et pour la justice, ils ont en eux-mêmes de puissants motifs de consolation surnaturelle. Ce qui nous contriste le plus vivement, c'est la guerre chaque jour plus violente qui est dirigée contre l'Eglise catholique et contre la divine institution de la Papauté. — Nous déplorons amèrement, comme de juste, tout ce qui est entrepris à leur détriment, au sein même d'autres nations catholiques, et nous n'omettons pas de faire ce que le devoir apostolique Nous impose pour d'éfendre et sauvegarder partout les droits de Dieu et de l'Eglise.

Le Pape envisage surtout l'Italie coupable. — Mais Nous sommes plus profondément touché et affligé de ce qui arrive en Italie et à Rome, centre du catholicisme et siège privilégié du Vicaire de Jésus-Christ, ici où les attaques ennemies sont d'autant plus graves qu'elles viennent atteindre directement le pouvoir suprême auquel sont étroitement unis le bien, la vie et l'action sociale de l'Eglise dans le monde.

La nouvelle irruption dans les possessions de l'Eglise. — Or les motifs que Nous avons toujours eus ici de Nous plaindre amèrement se sont accrus depuis quelque temps au delà de toute mesure, et ils révèlent mieux que jamais quels desseins, sous le couvert de prétextes inventés et de vaines distinctions, se cachent contre l'Eglise. Ses institutions les plus bienfaisantes, ses doctrines et ses ministres, ses droits, rien n'est épargné ; on menace d'édicter de nouvelles lois qui, d'après ce qu'en dit la rumeur publique, visent à atteindre le peu de ressources qui sont encore laissées en propriétés à l'Église, pendant qu'elles tendent aussi à favoriser l'ingérence des laïques dans les choses ecclésiastiques, avec tous les effets désastreux qui en dérivent toujours !

L'enseignement anticatholique. — On aiguise maintenant toutes les armes contre l'enseignement et l'éducation chrétienne de la jeunesse, et, selon les aspirations des sectes, on veut aujourd'hui plus que jamais que cette éducation ne se base pas sur les principes catholiques ; il en est même qui la réclament ouvertement anticatholique.

Les expulsions des religieuses et de leurs compagnes en haine de la vie religieuse. — Elles sont aussi un effet d'hostilité croissante, ces mesures odieuses prises récemment contre de pauvres et inoffensives religieuses, dignes de toute compassion, auxquelles on enlève la compagnie et l'aide de personnes chères, qui avaient librement préféré de vivre avec elles dans leurs modestes retraites.

Les assauts de la secte contre le pape. — Mais les assauts les plus furieux et les haines les plus implacables des sectes et de ceux qui les secondent sont dirigés de préférence contre le Souverain-Pontife, pierre fondamentale sur laquelle repose le sublime édifice de l'Église. Qu'il suffise de dire qu'on a osé le dénoncer publiquement comme l'ennemi de l'Italie dans tous les temps et le désigner par de tels noms d'opprobre et de mépris que la langue a horreur de les répéter.

Les excès qui ont suivi dans les réunions. — Quoi d'étonnant après cela si dans les réunions populaires, dans les comices publics, dans la presse, on a lancé contre le Pape les outrages les plus vils, les injures les plus indignes ? Quoi d'étonnant qu'une fois les haines ainsi attisées, on ait commis dans diverses villes d'Italie d'horribles affronts à la dignité pontificale ? Et, en venant aux plus féroces desseins, quoi d'étonnant qu'on ait menacé de se livrer contre Nous et contre Notre demeure pacifique aux dernières violences ? Le pis est que ces manifestations de haine et de fureur contre la plus bienfaisante institution qui ait jamais existé pour l'avantage commun du monde, et, tout particulièrement, de l'Italie, ont pu s'accomplir librement sans qu'on ait fait quoi que ce soit pour les empêcher d'une manière efficace.

La situation du pape. — En un pareil état de choses, chacun voit de quelle façon est représentée la dignité et sauvegardé l'honneur de Notre personne ; on comprend quelle sécurité, quelle sorte de liberté Nous est laissée dans l'exercice du ministère apostolique ! — On dit, il est vrai, et l'on répète continuellement que, dans les conditions actuelles, Nous ne sommes pas entravé dans le gouvernement de l'Église. Mais qu'est-ce à dire ? Les Papes ont gouverné l'Église, pendant les premiers siècles, au milieu même des persécutions. Ils l'ont gouvernée le mieux qu'il ont pu, même du fond de la prison et dans l'exil ; et cela prouve la divine vertu de l'Église, non la liberté dont auraient joui les Pontifes de ce temps-là.

— Au reste, si on ne l'entrave pas complètement, est-ce qu'on ne rend pas ce gouvernement de plus en plus malaisé ? Est-ce qu'il ne dépend pas de l'arbitre de ceux qui ont en main le pouvoir d'en accroître et d'en aggraver les obstacles !

La solennelle protestation contre les fils coupables. — Aussi Nous est-il évidemment impossible de nous accommoder du présent état de choses. Et puisque les ennemis, forts du soutien de la puissance humaine, n'omettent rien de ce qui peut perpétuer cette situation, nous sentons, de notre côté, le devoir de renouveler contre les anciens et les nouveaux attentats les protestations les plus formelles, et de revendiquer pour Notre indépendance les droits sacrés de l'Église et du Siège apostolique.

Notre confiance est placée en Dieu, de qui relèvent tous les événements humains. Daigne-t-il accueillir avec bonté Nos humbles prières et celles de toute l'Église, en ces jours de grâce et de miséricorde, et exaucer Nos vœux ardents !

— La protestation du Pape vient à son heure, dit le *Moniteur de Rome.* Au moment même où Léon XIII signalait les mesures que le gouvernement va prendre contre l'Eglise et la Papauté, plusieurs journaux sont venus confirmer d'avance la justesse de ses plaintes. D'après le *Piccolo* de Naples, le projet de loi sur les propriétés ecclésiastiques sera bientôt présenté à la Chambre. Le sénateur Cadorna et le ministre Tajani sont presque complètement d'accord sur ce point.

De même le *Diritto* annonçait une interpellation de Zanardelli sur les *corporations religieuses*. Il indique sept démolitions à accomplir, jusqu'aux églises des corporations supprimées. Il a même l'impudence de signaler les « attaques du cléricalisme, contre l'unité et l'indépendance de la patrie. »

La guerre va donc prendre un caractère officiel et aigu. Néanmoins, malgré ces projets et les derniers scandales, les journaux ministériels de Rome ont encore la naïveté de s'étonner des nobles et justes plaintes de Léon XIII. Nos adversaires ont pris le soin de justifier d'avance les prédictions du discours pontifical.

Les feuilles catholiques publient une protestation collective de l'épiscopat espagnol contre les outrages dont le Pape a été l'objet, ces derniers temps, en Italie. Nous avons à peine besoin d'insister sur l'importance de cet acte mis en regard des plaintes si graves que le Pape a fait entendre dans son récent discours. Cette démarche des évêques espagnols atteste l'intime solidarité qui unit tous les membres de la famille catholique à leur Chef vénéré.

Les catholiques du monde entier ont le droit d'élever la voix quand l'indépendance et la dignité du Souverain-Pontife sont en jeu. Les libéraux peuvent voir une fois de plus que la question romaine n'est pas seulement une question italienne, mais une question universelle qui intéresse toutes les nations. La catholique Espagne vient de donner là un noble exemple qui ne manquera pas d'être suivi.

— *Bref du Pape.* — S. S. le Pape Léon XIII vient d'adresser à M. de Cazenove de Pradines un Bref dans lequel l'honorable président du Congrès des catholiques de l'Ouest est félicité hautement de sa fidélité à la Religion :

« Votre constance est un enseignement utile peut-être pour plusieurs, lesquels sont, eux aussi, convaincus des vérités religieuses, mais qui n'osent faire une profession ouverte de leurs croyances, soit par un désir désordonné de popularité, soit par une lâche timidité. »

— *Libéralité de Léon XIII.* — Le Saint-Père vient de faire à la congrégation de la Propagande un don royal de cinq cent mille francs. On se rappelle qu'en 1884, lorsque la Propagande dut subir la conversion des biens qui lui appartenaient et dont s'est emparé le gouvernement italien, Léon XIII avait déjà donné une pareille somme de cinq cent mille francs à cette institution, qui a si bien mérité de la religion et de la civilisation.

DIOCÈSES DE FRANCE

PARIS. — *Aumôniers de lycée.* — Une grosse question, a toujours été de savoir si les lycées, étant des maisons perverties, il était heureux qu'un aumônier y couvrît la marchandise.

Cependant l'Eglise, en sa bonté, a consenti à laisser ce concours à ces lycées et à ne pas les signaler aux familles pour ce qu'ils sont.

Maintenant, les radicaux excitent l'Eglise à abandonner ces pauvres lycées, car l'heure est venue où l'enseignement sans Dieu doit apparaître dans toute son horreur :

Le *Mot d'Ordre* exige la suppression :

« La bourgeoisie, elle aussi, doit être préservée. Les lycées sont encore dominés par le passé. L'aumônier est un fonctionnaire encore puissant. Il faut qu'il disparaisse. L'école primaire est affranchie ; il faut maintenant délivrer l'école secondaire. L'union politique et l'égalité morale des Français est à ce prix. À quand la loi sur l'enseignement secondaire laïque ? »

Le *Radical* fait au gouvernement une sommation analogue :

» Le devoir de neutralité qui s'impose à l'enseignement de l'Etat existe aussi bien pour l'enseignement secondaire que pour l'enseignement primaire. Nous avons laïcisé l'école primaire : il nous reste à laïciser le collège et le lycée. »

On sait, du reste, que les enfants, même à onze ans, ne vont plus à la messe, au lycée, que si cela les amuse et s'ils l'osent.

La commission des finances a retiré 60,000 francs à l'aumônerie des lycées.

—*Enquête d'emploi.* Le *Journal officiel* a publié récemment une note, dans laquelle il donne le chiffre des aspirants et aspirantes aux fonctions pédagogiques, qui, après avoir conquis leur brevet, sollicitent vainement une place d'instituteur ou d'institutrice. Le 31 octobre 886, ces solliciteurs s'élevaient au chiffre de 19,169. L'année précédente, à la même époque, ils étaient 14,722; c'est donc, pour une seule année, une augmentation d'environ 4,450.

La part du département de la Seine dans ces chiffres est très considérable ; on y compte actuellement 1,506 jeunes gens et 4,174 jeunes filles, munis de leurs brevets et sollicitant un poste. Or, dit la feuille gouvernementale, « le personnel de l'enseignement primaire est actuellement au complet partout, et l'administration centrale se trouve dans l'impossibilité absolue d'accorder les demandes qui lui sont faites. »

Que deviendraient ces déclassés en quête d'emploi? Si la laïcisation obligatoire leur promet en province quelque place avant cinq ans, à Paris ils n'ont pas la même espérance; c'est à peine s'il s'y fait cinquante vides, chaque année, dans le personnel de l'enseignement primaire, et les jeunes gens que le diplôme rend ambitieux n'ont nul goût pour s'en aller en province. Il restera donc, dans notre ville, plus de 5,600 déclassés, auxquels viendront s'ajouter les nouvelles recrues.

Encore une fois, que deviendront-ils? Car, même avec un brevet, il faut du pain pour vivre !

BESANÇON. — *La sépulture des pauvres.* — On vient de rétablir, à Besançon, la confrérie du *Saint-Suaire et de la Croix* pour la sépulture des pauvres. Cette pieuse institution, dont l'origine remonte à l'an 1546, avait été longtemps florissante en Franche-Comté. La disparition du Saint-Suaire, aux mauvais jours de la Révolution, fut la ruine de la confrérie. Le moment a paru opportun de la ressusciter. Son but principal, c'est l'ensevelissement religieux et gratuit de tout pauvre abandonné, ou non réclamé, ou laissé par des parents nécessiteux. On verse l'obole d'un franc par année. Cette œuvre vient à propos paralyser les efforts des sectes impies, qui poussent le cynisme jusqu'à acheter les cadavres des pauvres, pour se donner la satisfaction d'un enterrement civil.

ÉVREUX. — *Le serviteur de Dieu, François de Montmorency-Laval.* — La *Semaine religieuse* d'Évreux publie la note suivante:

« On prépare à Rome l'introduction de la cause de béatification et canonisation du serviteur de Dieu François de Montmorency-Laval, devenu évêque de Québec, après avoir été archidiacre d'Évreux depuis le 7 décembre 1648, date de sa nomination par Mgr Jacques du Perron, jusqu'au 28 février 1654, époque à laquelle il résigna ses fonctions en faveur de M. Boudon.

« D'après les constitutions et décrets des Souverains Pontifes, tous les écrits du serviteur de Dieu doivent être recherchés, puis examinés avec le plus grand soin.

« Le Saint-Siège a donc chargé Mgr l'Évêque d'Evreux de procéder, soit par lui-même, soit par un délégué, et conformément à une instruction qui entre dans tous les détails, à une recherche juridique des écrits du dit serviteur de Dieu dans ce diocèse où il a exercé, pendant plusieurs années, les fonctions d'archidiacre. »

LOURDES. — *Souvenir du mois de décembre.* — Il a été célébré depuis un mois au Sanctuaire, 1,400 messes, et on y a distribué 11,000 communions.

Quatre-vingt-dix-huit personnes ont demandé à se faire agréger dans la confrérie du Rosaire, et 105 dans l'archiconfrérie de l'Immaculée-Conception.

Quatorze mille quatre intentions de prières ont été l'objet d'une mention spéciale, à l'exercice de deux heures ; 149 étaient des actions de grâces.

On a offert huit décorations de divers ordres, 7 couronnes de mariées, 27 cœurs en cuivre ou en argent, deux chasubles, 2 nappes, 1 aube, 1 tour d'autel, 1 voile pour ciboire, plusieurs marbres.

ROUEN. — *E'Assemblée générale de l'Union catholique* s'est tenue à Rouen, il y a quinze jours, dans la grande salle de l'archevêché. Nous empruntons à la *Semaine religieuse* de Rouen les paroles que Mgr Thomas a prononcées à cette occasion :

« Messieurs,

« Pour couronner cette fête, je vous ai réservé la joie d'entendre la lecture d'une lettre que Sa Sainteté Léon XIII a daigné m'écrire à l'époque anniversaire du 2ᵉ Congrès des catholiques de Normandie. Le but principal de ce Congrès était de travailler à l'accord de la société avec l'Eglise, et de la science avec la foi. Telle est aussi la constante préoccupation de l'*Union catholique*. Or, le Saint-Père encourage et bénit nos efforts ; il nous félicite d'avoir pris en main une si belle cause. Nous continuerons donc de la servir avec un cœur vaillant, plein de confiance et filialement soumis à l'autorité et aux enseignements du Siège apostolique. Nous pouvons nous réjouir d'avoir bien fait dans le passé ; mais nous ne saurons mieux faire encore à l'avenir. C'est le vœu de notre grand et bien-aimé Léon XIII. C'est aussi, je le sais, votre noble ambition. »

Toute l'assemblée se lève alors en signe de respect, et Monseigneur donne lecture de la traduction du bref.

« Vénérable Frère, Salut et bénédiction apostolique.

« Lorsque, sous vos auspices et votre direction, un grand nombre de catholiques de Normandie se sont réunis en Congrès, nous n'avons pas manqué d'être avec vous d'esprit et de cœur.

« La lettre que vous nous avez adressée, et dans laquelle nous avons, avec d'autres choses très dignes de louange, recueilli un nouveau témoignage de votre amour et de votre dévouement déjà bien anciens, a augmenté encore nos sentiments d'affection envers vous.

« Ce qui nous réjouit grandement, non tant pour nous que pour le bien général, c'est que tout Congrès des catholiques est appelé à porter non des fruits d'un jour, mais des fruits vrais et durables, lorsqu'avant tout il s'appuie sur l'autorité du Siège apostolique et lui demande, comme c'est son devoir, la règle de ses jugements et de ses actes.

« Il y a donc lieu, Vénérable Frère, de bien inaugurer de votre œuvre commune ; car, si l'on tient compte des nécessités du temps présent, il est difficile de rien concevoir de plus opportun que votre entreprise, dont le but est d'employer toutes vos forces et tout votre zèle pour assurer l'accord de la société avec l'Elgise et de la science avec la foi.

« Sans doute, il faut faire face à de nombreuses et graves difficultés ; mais en songeant à la cause que vous avez prise en mains, ayez courage et confiance.

« Il vous sera très précieux d'avoir travaillé, autant qu'il était en vous, au bien du plus grand nombre, et principalement au salut de vos populations. Pour nous, nous demandons instamment à Dieu de faire prospérer vos desseins et de répandre sur vous une telle abondance de grâces, que vous puissiez arriver au plein succès de vos efforts.

« Comme gage des dons célestes, et en témoignage de notre bienveillance paternelle, nous vous accordons très affectueusement dans le Seigneur, à vous, Vénérable Frère, et à tous les membres du Congrès, la bénédiction apostolique.

« Donné à Rome, près Saint-Pierre, le 19 novembre 1886, l'an IX de notre Pontificat.   « LEON PP. XIII. »

REIMS. — *Cause de béatification de la Mère Alix le Clerc.* — S. E. Mgr le cardinal, archevêque de Reims, sur la demande de S. G. Mgr l'évêque de Saint-Dié, a constitué un tribunal ecclésiastique à l'effet de faire des informations juridiques sur la réputation de sainteté de la Mère Alix le Clerc, fondatrice de l'Ordre de la Congrégation de Notre-Dame.

Le tribunal pommé à Reims a tenu huit séances successives. Mgr le cardinal a daigné ouvrir tout spontanément la série des témoins. Le procès clos et scellé a été remis à M. le comte Gandelet, camérier de cape et d'épée de Sa Sainteté Léon XIII et promoteur de la cause, pour être rémis au tribunal constitué par l'Ordinaire de Saint-Dié.

SAINTE-LIVRADE (Tarn-et-Garonne). — *Scandale dans une église.* — Dimanche dernier, la cérémonie de la grand'messe a été troublée par un individu étranger au pays, qui, après avoir été jeté à la porte de chez Goulard, *débitant de boissons*, s'est rendu à l'église où il a interpellé M. l'abbé Maury, curé de la paroisse.

Depuis le *Credo* jusqu'à la fin de la messe, cet individu n'a cessé d'injurier l'officiant et les assistants. Il criait que personne ne sortirait sans sa permission.

Les femmes, effrayées, sortirent par la porte de la sacristie.

Quelques hommes essayèrent de s'emparer de cet individu et de le garrotter. Ils ne purent y parvenir, tant celui-ci, en complet état d'ivresse, surexcité au dernier degré, opposait de résistance.

Le carillonneur partit pour Moissac, requérir la force armée.

Deux heures après les gendarmes arrivaient.

Ils eurent eux-mêmes quelque peine à mettre la main sur ce forcené ; mais quand il s'agit de le faire marcher, il fallut y renoncer.

De guerre lasse, on le fit enlever et porter à Moissac.

On n'a trouvé sur cet individu que des papiers insignifiants.

On croit que c'est un repris de justice.

SOISSONS — On a signalé avec raison la clause du testament de Mgr le duc d'Aumale qui alloue au sanctuaire de N.-D. de Liesse un revenu annuel de 593 francs.

Cette donation remonte à plus de deux cents ans : elle a été faite par Mgr le duc de Guise et confirmée, le 19 juillet 1680, par Mlle de Guise, la noble donatrice qui, en 1614, avait fait bâtir et avait doté l'hôpital de Liesse. En revanche, l'église devait faire dire chaque jour une messe pour les membres vivants et décédés de la famille.

La donation fut reconnue le 25 février 1740, par le conseil de Mgr le prince de Condé, qui en accepta les charges et les transmit à ses héritiers.

Le 10 septembre 1816, le vénérable abbé de Billandel, alors curé de N.-D. de Liesse, adressa une lettre à Mgr le prince de Condé pour lui rappeler la fondation, et le prier de continuer à l'acquitter. Le 30 octobre de la même année, le prince répondait à M. le curé que sa demande était agréée ; il autorisait son intendant à verser désormais la somme indiquée dans les actes publics, et même à indemniser la fabrique, si déjà les messes de fondations avaient été acquittées depuis le retour des princes en France. Depuis lors, l'église de N.-D. de Liesse n'a point cessé de toucher la somme de 593 fr., et d'acquitter chaque jour la messe de fondation pour les familles de Guise et de Condé.

C'est en sa qualité d'héritier du prince de Condé, que Mgr le duc d'Aumale a confirmé cette vieille donation des Guise.

TOURS. — *Acte de soumission.* — M. l'abbé Bossebœuf, de qui deux livres avient été récemment condamnés par la S. Congrégation de l'Index, publie, dans la *Semaine religieuse* de Tours, une lettre où il déclare que sa « soumission au décret est entière, et cela d'autant mieux qu'elle était formulée à l'avance dans l'ouvrage lui-même. »

VERSAILLES. — *Une officière d'Académie.* — On lit dans la *Semaine religieuse* de Versailles :

« Une religieuse de la Sainte-Enfance, Sœur Denise, attachée depuis plus de vingt ans aux lycées de Paris et Versailles, vient de recevoir la distinction des palmes d'officier d'Académie.

« L'administration du Lycée, en lui faisant connaître officiellement la nouvelle de cette promotion honorifique, a rendu hautement hommage au dévouement que lui inspirèrent toujours le devoir professionnel et le sentiment non moins élevé de sa vocation religieuse. »

L'ÉGLISE ET LA PATRIE

Je veux vous mettre en garde contre une pensée capable de vous émouvoir ou de vous attrister. On vous dira que l'amour de l'Église est incompatible avec l'amour de la patrie, que tôt ou tard vous aurez à choisir entre l'une et l'autre, et que vous ne demeurerez un membre fidèle de la première qu'en devenant un fils dénaturé de la seconde. J'attache un grand prix à ne pas vous laisser cet écueil en perspective, parce que l'amour de la patrie est avec l'amour de l'Eglise le sentiment le plus sacré du cœur de l'homme, et que, s'il était possible, que l'on fût l'ennemi de l'autre, ce serait, à mes yeux, le plus profond déchirement que la Providence eût ménagé à notre épreuve d'ici-bas ; mais il n'en est rien. La patrie est notre Eglise du temps, comme l'Eglise est notre patrie de l'éternité, et, si l'orbite de celle-ci est plus vaste que l'orbite de celle-là, elles ont toutes deux le même centre qui est Dieu ; le même intérêt qui est la justice ; le même asile qui est la conscience ; les mêmes citoyens qui sont le corps et l'âme de leurs enfants. L'Eglise, il est vrai, peut être en contradiction avec le gouvernement d'un pays ; mais le gouvernement d'un pays n'est pas la nation, bien moins encore la patrie. Quel est celui d'entre nous qui ait jamais pensé que sa patrie est dans la tête ou le cœur des hommes qui la gouvernent ? Notre patrie est dans le sol qui nous a vus naître, le sang et la maison de nos pères, l'amour de nos parents, les souvenirs de notre enfance, nos traditions, nos lois, nos mœurs, nos libertés, notre histoire et notre religion. Elle est tout ce que nous croyons et tout ce que nous aimons sous la garde de ceux qui naquirent avec nous au même point du temps et de l'espace, de la terre et du ciel. Le gouvernement n'est pour nous qu'un moyen de conserver tous ces biens dans leur ordre et leur sécurité ; et si, loin d'accomplir cette mission, il la trahit ou la déshonore, nous nous réfugions dans le sentiment de la patrie pour y chercher secours, espérance et consolation. Quand Néron gouvernait le monde, Rome continuait d'exister dans ceux qui l'aimaient, et son forum désert était la patrie de ceux qui en avaient encore une.

Lors donc que le gouvernement d'une nation persécute l'Eglise, ou bien cette nation est catholique, ou bien elle ne l'est pas. Si elle est catholique, ce n'est pas l'Eglise qui attaque la patrie, c'est la patrie qui est opprimée dans un de ses éléments les plus saints et les plus chers, dans sa foi religieuse, et l'Eglise, en se défendant par la parole ou le martyre des siens, défend avec elle-même la patrie outragée et méconnue. Si, au contraire, la nation n'est pas catholique, il est bien vrai que l'Eglise n'entre pas dans les éléments qui la constituent telle qu'elle est ; mais elle y est comprise encore par le droit naturel des hommes à la vérité, à la grâce, au salut éternel, et l'Eglise, en bravant la persécution, travaille encore à deux biens de la patrie, l'un futur et qui est sa conversion, l'autre présent et qui est la liberté de conscience. De Néron à Dioclétien, l'Eglise combattit de la sorte, et, si Tacite l'appelait à cause de cela l'*ennemi du genre humain*, le genre humain plus tard lui a donné le nom de libératrice et de mère. Tout libérateur a deux instants dans sa vie : l'un où il est coupable de haute trahison, l'autre où la postérité lui dresse des statues ; l'Eglise a vu ces deux monuments, et tous les deux existent ensemble pour elle, parce que toujours et jusqu'à la fin elle sera persécutée comme conquérante là où elle ne règne pas, et saluée comme la lumière des âmes et la paix des peuples là où elle a conquis l'empire.

Le P. Lacordaire.

ÉTRANGER

ALLEMAGNE. — L'empereur et l'impératrice d'Allemagne viennent de décider la création d'une médaille qu'ils conféreront, dans toute l'étendue de la Prusse et de l'Alsace-Lorraine, à des couples qui célébreront leurs noces d'or ou de diamant et qui se seront distingués par une vie exemplaire.

ANGLETERRE. — S. Em. le cardinal-archevêque de Westminster vient de conférer dans la chapelle particulière de son palais, l'Ordre de la prêtrise à lord Charles Thynne

Le nouvel ordinand est né en 1813. Il est le fils du second marquis de Bath.

Lord Thynne était chanoine de Cantorbéry et possédait plusieurs bénéfices dans l'Eglise anglicane. En 1853, il renonça à toutes ces riches prébendes pour se faire catholique.

SUISSE. — Le Grand Conseil, qui est le Corps législatif du canton de Fribourg, a décrété la fondation de l'université dont nous parlions récemment. L'élection au Conseil d'Etat de M. Georges Python avait paru pleine d'espérance à tous ceux qui connaissent sa foi, son intelligence, son caractère ; il n'a pas tardé à justifier l'estime que tout le monde fait de sa valeur. Aucune œuvre ne peut être plus grande que celle qu'il entreprend, aidé de la confiance de ses généreux compatriotes, et des hauts encouragements de N. S. P. le Pape, de Mgr Mermillod et de tous les évêques de la Suisse.

Ce pays, dit l'*Univers*, est seul en Europe à jouir de l'incomparable bienfait de l'union de l'Eglise et de l'Etat : il est temps d'en voir ressortir les effets. Parmi toutes les institutions de la chrétienté, les grandes écoles et les universités ont toujours été regardées comme d'importance capitale. Aujourd'hui, comme aux siècles de saint Grégoire, de Charlemagne, de Cluny, d'Innocent III et du concile de Trente, le Souverain-Pontife n'a rien de plus important à recommander aux catholiques que la fondation de pieuses et savantes écoles. C'est pourquoi Fribourg veut avoir son Université. Honneur au canton de Fribourg! Honneur à Mgr Mermillod et aux évêques de la Suisse ! Honneur à l'homme d'Etat qui, si jeune encore, a déjà si bien servi l'Eglise et son pays.

Voici donc qu'après tant d'années, la Suisse, où ne s'était jamais formé d'Université catholique que celle de Bâle, si tôt engloutie dans l'hérésie du seizième siècle, voit aujourd'hui Fribourg renouer la chaîne des hautes études catholiques. Les enfants de la Suisse fidèle ne seront plus exposés au péril des Universités sceptiques de nos jours. Mais ce n'est pas seulement la Suisse qui bénéficiera de la fondation de l'*Université de Fribourg*, ce sera l'Allemagne, ce sera l'Italie. Avec quel intérêt la France, où le souvenir s'est conservé si vif de l'ancien collège de Saint-Michel, ne regardera-t-elle pas cette Université ! Quant à nous, nous ne manquerons pas d'en suivre avec une attention toute particulière les progrès, qui seront rapides, dans les conditions religieuses et politiques où se trouve une cité si favorisée, même par sa situation géographique au centre de la vieille Europe.

JURISPRUDENCE

FONDATION DE SERVICES RELIGIEUX.

Pour la fondation de services religieux, on peut recourir, soit à la forme de *donation entre vifs*, soit à celle de *contrat communicatif ou à titre onéreux*.

« Il n'est absolument nécessaire d'employer la forme solennelle de la donation que dans le cas où l'établissement religieux, chargé de veiller à l'exécution de la fondation, est appelé à recueillir des avantages qui dépassent sensiblement les charges imposées, et se trouve ainsi recevoir une véritable libéralité. Mais lorsque, au contraire, l'importance des charges est à peu près égale à celle de l'émolument, la fondation ne constitue plus qu'un contrat à titre communicatif ou onéreux, *do ut facias*. »

Règle générale, il est plus avantageux de faire des fondations de services religieux sous forme de contrats communicatifs ou à titre onéreux, et sous seings privés, pour trois raisons principales : 1º Quand on a eu recours à la forme solennelle de la donation, et que le fondateur décède avant l'autorisation, l'acte est frappé de nullité ; et il ne peut légalement revivre qu'en vertu d'un nouvel acte passé en la même forme ou d'une ratification expresse émanant des héritiers du donateur. Mais il n'est pas de même du contrat communicatif de fondation : l'approbation peut en être poursuivie même après le décès du fondateur, et la décision approbative n'a nul besoin pour être valable, d'être précédée d'une ratification de la part des héritiers ; — 2º La donation en forme solennelle exige l'intervention d'un notaire ; tandis que, par sa simplicité, le contrat communicatif ne demande pas nécessairement d'être dressé par un notaire ; il peut être fait sous seings privés ; 3º Dans le cas de donation, le droit de mutation à percevoir par l'enregistrement est de 11 fr. 25 0|0 avec les décimes. Dans le cas de contrat communicatif, il faut distinguer : lorsque le fondateur cède à la Fabrique un *immeuble* à la charge d'en affecter les revenus annuels à faire célébrer des services religieux, c'est le droit de vente qui est dû, c'est-à-dire 5 fr 50 en principal, plus deux décimes et demi, ou un quart en sus. Lorsque la chose cédée en retour de services fondés consiste en sommes d'argent, rentes sur l'Etat ou autres valeurs *mobilières*, actions, obligations, etc., le droit de mutation ne s'élève qu'à **1 fr. 25 0/0**, *si l'acte a été dressé sous seings privés*; ce droit proportionnel est seul exigible, et on a pour l'acquitter vingt jours à partir de la notification du décret d'autorisation de la fondation.

Mais si le contrat communicatif a été dressé *par un notaire* (qui doit en garder minute), la Fabrique ne saurait se soustraire au paiement de deux droits : l'un fixe (**3 fr. 75 0/0**), exigible même avant l'autorisation administrative, en raison de l'obligation où se trouve le notaire de faire enregistrer tous ses actes dans un délai de dix ou quinze jours, l'autre proportionnel, dont nous avons parlé. Dans ce dernier cas, la Fabrique se trouve donc payer des droits représentant quatre fois le montant du droit proportionnel, plus les honoraires du notaire, les frais d'expédition, etc.

(Journal des Fabriques.)

MOSAÏQUE

On étudie au ministère de la guerre l'introduction de l'imprimerie dans les corps de troupe. On considère que le rapport journalier, les ordres divers, les notes et autres documents écrits ou dictés journellement représentent une perte de temps notable ; on l'évalue environ à dix mois sur trois années de service.

Déjà, il y a quelques années, on a eu l'idée de doter les régiments d'une presse autographique, mais l'expérience a montré que cette presse est souvent inutilisée faute de personnel apte à l'employer. C'est pourquoi il est question d'employer, dans chaque régiment, une imprimerie portative et de transmettre sous forme d'imprimés tout ce qui s'écrit actuellement.

***

La mélinite — On va faire des essais de projectiles chargés à la mélinite, au poly-gone de Bourges, en présence d'une commission spéciale qui vient d'être instituée.

On a essayé la mélinite avec les canons de campagne et de siège. Les résultats ont paru satisfaisants.

***

Un monsieur qui reconnaît toujours ses torts.

— Je vous demande pardon, dit-il à un des convives, de la façon dont je vous ai rudoyé pendant le dîner... Mais que voulez-vous ? quand j'entends dire des stupidités, je ne peux pas me retenir !

BULLETIN DIOCÉSAIN

VIVE JÉSUS! VIVE LA FRANCE!

Au milieu de la tempête sociale qui se déchaîne et ne cesse de grandir contre les chrétiens, il serait profondément triste d'assister à leur inertie; il serait inconcevable de voir le trouble et la crainte se jeter dans leurs rangs ; il serait désespérant de ne pas les trouver debout contre les blasphèmes et les tyrannies vomis sur leur foi. Juifs et francs-maçons, ne cessent de cracher sur la divine face de Jésus : d'un bout de la France à l'autre, les croix sont arrachées du prétoire, de l'école, de l'armée ; les prêtres, chassés de leurs temples, traqués dans leur vie privée, gravissent, comme leur divin Maître, un nouveau Calvaire. Hier, c'étaient le crochetage des chapelles, l'expulsion des religieux, la confiscation des traitements ecclésiastiques, l'attentat de Châteauvillain, etc.; aujourd'hui, c'est la loi contre les Ecoles chrétiennes, contre les droits sacrés des pères de famille, et demain, peut-être, si Dieu n'arrête par une éclatante revanche les bras déicides, la séparation de l'Eglise et de l'Etat, l'esclavage des chrétiens au profit des tyrans athées, et, la décrépitude touchant à son extrémité, la fin morale de la France et le retour au paganisme.

Entendez-vous de tous côtés les clameurs et les imprécations de la presse infâme qui s'élèvent contre le clergé, les consciences catholiques et le Souverain-Pontife, voulant ainsi flétrir ce qui reste encore de vrai, de bien, de bon, de juste?

Voyez-vous les sacriléges, les vols les plus audacieux commis dans nos églises, sans qu'un frein puissant et sévère les arrête et les punisse?

Partout les ennemis de Dieu et de l'Eglise se liguent non seulement contre la liberté individuelle, mais contre la plus chère des libertés, la liberté de conscience ; et nous resterions inactifs, les bras croisés, sans protestation, négligeant de lutter dans le combat suprême qui se livre ; et, comme des insensés, nous attendrions la mort sans nous défendre? Comment Dieu pourrait-il, en présence de notre lâcheté, nous prêter son appui? S'il permet des malheurs sans nombre et des calamités incessantes, c'est qu'il veut éprouver la force de notre foi : Aide-toi d'abord, et le ciel t'aidera ensuite!

Ah! si les catholiques savaient combien ils sont forts quand ils sont unis, disait Joseph de Maistre. Non, il n'est rien de meilleur ni de plus puissant que l'union des bons. Pourquoi donc cette union est-elle si rare? De qui dépend-elle, si ce n'est de nous tous, chrétiens de toutes les castes, de toutes les conditions, de toutes les opinions?

Allons! un peu d'indignation et de courage! Montrons-nous tels que nous devons être, riches et pauvres, humbles et grands, ouvriers et paysans! Levons-nous ensemble, pleins de cette sainte ardeur qui enflammait jadis les martyrs et assurait le triomphe du christianisme, en poussant ce formidable et irrésistible cri : Vive Jésus! Vive la France!

Jacques Chrétien.

On nous écrit de Saint-Léon :

Dimanche dernier, a eu lieu à Saint-Léon la clôture d'une mission, prêchée par les R. P. Blancal et Arnichan, prêtres du Sacré-Cœur. Depuis plus de cent ans pareils exercices n'avaient été donnés à cette paroisse. Aussi, malgré l'inclémence du temps, la population s'est pressée en foule tous les jours, dans l'église, pour entendre les instructions des missionnaires. Et le jour de la clôture, M. le curé a pu voir que les efforts des missionnaires avaient été couronnés de succès. Le soir de ce jour

mémorable, un christ, vraie œuvre d'art sortie des ateliers de M. Moulins, sculpteur à Toulouse, a été béni solennellement. M. le curé doyen de Nailloux, entouré des curés des paroisses voisines, présidait la cérémonie.

On nous prie d'insérer la note suivante :

Les conférences théologiques aux dames du monde auront lieu, comme les années précédentes, dans la chapelle du Saint-Nom-de-Jésus, rue du Vieux-Raisin. Elles commenceront le lundi 10 janvier, et se termineront le lundi 4 avril.

Le conférencier sera cette année, le R. P. Pezzella, des Frères-Prêcheurs, docteur en théologie. La ville de Toulouse connaît déjà ce prédicateur distingué que Bordeaux regrette et nous envie. Notre métropole se souvient de ses discours pleins de doctrine et d'éloquence.

Nous espérons donc que la même société d'élite qui s'est réunie pendant quatre ans autour de la chaire du R. P. Guillermin, viendra écouter la parole doctrinale et sympathique du nouveau conférencier.

Les cartes d'abonnement sont fixées à 4 francs.

S'adresser au couvent du Saint-Nom-de-Jésus, rue des Regans, 8.

On nous prie également d'annoncer que la fête patronale des Dames patronnesses de l'Enseignement chrétien aura lieu, dimanche 9 janvier, dans la chapelle de la Visitation, rue de la Dalbade.

La messe sera dite à huit heures et demie ; elle sera suivie d'une allocution du R. P. Guillermin, et de la bénédiction.

Les personnes qui, par erreur, n'auraient pas reçu de convocation, sont priées de considérer le présent avis comme en tenant lieu.

Nous profitons de cette occasion pour rappeler aux nombreuses personnes dévouées à l'Œuvre que les matinées musicales et ventes de charité qui ont lieu chaque année, sont fixées au mercredi 16 et jeudi 17 février prochain.

Ce même dimanche, 9 courant, à l'occasion de la fête de l'Epiphanie, il sera exécuté dans la basilique Notre-Dame de la Daurade, après les vêpres qui seront chantées à 3 heures, l'*Adeste* de Th. Dubois, pour soprano et chœur, violon, harpe et orgue par Mlle A., Mlle Debat-Ponsan, M. Birbet et la maîtrise de la paroisse.

Divers morceaux de harpe et de violon seront joués pendant les vêpres.

Ecoles chrétiennes de Toulouse. — La situation, chaque jour plus difficile qui est faite aux Ecoles des Frères de la doctrine chrétienne de notre ville, oblige le comité des anciens élèves et des amis des Frères à redoubler de zèle afin d'être prêt à parer à toutes les éventualités de l'avenir. Il tient à remplir jusqu'au bout son mandat et à ne pas laisser péricliter entre ses mains les intérêts dont il s'est constitué le gardien.

Dans ce but, il vient aujourd'hui offrir, aux nombreux adhérents de son œuvre, à ceux qui depuis 15 ans sont, avec lui, debout sur la brèche luttant pour défendre pied à pied les droits imprescriptibles de la conscience et de la liberté, une séance tout a fait exceptionnelle.

La reconnaissance qui lui a donné l'origine en fera tous les frais, et si le talent l'accompagne, c'est du cœur qu'il partira.

Un groupe d'anciens élèves du pensionnat Saint-Joseph, se souvenant de leurs anciens maîtres et voulant leur montrer toute leur reconnaissance, ont spontanément décidé de donner une séance dramatique et lyrique au bénéfice des Ecoles chrétiennes dirigées par les Frères. Cette séance aura lieu dans la salle de l'Athénée du pensionnat Saint-Joseph à une date très rapprochée.

Touchante pensée qui ne peut laisser froid ni indifférent surtout en ce moment où tous ceux à qui l'enseignement chrétien est cher, peuvent à bon droit avoir de graves préoccupations touchant le sort des écoles de notre ville.

Chacun tiendra à honneur, nous l'espérons fermement, à venir encourager par sa présence un acte si digne d'intérêt et de respect.

Le mariage de M. André Cazac, pharmacien militaire, avec Mlle Jaffary a été célébré, mercredi dernier, à onze heures à la chapelle Sainte-Anne. L'église était trop petite pour contenir les nombreux amis des deux familles qui étaient venus apporter leurs vœux et leurs félicitations aux jeunes mariés.

MM. Delrat et Sauvaget prêtaient le concours de leur grand talent à cette charmante fête de famille.

Nous sommes heureux d'adresser aux nouveaux mariés nos meilleurs souhaits de bonheur.

LES CONGRÉGATIONS RELIGIEUSES ET LA LOI DU 30 OCTOBRE 1886.

Le ministre de l'instruction publique vient d'adresser la circulaire suivante aux inspecteurs d'Académie :

« Monsieur l'inspecteur,

« L'article 18 de la loi du 30 octobre 1886 exige des personnes qui se proposent d'ouvrir une école privée, si elles appartiennent à une association, la production d'une copie des statuts de cette association.

« J'ai été consulté par quelques-uns de vos collègues sur la question de savoir si cette production doit être toujours exigée à l'appui de chaque déclaration, alors que des membres de la même association se seraient déjà conformés à cette prescription et que l'inspection académique serait ainsi en possession, comme le veut la loi, des statuts de ladite asssociation.

« Cette exigence n'aurait évidemment pas de raison d'être ; elle entraînerait sans nécessité des lenteurs dans l'instruction des affaires. Je suis d'avis qu'il serait également sans objet de demander la copie des statuts des congrégations vouées à l'enseignement, légalement autorisées ou reconnues d'utilité publique, telles que l'Institut des Frères des écoles chrétiennes et la congrégation des Sœurs de la charité de Saint-Vincent-de-Paul.

« Les statuts de ces associations, insérés au *Bulletin des lois*, ont reçu, en effet, une publicité suffisante, et l'approbation que leur a donnée le gouvernement exclut toute appréciation de la part de l'autorité académique.

« La production du texte même des staluts pourra donc, dans l'hypothèse ci-dessus, être remplacée dans les dossiers par une pièce contenant renvoi sommaire aux statuts officiellement approuvés, avec indication de la date de cette approbation.

« Agréez, monsieur l'inspecteur, l'assurance de ma considération très distinguée.

« Ee ministre de l'instruction publique et des beaux-arts,

« BERTHELOT. »

Le Conseil supérieur de l'instruction publique a décidé que le recteur, et non plus le proviseur, jugerait disciplinairement les maîtres et répétiteurs qui devront avoir au moins trois heures consécutives par jour. Par contre, ils sont astreints à suivre les cours et conférences.

Un habitant du quartier Saint-Aubin, qui vient de mourir, a légué à la ville de Toulouse une somme de 20,000 francs, d'autres disent 40,000, pour être employée en prix aux élèves des écoles laïques. Ce même donateur a exprimé dans son testament la volonté de d'être inhumé civilement et il a été obei.

Loin de chercher à cacher ce fait, nous avons jugé bon de lui donner toute la publicité de notre feuille, parce qu'il nous paraît renfermer des renseignements utiles.

Il est d'abord un exemple offert aux défenseurs de nos écoles chrétiennes. Il ne faut pas que les *enfants de lumière* méritent le reproche que Notre-Seigneur leur adressait, d'être moins avisés que les *enfants du siècle.*

Il nous montre en même temps quel est le vrai caractère attribué à l'instruction laïque par ses plus chauds partisans.

Voilà, en effet, un homme qui, de la même plume, écrit un legs aux écoles laïques et réclame un enterrement athée.

Pour lui, la corrélation est évidente : laïcisme et irréligion, c'est tout un. Cette assimilation est instructive ; car les tendances d'une œuvre ne peuvent être jugées par personne mieux que par ses patrons les plus généreux.

Voilà donc avertis une fois de plus ceux qui auraient pu douter encore d'une vérité qui, pour nous, était déjà démontrée surabondamment.

Par ce côté, le malheureux dont nous parlons aura rendu service à la cause de l'enseignement chrétien.

LE CREDO DE LA DOULEUR. — Je crois, ô mon Dieu, qu'en souffrant avec résignation, j'achève en moi la passion du Christ.

« Je crois que nous n'avons pas ici de demeure stable et que nous en cherchons une autre dans l'avenir.

« Je crois que toutes choses coopèrent au bien de ceux qui aiment Dieu.

« Je crois que ceux qui sèment dans les larmes, moissonnent dans la joie.

« Je crois que bienheureux sont ceux qui meurent dans le Seigneur.

« Je crois que nos tribulations forment en nous un poids éternel de gloire. Les choses que nous voyons sont passagères, celles que nous ne voyons pas sont éternelles.

« Je crois qu'il faut que notre corps corruptible revête l'incorruptibilité, que notre corps mortel revête l'immortalité, et que la mort soit absorbée dans cette victoire.

« Je crois que Dieu essuiera toute larme dans les yeux des justes, que la mort ne sera plus en eux, ni le deuil, ni les gémissements, et que leur douleur s'arrêtera enfin, car le monde aura passé.

« Je crois que nous verrons Dieu face à face. »

A NOS ABONNÉS

Que nos abonnés veuillent bien nous permettre de leur indiquer un excellent et très facile moyen de répandre le *Dimanche illustré.* MM. les curés, plus spécialement, pourront l'employer au milieu de leurs paroisses, dans les familles chrétiennes qui, grâce à Dieu, sont encore nombreuses. Nous savons, du reste, que plusieurs de nos confrères, pleins de sympathie pour notre œuvre et animés du plus grand zèle pour la bonne cause, l'ont déjà employé avec succès.

Dans une paroisse, il y a deux classes de familles : les familles aisées et celles qui vivent du travail de chaque jour. Pour les premières, un abonnement au *Dimanche Illustré* ne serait point évidemment une charge, et nous croyons que souvent cette proposition, faite par le pasteur, dont la parole est toujours écoutée avec bienveillance, serait volontiers accueillie. C'est ainsi que, dans toute maison aisée, notre journal aurait sa place. Modeste ouvrière du bien, elle le répandrait dans ses faibles limites, et ses pages, empreintes de l'esprit de foi, la feraient passer dans les âmes. Elle donnerait, de plus, aux riches de ce monde, des pensées généreuses de charité pour nos œuvres catholiques, parfois peu florissantes, parce qu'elles ne sont pas assez connues et comprises.

Cependant, la somme de 6 francs pourrait encore paraître une charge trop lourde pour le budget d'une mère de famille ou d'une simple ouvrière. Le moyen de procurer la lecture du *Dimanche Illustré* à toutes les personnes qui le désireraient serait d'en réunir plusieurs pour un seul abonnement : chacune alors n'aurait à verser pour sa part qu'une très petite somme, à la portée des plus humbles bourses.

Six associées, par exemple, s'uniraient, et, donnant un franc chaque année, auraient, tous les huit jours, des nouvelles de Rome, de l'Eglise catholique, du diocèse, et seraient au courant du mouvement religieux dans le monde.

Dans chaque paroisse existent des confréries du Saint-Rosaire et de l'Immaculée-Conception ; dans beaucoup il y a des tiers-ordres ; chaque confrérie ne pourrait-elle pas avoir un ou plusieurs abonnements ?

Ainsi, notre modeste feuille s'en irait porter jusque dans la plus pauvre maison l'amour de l'Eglise, de son chef, de notre sainte religion ; elle irait parler à tous, au riche comme au pauvre, au maître comme au serviteur, de cette foi chrétienne qui est la gloire des uns et des autres, et le trait d'union le plus fort entre les différentes classes de la société.

<hr>

PENSÉES SUR LA PRESSE

Il faut opposer avec fermeté la bonne Presse aux efforts de la mauvaise. C'est la mauvaise Presse qui perd la société.

(Léon XIII).

Nous devons, dans la mesure de nos ressources et de notre influence, favoriser et soutenir les œuvres qui ont pour but de propager, par la Presse, les bonnes doctrines.

(Père Ramière.)

Puisque les ennemis du nom chrétien ont coutume d'employer la Presse quotidienne à corrompre les esprits, il faut que les catholiques comprennent qu'il importe que la défense ne soit pas, sur ce terrain, inférieure à l'attaque.

(Léon XIII.)

Beaucoup de chrétiens n'ont pas compris encore que, parmi les bonnes œuvres de notre temps, il faut mettre en première ligne la propagation de la vérité chrétienne par la Presse.

(Père Marquigny.)

Il importe souverainement de publier et de répandre partout les bons écrits.

(Léon XIII.)

VARIÉTÉS

Tous savants, tous artistes!

Fort bien. Mais il faudrait commencer par donner à tous les facultés d'esprit et de cœur qui font les artistes et les savants. Un journal mondain vient de donner un nouvel exemple du danger qu'il y a à surexciter dans les écoles l'ambition des jeunes gens qui cause ensuite de si cruelles déceptions. Il s'agit d'un artiste qui exposa, au dernier Salon, un *Vercingétorix* colossal et qui s'est suicidé, voilà deux ou trois semaines. Nous avons ici, observe le journaliste, un cas terrible et, de plus, un cas assez fréquent. C'était un brave garçon très doux et très volontaire. Devenu sculpteur parce qu'il est aisé d'entrer à l'École des beaux-arts, il avait conçu de hautes ambitions injustifiées et desquelles, par degré, il lui fallait rabattre. Combien il doit être dur de renoncer peu à peu à ses espérances ! Le malheureux, tenaillé par les conceptions les plus fausses, n'avait pu se résoudre à désespérer tout à fait. Sa qualité « d'artiste » lui tenait si fort au cœur que, pour rien au monde, il n'eût donné dans l'industrie.

Avec cela, il était marié et plusieurs fois père de famille. Comment frapperait-il un coup décisif? Comment s'imposerait-il à l'attention publique ? L'idée de modeler un colosse le tenta. Et quel colosse ? *Vercingétorix*, héros national. Le choix du sujet sollicitait le patriotisme ; les dimensions de la statue attireraient forcément les regards. On ne saura jamais l'acharnement que l'infortuné mit à son œuvre. Dans son atelier, tout petit, il dressa la gigantesque figure. La tête du héros gaulois atteignait exactement le plafond. Vingt mois de suite, l'artiste travailla sans répit, usant ses mains, épuisant ses forces, sacrifiant le peu d'argent qu'il avait, empruntant de tous côtés pour venir à bout de son entreprise, vivant sur cet unique espoir. Le jour où la statue fut hors de l'atelier, il la put voir d'ensemble pour la première fois, car le local ne lui permettait point quatre pas de reculée. Son rêve était de vendre ce formidable tas de plâtre à l'État ou à la Ville de Paris, et de se voir aussi décerner une médaille par les jurés.

Eh bien ! personne ne jetait les yeux sur son colosse. Quel navrement ! Les jurés le regardèrent à peine. L'État ne l'acheta point; la Ville de Paris pas davantage. En ces cruelles conditions, qui n'eût senti la folie germer dans son cerveau ? avoir vécu de si longs mois enfermé en un seul désir, s'être brisé de corps, s'être endetté à ne savoir plus que faire, et ne pas retirer de son immense effort même un morceau de pain pour sa femme et ses enfants ! Pourquoi donc lui avait-on persuadé qu'il était un artiste ? Pourquoi n'avait-on pas fait de lui un ouvrier ! Les ouvriers sont heureux : ils mangent du pain. Et voilà un homme mort !

Des drames pareils — au suicide près — j'en pourrais raconter à foison. J'ai eu souvent, depuis quelques années, des confidences à serrer le cœur.

Eh bien, franchement, qu'on me veuille bien répondre : Est-ce le rôle de l'État de provoquer ainsi des déclassements ? Est-ce son rôle de favoriser les médiocres? Est-ce son rôle d'oublier les arts industriels qui ne demandent qu'à prospérer, et de soutenir à beaux deniers ce faux grand art, qui n'est que misère?

Au fond, le potier qui invente une jolie forme de cafetière est plus estimable que le modeleur de bien des statues, et un bon dessinateur pour étoffe vaut mieux que tous les mauvais peintres. Le peuple le plus artiste n'est pas celui chez qui on fait le plus d'objets d'art, vaille que vaille: c'est celui qui mêle le plus d'art aux moindres objets de la vie. Nos aïeux du moyen âge n'avaient point d'école des beaux arts : ils se contentaient d'avoir beaucoup d'artistes et donner un cachet d'art à leurs ustensiles. C'est ce qui fait aussi le mérite des Japonais... Mais il paraît que nous devons nous tenir heureux, ayant beaucoup de pédagogues, un spectre de grand art et d'innombrables fruits-secs coûtant beaucoup d'argent.

Toulouse. — Impr. catholique Saint-Cyprien.

15e année — N° 3. — Edition des Départements. — Un N° **10** c. — Dimanche 16 Janvier 1887.

LE
Dimanche illustré

ANNONCES ET RÉCLAMES
A l'Administration, 28, rue du Faubourg Arnaud-Bernard, Toulouse.

DIRECTION ET ILLUSTRATIONS
PAR
Louis-Victor GESTA
ARTISTE PEINTRE-VERRIER
Chevalier de l'Ordre de Saint-Sylvestre.

ABONNEMENTS
Toulouse, un an. . . . . 5 fr.
Départements,. . . . 6 fr.

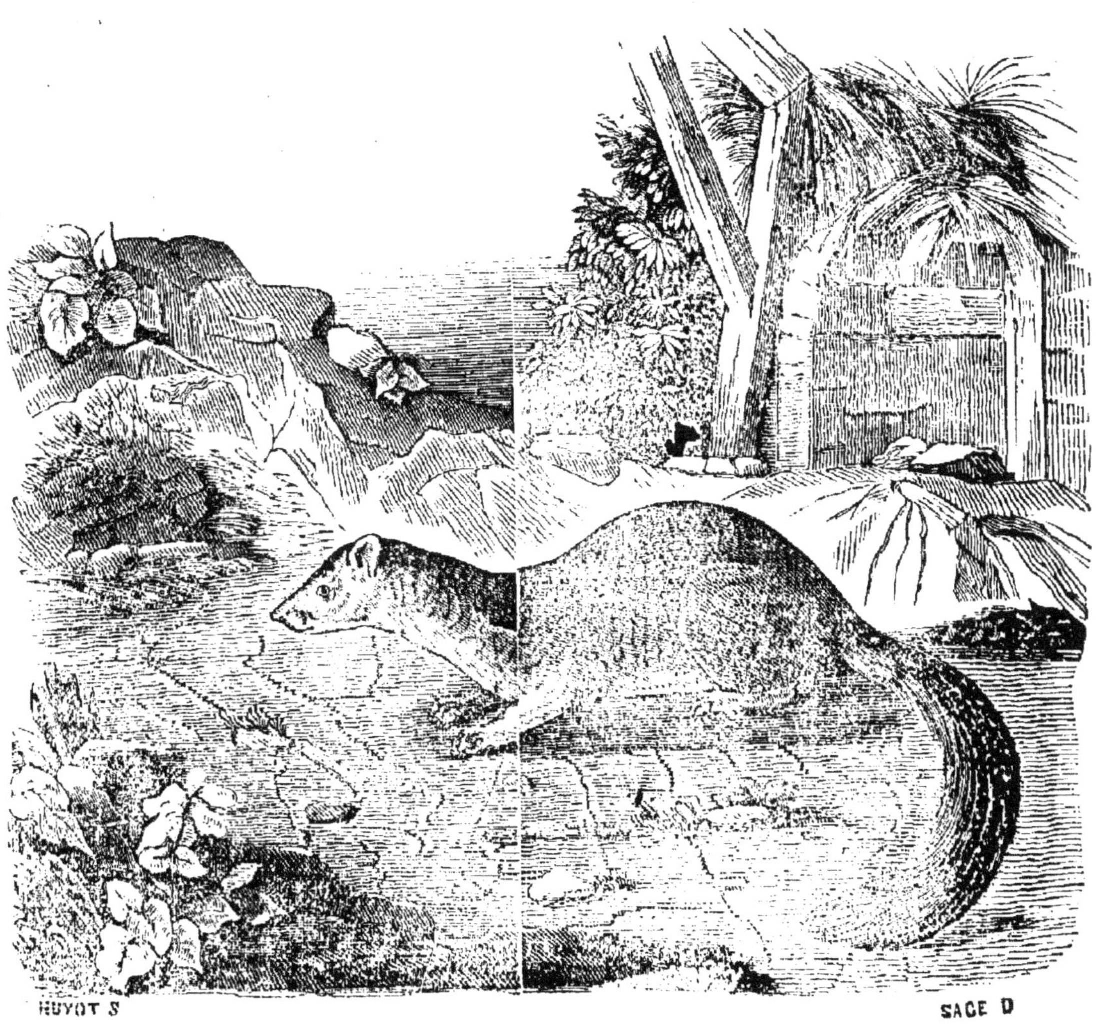

LA FOUINE

LA FOUINE

Ce mammifère carnassier du genre des martres, ne diffère que très peu de la martre ordinaire et de la martre des hurons, avec laquelle il semble devoir se confondre comme ne formant qu'une seule espèce. La fouine est à peu près de la taille d'un chat. Elle est propre aux régions occidentales de l'Asie et de l'Europe, et paraît s'avancer davantage vers le sud. Elle recherche la demeure de l'homme, s'y établit souvent, y fait ses petits et y trouve sa nourriture. Elle se retire aussi dans les forêts, vit solitaire, et passe toute la journée dans sa retraite, dont elle ne sort que la nuit pour subvenir à ses besoins. Elle cherche alors à s'introduire dans les basses-cours ou dans les colombiers, et, si elle y parvient, elle occasionne des dégâts considérables parmi les œufs et la volaille.

LES SAINTS DE LA SEMAINE

Dimanche, 16 Janvier. — Saint HONORAT, évêque d'Arles.

Saint Honorat naquit dans les Gaules. Dès sa jeunesse, il eut le bonheur de s'attacher au service du vrai Dieu : Honorat se retira dans la petite ville de Lérins, ou il fonda le célèbre monastère de ce nom vers l'an 400. Le mérite d'Honorat devint si connu qu'on l'éleva sur le siège d'Arles en 426.

Lundi, 17. — Saint ANTOINE, abbé.

Saint Antoine naquit l'an 251, à Côme, dans la haute Egypte. De bonne heure, il donna ses biens aux pauvres et se retira dans un désert. La vénération qu'on avait pour lui était universelle. Des philosophes païens même vinrent le visiter, et tous étaient dans l'admiration de sa science et de sa vertu. Il mourut l'an 356, âgé de cent cinq ans.

Mardi, 18. — LA CHAIRE DE SAINT PIERRE A ROME.

Saint Pierre, après avoir triomphé du démon en Orient, fonda, par la prédication, plusieurs Eglises, et gouverna en particulier celle d'Antioche durant quelques années, et alla, l'an 41, combattre à Rome la superstition et l'erreur. Pierre n'y fut pas plutôt arrivé, qu'il y établit son siège épiscopal. C'est l'anniversaire de cet établissement que l'on célèbre aujourd'hui. Il était bien juste que les chrétiens fêtassent tous les ans la mémoire de la fondation de de cette église, qui est la mère commune de tous les fidèles.

Mercredi, 19. — Saint CANUT, roi et martyr.

Saint Canut, roi de Danemark alliait toutes les belles qualités de l'âme à celles du corps. Quand il fut en âge de commander les armées, il le fit avec cette supériorité qui annonce les héros. Exclu d'abord du trône, sa conduite lui gagna tous les cœurs des Danois, qui lui rendirent sa couronne en 1080. Saint Canut paraît avoir été choisi par la Providence pour la conversion des Danois. Il choisit une épouse digne de lui. Cependant des dissensions s'élevèrent, au milieu desquelles il donna son sang pour l'amour de Jésus-Christ, le 10 Juillet 1086.

Jeudi, 20. — Saint SÉBASTIEN et Saint FABIEN, martyrs.

Saint Sébastien naquit à Narbonne. Il se montra, dès sa jeunesse, fervent disciple de Jésus-Christ. Il était capitaine de la garde prétorienne lorsque Dioclétien, informé qu'il était chrétien, le remit entre les mains de quelques archers qui, l'ayant percé de flèches, le laissèrent pour mort sur la place ; mais une sainte veuve le trouva encore vivant, et lui rendit en peu de temps la santé. Sébastien, au lieu de se cacher, alla reprocher à l'empereur sa cruauté. Dioclétien, voulut le voir expirer devant lui sous les coups de bâton, en 288.

Vendredi, 21. — Sainte AGNÈS, vierge et martyre.

Partout on publie les louanges de sainte

Agnès, qui, triomphant de la faiblesse de son âge, et de la cruauté du tyran, couronna la gloire de la chasteté par celle du martyre. Elle naquit à Rome, sur la fin du III· siècle. Dénoncée comme chrétienne et quoiqu'elle n'eût que treize ans, elle aima mieux s'exposer aux plus affreux supplices, que d'être infidèle à Jésus-Christ. Elle fut condamnée à avoir la tête tranchée vers l'an 304.

Samedi, 22. — Saint VINCENT, diacre et martyr.

Saint Vincent, l'un des plus illustres martyrs de Jésus-Christ, naquit à Saragosse en Espagne. Valère, évêque de cette ville, l'ayant fait diacre, il souffrit la persécution de Dacien. Vincent fut réservé pour tous les genres de tortures qu'on peut imaginer. On l'enferma dans un cachot obscur où les anges vinrent le consoler. Dacien, outré de rage, eut recours, par une compassion perfide, à un dernier expédient, et fit mettre Vincent sur un lit mollet. Mais il expira aussitôt, âgé de vingt-deux ans, l'an 304.

———

A TRAVERS LE MONDE CATHOLIQUE

NOUVELLES DE ROME

Traduction du MAGNIFICAT *en* 150 *langues*. — Les religieux cisterciens de Lérins préparent, pour les Noces d'or de Léon XIII, une magnifique œuvre d'art. Voici à ce sujet les détails intéressants que nous trouvons dans une circulaire émanée de l'abbaye :

« Nous avons entrepris le rude labeur de réunir, dans un splendide volume, le sublime cantique du *Magnificat* traduit en cent cinquante langues environ, toutes imprimées avec leurs caractères propres. Pour rendre ce travail digne de l'Immaculée Vierge Marie, digne du magnanime Léon XIII, digne de notre amour filial, chaque traduction du *Magnificat* sera entourée d'un encadrement à plusieurs couleur, gravé *ad hoc* par les plus habiles artistes ; le verso de la page de chaque *Magnificat* contiendra une fleur emblématique des vertus de la très sainte Vierge. La préface, également illustrée à chaque page, renfermera une superbe gravure, en couleurs et or, de la Visitation, un éloge abrégé du *Magnificat* en six langues, en latin, en français, en italien, en espagnol, en anglais, en allemand, la dédicace de l'ouvrage à Sa Sainteté, etc. »

Dans un bref du 22 novembre, le Saint-Père accueille en ces termes l'annonce de ce travail :

« Vous avez été heureusement inspirés en choisissant ce travail qui réclame le concours des arts et celui de l'intelligence ; car il y a dans ce cantique immortel, que l'auguste Mère de Dieu entonna sous l'inspiration du Saint-Esprit, une noblesse supérieure aux œuvres humaines. D'où il est facile de comprendre que votre hommage Nous sera très agréable : Nous serons d'autant plus heureux de le recevoir, que cet ouvrage est très propre à glorifier le nom de la très sainte Vierge, les langues les plus diverses redisant ses célestes accents. »

———

DIOCÈSES DE FRANCE

PARIS. — *Instruction publique.* — L'*Officiel* contient plusieurs décrets signés Berthelot. Nous y relevons le suivant :

Le ministre de l'instrution publique et des beaux-arts,

Vu le décret du 24 décembre 1886,

Arrête:

Est nommé officier d'académie, Mme Jules Michelet, pour le bon travail qu'elle a fait, suivant l'exemple de son mari, au profit de la France et de la jeunesse.

Paris, le 29 décembre 1886.

BERTHELOT.

Nous ne discuterons pas si Mme Michelet a fait ou non du «bon travail au profit de la France et de la jeunesse ».Mais évidemment le nouveau ministre de l'instruction publique a voulu prouver par la rédaction de ce considérant que, pour être chimiste, on ne manque pas de style. Quel dommage qu'il n'ait pu ajouter :« née dans l'Auvergne et dans le moi de mai ! »

LES BIENS DES CONGRÉGATIONS RELIGIEUSES. — Nous lisons dans un journal républicain :

Un décret, inséré au *Journal officiel* étend à l'Algérie l'exécution des lois de finances du 28 décembre 1880 et du 29 décembre 1884, qui soumettent les congrégations religieuses à des contributions spéciales, justement qualifiées d'iniques.

En effet, la loi de 1880 prélève des droits de mutation ou de donation sur l'accroissement du capital des associations, quand celles-ci admettent de nouveaux membres, ce qui est contraire au principe qui régit l'apport dans toutes les sociétés.

Quant à la loi de 1884, elle va plus loin : elle astreint à la taxe de 3 % le revenu hypothétique des biens meubles et immeubles des congrégations compté à 5 °|₀ du capital d'estimation, de sorte qu'un couvent dont l'immeuble est estimé un million par le fisc doit, en dehors des contributions directes et taxes assimilées, 3 pour cent sur 50.000 fr. de revenu supposé, soit 1,500 fr, et s'il possède une chapelle avec des tableaux ou tous autres objets d'art, encore 3 pour cent de 5 pour cent du capital que représente ce mobilier.

Les établissements religieux rendent assez de services en Algérie pour qu'il parût convenable de leur continuer l'exemption dont ils jouissaient.

— *Le latin au Conseil supérieur.* — Le conseil supérieur de l'instruction a achevé samedi soir sa session en votant les 452 articles de l'arrêté organique qui complète la loi scélérate contre l'enseignement primaire.

Mais ce vote n'était qu'une formalité.

Le côté curieux de la séance a été consacré au latin, au vieux latin. M. Bréal a demandé qu'on enseignât le latin dans les écoles normales primaires, et a soutenu l'utilité de cette langue pour savoir le français et surtout pour l'enseigner. M. Gréard a combattu cette langue d'Eglise, et le conseil a repoussé.

Ensuite on s'est insurgé contre la suppression du latin en 7ᵉ, et l'on a demandé la réintégration. C'est ajourné.

On dit ne pas le rôle joué par Mme Kergomar dans ces deux questions.

Le conseil est clos.

CARCASSONNE. — *Exempla trahunt.* — On écrit de Montpelier :

« La ville de Carcassonne vient d'avoir l'écœurant spectacle d'un enfouissement civil donné par un grand dignitaire de l'Université, M. Foncin, inspecteur général de l'enseignement secondaire.

« A l'époque où il était professeur d'histoire au lycée de Carcassonne, M. Foncin s'amouracha d'une jeune tripière fort jolie et l'épousa. La « belle Anna », comme on l'appelait, étant devenue la femme d'un recteur, avait cru sans doute devoir sacrifier ses convictions religieuses aux intérêts de son mari, car la pauvre femme étant morte à Paris, à l'âge de 45 ans, M. Foncin l'a transportée à Carcassonne et lui a fait des obsèques civiles.

« Pour compléter le scandale, les fonctionnaires et les proviseurs de lycée se sont empressés d'aller prendre rang dans le cortège.

« Cela leur vaudra peut-être un bon point de M. l'inspecteur général, mais quel exemple pour les élèves! »

FONTFROIDE (Aude). — *L'attaque du couvent de Fontfroide,* par une bande de brigands. — L'attaque à main armée du couvent de Fontfroide, situé à 13 kilomètres de Narbonne, a eu lieu pendant la nuit.

Les brigands ont sauté dans le jardin potager, franchissant un mur haut de 3 mètres environ, puis, ouvrant une des portes à l'aide d'un rossignol, ils ont traversé les cours du couvent et se sont emparés de la clef chez le portier.

Ils ont pu ainsi ouvrir à leurs compagnons qui attendaient au dehors; découverts par un frère servant qui était à la fontaine, ils se sont emparés de lui après une lutte pendant laquelle le frère reçut un coup de revolver. Se précipiter ensuite chez le frère portier fut pour eux l'affaire d'un moment; ils obligèrent ce malheureux à les conduire auprès du Frère supérieur, à qui ils demandèrent 10,000 francs.

Le supérieur du couvent répondit;

« *Vous n'êtes que dix, et nous sommes soixante!* » et, avec l'aide du Frère portier, il a sonné la cloche pour appeler les Frères.

Ceux-ci sont sortis en masse de leurs cellules, dont l'entrée de quelques-unes était gardée par les bandits. Les voleurs ont fait feu : trois moines ont été blessés;

un a reçu une balle dans le corps ; les deux autres de légères blessures. Les bandits se voyant inférieurs en nombre, ont pris la fuite sans rien emporter.

MARSEILLE. *Écoles communales et écoles libres.* — Un important organe républicain de Marseille, le *Sémaphore*, a rendu hier un hommage mérité aux instituteurs congréganistes, dans un parallèle entre leurs écoles et les écoles laïques, parallèle tout à l'avantage des écoles libres. Nous citons :

« Il n'est pas de jour que nous ne soyons amené, en assistant à la sortie d'une école laïque, à faire de très fâcheuses remarques. Les élèves se répandent dans la rue en poussant des cris assourdissants et lâchent en quelque sorte la bride à leurs plus mauvais instincts. Ils se montrent querelleurs, tapageurs, mal embouchés, se plaisent à jouer de vilains tours aux passants, à casser des cordons de sonnette, à renverser les éventaires de boutiquiers, à dégrader les façades des maisons, et vont même parfois jusqu'à taquiner des vieillards ou de pauvres paralytiques. Ils sont, en somme, irrespectueux, grossiers, insolents, et le plus souvent d'un cynisme effrayant. C'est de la graine de « nervis », voilà ce que l'on répète volontiers dans le public.

« Et qu'on ne s'imagine que le tableau soit chargé, poussé au noir, car nous pourrions citer tels ou tels quartiers où les habitants considèrent comme une véritable calamité le fait de se trouver dans le voisinage d'une école laïque !

« Une justice à rendre, au contraire, au personnel des écoles congréganistes, c'est que leurs élèves ont beaucoup plus de crainte, de tenue et de réserve. On voit, du reste, le Frère de la doctrine chrétienne ou la Sœur accompagner, dans la rue, jusqu'à une assez grande distance, écoliers et écolières et leur rappeler ainsi qu'ils n'ont pas, bien qu'en liberté, à sortir des bornes du devoir et de la bienséance. »

NIMES. — Mgr Besson, évêque de Nimes, a adressé aux curés de son diocèse une lettre « pour remercier Dieu des résultats de la quête prescrite en faveur des inondés ». Dans cette lettre, Mgr l'évêque de Nimes trace, pour la distribution des secours, des règles très sages et qu'il est utile de faire connaître :

« Nous ne devons pas oublier que les secours ne doivent être attribués qu'aux pauvres fermiers, aux ouvriers sans pain et sans travail, aux petits propriétaires, aussi malheureux que les autres, qui, labourant de leurs mains le champ paternel, seraient réduits à le vendre s'ils ne pouvaient en réparer les dégâts. Quand on a de telles aumônes à répandre, on ne saurait en garder une part pour d'autres besoins, ni les consacrer à d'autres œuvres, ni même les réserver pour l'avenir. Il est aussi pressant de les répartir qu'il était urgent de les demander. Laissons-leur tout le mérite de leur opportunité. la distribution immédiate des secours en doublera le prix.

« Mais, quelque prompte et rapide que soit notre aumône, mettons-y, pour qu'elle soit profitable, de la prudence et de la discrétion. Ce n'est pas en versant l'argent à pleines mains qu'on soulage le pauvre. Achetons-lui des vêtements, payons ses dettes chez le boulanger, rendons par une nourriture fortifiante, la santé à ses petits enfants; procurons-lui le combustible nécessaire pour éviter les rigueurs du froid. Nous ôterons par là au père de famille imprévoyant la tentation d'aller dépenser au cabaret les épargnes de la charité. Faisons disparaître autour de sa couche et de son foyer les traces de l'inondation, assainissons sa demeure, en un mot soyons sa Providence, comme il sied de l'être aux ministres de Jésus-Christ. Voilà les règles que trace la charité bien entendue. Nos prêtres les appliqueront avec l'intelligence qui les distingue et le dévouement qui les honore. »

ORLÉANS. — *Un futur Congrès.* — Nous lisons dans le *Bulletin de l'union des associations ouvrières catholiques* :

Le Congrès de l'Union des œuvres ouvrières, en 1887, aura lieu en la ville de Jeanne d'Arc, à Orléans, où l'évêque, Mgr Coullié, veut bien nous accueillir avec une paternelle affabilité, qui rend cet accueil encore plus précieux.

La situation géographique d'Orléans, les œuvres nombreuses qui y fleurissent, les amis que nous y comptons, la protection de cette héroïne qu'on va prier pour la France, donnent à ce choix une opportunité et un charme qu'on ne pouvait trouver nulle part.

Mgr Gay, dont le zèle apostolique appartient de plus en plus à l'Union, a disposé toutes choses pour que, cette année, aucun empêchement ne vienne mettre obstacle à sa présence au Congrès.

Voilà donc la dix-septième convocation faite aux œuvres depuis la fondation de l'Union, en 1871, à Nevers, et l'on annonce que la nouvelle réunion, qui continue cette fidèle tradition, aura une importance considérable.

Nous mettons très spécialement ce nouveau congrès sous la protection de Jeanne d'Arc dont la cause est pendante à Rome en ce moment.

— *Nouvelle Conversion.* — M. Musgrave, homme d'une instruction peu commune, était venu à Orléans pour mieux apprendre la langue française, et Dieu qui le conduisait à son insu, allait lui apprendre une science plus haute. C'est devant le Saint-Sacrement qu'il a été attiré à la religion catholique.

L'étude et la prière achevèrent sa conversion. Le 3 janvier dernier, dans la chapelle des Sœurs de St-Aignan, Mgr l'Evêque recevait son abjuration et lui administrait, après le baptême, les sacrements de l'Eucharistie et de confirmation.

TARN. — *Une dame.* — Le conseil supérieur qui n'a plus d'évêques, dit le journal *la Croix*, vient de faire mentir le vers de Molière :

> Du côté de la barbe est la toute-puissance.

En effet, les membres de l'enseignement ont pensé qu'il fallait introduire dans ce cénacle austère un élément plus gracieux, et qu'au milieu des pères conscrits des trois degrés de l'enseignement il y aurait à faire figurer l'une des nymphes de l'A B C et des Grâces de la grammaire — *Junctæque nymphis Gratiæ descentes* ; en conséquence, ils ont à la dernière heure improvisé la candidature de Mme Kergomard, et, malgré l'heure tardive, leur candidate a réuni 386 voix; il y a ballottage d'abord et élection ensuite. Le vote de l'Université vient d'accomplir tout tranquillement une révolution, la femme pénètre dans les assemblées du sexe laid.

L'héroïne de cette révolution qui s'asseoit au conseil supérieur est élue dans le Tarn, avec M. Compayré; elle a 418 voix; voici un aperçu de ses idées :

« Si je suis élue, dit-elle, j'en serai profondément heureuse et fière, car « je représenterai au conseil supérieur, » non seulement « les milliers d'enfants dans lesquels « j'aime les miens, » et les institutrices qui, toujours à la peine jusqu'ici, *n'avaient jamais été à l'honneur,* « mais encore la « partie vraiment généreuse et libérale des « électeurs hommes. »

On le voit, les dames seules représentent les enfants, et aussi les dames représentent les maris généreux et libéraux ; les autres conseillers barbus ne représenteront que l'égoïsme.

« Les deux femmes qu'il y a en moi — il y a toujours deux individus *au moins* dans chacun de nous — les deux femmes qu'il y a en moi se livraient un combat douloureux. L'une, celle qui aime à se tenir à l'écart et qui rêverait de répandre la lumière en restant dans un trou, me prêchait l'abstention. L'autre, celle qui est toujours prête à partir toujours pour la guerre sainte, me disait qu'il fallait partir pour la guerre sainte. Elle me disait que je n'avais pas le droit de refuser mon adhésion à ceux qui avaient décidé de se compter sur mon nom; elle me disait encore que, si la femme a, par moi, quelque chance de prendre place au conseil supérieur, c'est mon devoir d'essayer de l'y faire entrer...

« Alors je me suis décidée. »

Voici la guerre sainte commencée contre le principat de l'homme. Nous suivrons attentivement au conseil supérieur l'influence de Madame, à laquelle la courtoisie ne peut manquer de faire une place à part.

TOURS. — M. l'abbé Bossebœuf, de qui deux livres avaient été récemment condamnés par la S. Congrégation de l'Index, publie dans la *Semaine religieuse* de Tours, une lettre où il déclare que sa « soumission au décret est entière, et cela d'autant mieux qu'elle était formulée à l'avance dans l'ouvrage lui même. »

Dans sa lettre, M. l'abbé Bossebœuf justifie Mgr l'archevêque de Tours qui avait donné l'*imprimatur,* mais ordonnée en même temps des corrections qui n'ont pas été suffisamment faites.

Le *Bulletin catholique* de Montauban donne ainsi une idée de l'œuvre de M. l'abbé Bossebœuf :

« D'après M. Bossebœuf, les diverses explications du *Syllabus* publiées jusqu'ici sont plus ou moins erronées.

« Trois partis s'en disputent l'interprétation : le *rationalisme*, qui l'explique dans un sens *hostile*, le *fidéisme*, dont l'explication est *excessive*, et le *libéralisme*, qui en donne une explication *amoindrie*.

» Le fidéisme « est l'absorption théori-
» que et pratique de l'élément rationnel,
» libéral, individuel et temporel par l'élé-
» ment traditionnel, autoritaire, collectif et
» spirituel. » En philosophie, le fidéisme est « le traditionalisme, » en droit canon » l'ultramontanisme, » en politique « le cléricalisme. » Il est tout aussi illogique mais plus funeste que le matérialisme lui-même. Ses représentants sont Mgr de Ségur, M. l'abbé Jules Morel, M. l'abbé Peltier, etc., et son organe l'*Univers*, dont « *l'autorité est d'autant plus grande qu'en* » 1874 (époque dont il cite des textes) ce « *journal avait des liens plus étroits avec* » *la Cour romaine.* » On ne comprend pas très bien comment l'*Univers* pouvait avoir « les liens les plus étroits avec la » Cour romaine » au moment où il publiait des articles aussi « erronés » et à ce point » fidéistes. » Mais M. Bossebœuf affirme qu'il en est ainsi.

» D'après lui, « l'école fidéistique» prétend que le Pape est infaillible, non seulement quand il parle *ex Cathedra*, ce que tous les catholiques croient, mais encore lorsqu'il parle « *comme docteur privé.* » Par exemple, il ne cite aucune preuve, mais il veut qu'on croie à son affirmation ! etc., etc.

» Nous nous bornons à ces quelques mots pour donner une idée de l'œuvre de M. Bossebœuf.

» A remarquer que le décret de l'Index a été, par ordre du Pape, publié le jour même où il a été rendu. »

ÉTRANGER

ESPAGNE. — C'est un soulagement pour les catholiques de lire la noble protestation, délibérée et signée par tout l'épiscopat espagnol, en la fête de l'Immaculée-Conception, contre les injustices dont le Pape est depuis très longtemps l'objet. Voici la substance de cet important document :

« Notre siècle est témoin d'un spectacle inouï parmi les nations ; un Pape, gouvernant l'univers catholique aux applaudissements des sages et des politiques de ce monde, et dont les représentants sont partout accrédités avec honneur, et ce même Pape, insulté dans la majesté de son pontificat par un gouvernement qui a perdu toute notion de justice et tout sentiment d'honneur. Après l'avoir dépouillé de sa souveraineté temporelle, garantie de son indépendance et de sa liberté pour l'exercice de sa mission divine ; après lui avoir enlevé les moyens de régir l'Eglise universelle, on est allé jusqu'à censurer publiquement ses actes de pontife, à fouler aux pieds sa dignité et ses prérogatives ; on a osé même qualifier d'*intangible* le déplorable état des choses à Rome.

« Contre de pareils outrages, l'épiscopat espagnol, jaloux de son renom de piété, élève sa voix et déclare qu'il ne cessera de le faire. Rome est une ville essentiellement pontificale, le centre du catholicisme et le siège de la religion catholique. Rome et le patrimoine de Saint-Pierre appartiennent au Pape et à l'Eglise en vertu des droits les plus sacrés et les plus solidement établis. Le principat civil du Saint-Siége est la garantie indispensable de l'indépendance du Vicaire de Jésus-Christ, de la paix du monde et de la tranquillité des consciences.

« Les évêques espagnols espèrent que les gouvernements et les peuples, ouvrant les yeux à la lumière, prendront enfin des mesures efficaces, au nom de la justice, au nom de leurs intérêts propres et de ceux de la société elle-même, afin que le chef suprême de l'Eglise soit replacé dans la situation que lui ont créée le droit, la piété et le respect des fidéles, et qui lui est nécessaire pour exercer librement son ministère apostolique. »

Ce beau langage mérite à l'épiscopat espagnol l'admiration du monde entier.

TONKIN. — *Paul Bert.* **—** La nouvelle de la conversion de Paul Bert n'est par confirmée. L'ennemi de l'Eglise est mort sans prêtre.

Au milieu de tant de paroles impies qu'il a prononcées, nous lisons celles-ci :

« Dans 30 ans, la religion aura disparu de la France. Nos mesures sont si bien prises et tellement combinées pour abolir le Christianisme, que, s'il survit, je croirai moi-même et je me ferai catholique. »

Paul Bert n'a eu ni le temps ni la grâce de se faire catholique; mais s'il avait réfléchi au résultat d'autres prophéties semblables à la sienne, il se fût épargné la peine d'en donner une nouvelle édition et de courir ainsi au-devant d'un échec certain.

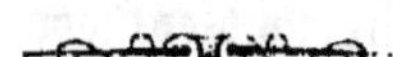

L'œuvre de la Presse.

« Il importe souverainement de publier
« et de répandre partout de bons écrits.
« Ceux qu'une haine mortelle sépare de
« l'Eglise savent combattre avec la plume
« et s'en faire une arme redoutable pour
« le mal. De là ce déluge de mauvais
« livres; de là ces journaux de désordre
« et d'iniquité dont les lois sont impuis-
« santes à refréner les excès, et la pudeur
« à contenir les tristes débordements...
« Ils dissimulent ou ils corrompent la
« la vérité, ils poursuivent avec hostilité
« l'Eglise et le Pontife suprême de malé-
« dictions quotidiennes et d'accusations
« calomnieuses, et il n'est pas d'opinions
« si absurdes et si nuisibles qu'ils ne
« s'efforcent de propager.

« Ce mal immense gagne tous les jours
« du terrain; il faut en arrêter la vio-
« lence... Aux écrits, il faut opposer les
« écrits; que cet instrument si puissant
« pour la ruine devienne puissant pour le
« salut des hommes, et que le remède
« découle de la source même du poison.

« Dans ce but, il est à désirer qu'au
« moins dans chaque province on crée
« quelque organe d'enseignement pour
« instruire publiquement le peuple des

« graves devoirs qui incombent à tous les
« chrétiens à l'égard de l'Eglise, et cela
« par le moyen de publications fréquentes,
« et, s'il est possible, quotidiennes. »

Qui parle ainsi ? Léon XIII, dans son Encyclique aux Archevêques et aux Evêques d'Italie.

On le voit, il prêche la charité intellectuelle, cette charité dont un illustre penseur de nos jours a dit :

« L'homme a mille besoins. Il est celui qui a besoin. Il ne vit pas seulement de pain, il vit de parole. Et parmi les hommes, il s'en trouve qui ont des besoins particuliers et exceptionnels, des besoins de lumière. Il en est qui ont besoin de parole et même de parole splendide. Il en est qui ont besoin que la parole arrive à eux revêtue de magnificence. Il en est qui ont besoin, non seulement pour l'ornement de l'intelligence, mais même pour la vie de l'âme, et je pourrais ajouter pour la vie du corps, que la parole arrive à eux telle que leur âme est faite pour la désirer, pour la recevoir, pour se l'assimiler. Ce sont là des pauvres d'un genre spécial... et la charité qui s'adresse à eux est la plus rare des charités.

« Or la parole écrite est une immense charité, et sa diffusion, quand elle est bonne et belle, est par excellence l'acte de charité au XIXe siècle...

« La parole est essentiellement nourrissante et désaltérante. Tout homme qui garde une parole de vie et ne la donne pas, est un homme qui, dans une famine, garde du pain dans son grenier, sans le manger ni le donner...

« Il faut aimer de tout son cœur, de toute son âme, de tout son esprit...

« L'esprit, c'est ce qui cherche, c'est ce qui devine, c'est ce qui distingue, c'est le glaive de la charité...

« Aimer avec son esprit, avec tout son esprit, c'est comprendre les besoins de l'intelligence et de l'âme.

« C'est comprendre qu'on assassine un homme quand on lui refuse son pain intellectuel aussi réellement que si on lui arrachait son pain matériel, aussi réellement que si on lui donnait un coup de couteau.

« Aimer de tout son esprit, c'est deviner

là où elles sont, la faim et la soif de l'esprit, et aller au-devant d'elles... »

Oui, sans aucun doute, la charité intellectuelle est une des formes magnifiques de cette charité dont le divin Législateur a fait le centre de sa doctrine : « *Aimez-vous les uns les autres.* »

Et cette charité est urgente :

« Le soleil de la foi pâlit et sa lumière baisse sur l'horizon : un scepticisme glacé envahit tout le corps social ; c'est à peine si quelques âmes généreuses conservent un reste des croyances d'autrefois ; bientôt on ne saura plus si le cœur de la société bat encore. Toutes les illusions s'en vont et succombent comme les feuilles sous la froide haleine du vent automnal. L'arbre dénudé reverdira-t-il, et la société chrétienne aura-t-elle son retour de printemps ? Quand elle sera entièrement morte, on pourra dire que les suppôts de la Presse impie l'auront portée au tombeau. Mais entendra-t-on sur sa tombe retentir un chant d'espérance ? Les anges de la patrie entonneront-ils dans les cieux la promesse consolante du Christ-Jésus : *Celui qui croit en moi vivra et ne mourra pas d'une mort éternelle ?*

« Pour cela, il faut qu'elle n'oublie pas complètement Celui qui est la Résurrection et la Vie. Il faut que des âmes courageuses, espérant contre l'espérance, lui apprennent à fixer ses regards sur Jésus-Christ et à tout restaurer en Lui seul : *Instaurare omnia in Christo.* »

MOSAÏQUE

Un beau fait d'armes. — Le courrier du Tonkin apporte le récit de l'épisode suivant qui fait honneur à nos vaillants marins :

« Le 9 novembre, la canonnière Farcy la *Mitrailleuse* a été attaquée à l'improviste, pendant la nuit, par des pirates et prise entre deux feux. La situation était critique. Des projectiles avaient atteint la coque de la canonnière, et l'un d'eux, même avait légèrement atteint le commandant, M. d'Hunolsten. Une voie d'eau commençait à se déclarer.

M. d'Hunolstein, oubliant sa blessure, prit rapidement ses mesures de défense. Il fit ouvrir un feu nourri et efficace en dépit de la nuit : les pirates finirent par s'éloigner, et la canonnière, échappée miraculeusement au danger, put reprendre sa route vers les Sept-Pagodes. »

**

PETITES IGNORANCES. — *Boire à tire-larigot.* — Parmi ceux qui écrivent cette expression comme l'Académie : *boire à tire-larigot*, plusieurs pensent qu'elle a pour origine le *larigot*, espèce de flûte ou de petit flageolet qui n'est plus en usage, mais qui a donné son nom à un jeu d'orgues composé d'un grand nombre de petits tuyaux qui rendent un son très aigre. Ils supposent que pour jouer du larigot, il fallait souffler très fort et par conséquent boire beaucoup. Bien que cette hypothèse ait le mérite de nous rapprocher d'une comparaison consacrée aujourd'hui : *boire comme un musicien*, elle ne nous paraît guère admissible.

Nous serions plus disposés à croire avec Ménage que *larigot*, dans cette phrase, est une allusion aux longs verres en forme de flûte dans lesquels on buvait autrefois, et qu'on a dit depuis *boire à tire-larigot*, comme on dit depuis, *boire à tire-flûte* et comme on dit encore vulgairement *flûter*. Mais Guillaume Bouchet dérive larigot de larynx, dont le génitif est *laringos*, et c'est lui, croyons-nous, qui a raison.

« A propos d'un archer, ami de la bouteille, un savant qui se trouvait à la table de François Ier (comme il y en avait toujours), avait dit que l'archer avait bu à *tire-larigot*. Les personnes présentes l'avaient prié de leur interpréter cette expression ; et le savant, sans se faire prier, leur avait dit que le larynx était une partie de la trachée artère, ce qui faisait que boire à tire-larigot valait autant que boire à élargir autant que possible le gosier. »

Quand à l'orthographe : *boire à tire la Rigault*, elle repose sur une histoire qui rappelle une comparaison non moins bien fondée que la première : *boire comme un sonneur.*

On raconte, et c'est d'un historien qu'on le tient, que, au XIIIe siècle, un archevêque de Rouen nommé Rigault donna à cette ville une cloche d'une grosseur prodigieuse. Cette cloche appelée la cloche Rigault et par abréviation la Rigault, ne pouvait être mise en mouvement sans de grands efforts. Les sonneurs qui la tiraient étaient naturellement d'autant plus altérés qu'ils avaient plus de peine, et l'on a été ainsi amené à regarder ceux qui buvaient beaucoup comme des gens qui auraient *tiré la Rigault*.

Aux personnes qui désireraient remonter beaucoup plus haut dans l'histoire, nous donnons comme plaisanterie cette dernière version : Alaric, roi des Goths, fut défait à la bataille de Voulon, près Poitiers, par le roi Clovis. Les soldats Francs, joyeux lorsqu'ils buvaient, se disaient les uns aux autres : *Je bé à ti, rei Alaric Goth.*

***

Les armées de l'Europe. — Si nous en croyons un rédacteur du *Matin*, qui paraît bien informé, la Russie, en cas de mobilisation, pourrait mettre sous les armes 2,400,000 hommes, plus 1.600,000 de troupes provinciales, soit 4,000,000.

L'Allemagne : 1,520,000 hommes, plus 600,000 de landsturm et 400,000 de la seconde classe de la réserve, soit 2,500,000.

La France : 1,030,000 hommes, plus 1,400,000 l'armée territor., soit 2,430,000, sans compter les dispensés, s'élevant à plus d'un million d'hommes, pour les vingt classes.

L'Autriche : 806,000 hommes, plus 135,000 hommes de la landwehr hongroise, et 6,000 hommes de troupes spéciales, soit 1,077,000.

L'Italie : 881,200 hommes de l'armée permanente, plus 362,300 de la milice mobile, et 1,156,500 de la milice territoriale, soit 2.400.000.

La Turquie : 160,000 hommes de l'armée permanente, plus les rédifs du premier et du deuxième ban, environ 800,000 hommes.

Soit un total général de *treize millions* d'hommes sous les armes en Europe, sans compter l'Espagne et les autres puissances plus petites.

***

Le dernier orage qui a sévi sur le petit village de Saint-Antoine, a renversé le doyen des marronniers du Dauphiné et peut-être de la France entière.

Cet arbre gigantesque atteignait vingt-cinq mètres de hauteur ; il mesurait neuf mètres quatre-vingt-sept centimètres de tour.

Ses innombrables branches, dont les principales n'avaient pas moins d'un mètre de diamètre s'étendaient tout autour de ce tronc colossal et formaient une immense voûte recouvrant une superficie de plus de 100 mètres carrés.

L'unique place du village, la place de la Liberté, était entièrement abritée par l'épaisse ramure de cet arbre géant.

La légende veut qu'il ait été planté vers le milieu du quinzième siècle par un Religieux de l'Ordre des Antonins, qui possédaient, à cette époque, à Saint-Antoine, un monastère, dont on voit encore les ruines.

Le marronnier comptait donc près de quatre cents ans.　　　(*La Croix*)

***

Réforme du Calendrier. — La *Lanterne* veut réformer le calendrier.

Déjà les conventionnels Romme et Fabre d'Eglantine avaient imaginé d'appeler nos bébés Carotte et Navet au lieu de Geneviève et Madeleine, qui étaient évidemment des appellations peu harmonieuses.

Mais ce n'était pas encore assez.

La *Lanterne* fait entrer parmi ses nouveaux saints : Blanqui, Flourens, Millière, Delescluze, Barbès, Ferré, Rossel, Victor Hugo et Hetzel, l'éditeur, sous son pseudonyme de Stahl.

Nous aurons aussi saints Marat, Robespierre, Henriot, Danton, Hébert, etc., sans oublier Saint-Just.

On ne se nommera plus Marguerite, mais Bias ; Victor, mais Strabon ; Hélène, mais la Boétie ; Sidonie, mais Herschell ; Lazare, mais Horatius Coclès ; Michel, mais Pausanias ; Mathurin, mais Zaleucus ; Eloi, mais Antisthène ; Vincent, mais Aratus ; Blaise, mais Rhœcus ; Alexandre, mais Anaxagoras ; Jules, mais Confucius ; —ce qui ne pourra manquer de flatter les Chinois ; Georges, mais Shakespeare ; Claude, mais Arioste ; Joseph, mais Platon.

Les chasseurs ne fêteront plus la Saint-

Hubert, mais le jour de Bernouilli ; les cordonniers célébreront Callisthène et non plus saint Crépin ; les sapeurs banquetteront le jour d'Agésilaüs qui fut sans doute un grand pompier ou un homme barbu.

***

ÉCONOMIE DOMESTIQUE: *Feux de cheminée.* — Il suffit, pour éteindre le feu en cinq minutes, de pouvoir disposer d'un kilogramme de soufre, d'une botte de foin, d'un arrosoir plein d'eau et d'un drap de lit, ou, mieux encore, d'une couverture de laine.

On peut, à la rigueur, se passer de foin si l'on a du soufre. On projette celui-ci dans le foyer, dont on ferme en même temps hermétiquement l'ouverture inférieure, en se servant de la couverture ou du drap de lit préalablement bien mouillé.

La suie, éteinte par l'action du gaz sulfureux, tombe d'elle-même en flocons.

Mais il peut arriver que le soufre fasse défaut. — A-t-on, par contre, un approvisionnement d'oignons crus : ceux-ci rendront le même service.

Dès qu'on s'aperçoit qu'une cheminée s'enflamme, on jette une douzaine d'oignons dans le feu. A peine la peau est-elle brûlée, qu'il s'en dégage une fumée très abondante ; dès lors tout danger est conjuré.

(La Croix.)

***

Il paraît que le ministre de l'intérieur a reçu la pétition suivante :

« Nous soussignés, membres de la Société protectrice des animaux, protestons avec la dernière énergie, non seulement contre les courses de taureaux, mais encore contre les tortures abominables auxquelles est soumise, chaque soir, l'innocente Tarasque... »

Le mouvement corporatif.

Les hommes qui croient à l'efficacité du groupement corporatif deviennent plus nombreux de jour en jour. Ils suivent, avec intérêt, les développements du mouvement social qui prend, en quelque sorte, possession du centre de l'Europe ; ils y vont chercher des leçons et des exemples et ils commencent à se dire que la France ira, par une pente fatale, à la plus terrible anarchie, si elle continue à s'inspirer de la doctrine révolutionnaire.

C'est donc bien l'heure de faire connaître à nos lecteurs les grandes lignes d'une loi nouvelle qui vient de rendre obligatoire, en Autriche, l'assurance au profit des ouvriers d'industrie, par région et par corporation.

La loi est simple, d'une application facile ; les dispositions se rapprochent par bien de côtés, du projet déposé par M. le Comte de Mun et par ses amis et dont la discussion n'est ajournée que par les incertitudes et les impuissances de la majorité.

Voici le résumé de cette loi telle qu'elle vient de sortir de la Chambre des Députés pour être soumise à celle des Seigneurs :

1° — Il y a un risque professionnel à assurer par toutes les industries spécifiéesen la loi pour tous les traitements et salaires, inférieurs à 800 florins. — Le salaire est calculé sur 300 jours de travail — l'incapacité totale est tarifiée à 60 0/0 du salaire à payer annuellement au sinistré. — Les pensions, en cas de mort, sont limitées à un maximun de 50 0/0 du salaire. — La veuve en profite pour 20 0/0 ; chaque enfant pour 10 0/0 et sans que jamais les pensions réunies puissent dépasser le maximun de 50 0/0 — La part des ascendants est fixée éventuellement à 20 0/0.

2° Cette assurance spéciale est mutuelle et corporative, en ce sens qu'elle est contractée au moyen d'une caisse commune, formée dans chaque circonscription des chambres de commerce, par la corporation de toutes les industries qui ont à couvrir un risque professionnel. — A cet effet, il est constitué un comité de direction composé, par fractions égales, de trois éléments. Soit un tiers de patrons ; un tiers d'ouvriers ; un tiers de personnes notables, désignées par le Ministre de l'Intérieur — Ce comité élit son président et son vice-président.

3° La première fonction du comité est

d'arrêter les statuts de la caisse corporative et de les soumettre à l'approbation du gouvernement, de classer les risques, de leur appliquer des tarifs particuliers, de prendre en un mot toutes les mesures administratives.

4° Les primes sont à la charge de l'industriel, quand le salaire est inférieur à un florin par jour ; dans tout autre cas, la prime est partagée entre l'industriel et l'ouvrier dans la proportion de 75 0/0 et de 25 0/0 ; cette dernière part est imputable sur le salaire et versée directement par le patron. Chaque caisse doit constituer un fonds de réserve qui est affecté à la garantie de ses opérations et à la formation d'un fonds commun de secours, administré par l'État.

5° Les déclarations de sinistres sont obligatoires dans un délai de trois jours ; elles le font aux tribunaux de 1re instance qui saisit la caisse d'assurances de la région et le règlement s'opère, à bref délai, par le comité de direction — S'il y avait contestation, le litige serait renvoyé devant le tribunal arbitral. Le tribunal arbitral est composé d'un président inamovible, nommé par le Ministre de la Justice, de deux assesseurs, au choix du Ministre de l'Intérieur, d'un troisième assesseur désigné par les industriels, d'un quatrième, par les ouvriers.

6° La loi édicte, en outre, des pénalités pécuniaires et corporelles contre ceux qui n'en observeraient pas les dispositions. Elle dispense chaque caisse des droits de timbre et d'enregistrement afférents aux différents actes de son administration.

Il y a dans la loi autrichienne tout ce qu'il faut pour faciliter le rapprochement du capital et du travail et pour soulager promptement, efficacement les ouvriers sinistrés.

Que l'attention se porte bien sur le comité de Direction où sont représentés également les trois éléments du corps social, sur le tribunal arbitral où une part vraiment proportionnelle est faite à la puissance publique et aux intéressés ; que l'on considère bien encore avec quelle régularité, sous quel contrôle doivent fonctionner ces caisses corporatives et l'on devra le dire, sans beaucoup de réflexion, que cela vaut mieux que les assurances à primes fixes, ou les assurances par l'État.

Que si, après cela, on vient dire encore qu'un tel système est impossible en France, c'est qu'on aura pour parti pris de ne rien faire pour la paix sociale.

BIBLIOGRAPHIE

—

Nous nous faisons un devoir d'informer nos lecteurs que les deuxième et troisième séries des **Mystères de la Franc-Maçonnerie**, dévoilés par Léo Taxil, viennent de paraître.

Voici le sommaire de la deuxième série :

GRAVURES : 1° Initiation au grade de Compagnon : l'étoile flamboyante. — 2° Les Conférences du 2e degré : légende maçonnique de Charles Stuart. 3° Initiation au grade de Maître ; la culbute dans le cercueil. — 4° La légende d'Hiram : Salomon et la reine Balkis. — 5° Suite de la légende : Eblis-Lucifer, père de Caïn et idole des Francs-maçons.

TEXTE. — La coupe des serments ; l'échelle sans fin ; tempête dans une Loge ; la triple ablution ; le Profane passé aux flammes ; épreuve de la saignée ; épreuve du fer rouge ; la veuve imaginaire et les orphelins problématiques ; série des questions saugrenues. — Le Profane reçoit la lumière. — Serment ; communication des secrets. — Discours sur les éléments. — Invocation au Grand Architecte. — Clôture de la Loge des Apprentis. — Catéchisme du premier degré. — Les séances ordinaires. — Cérémonie funèbre pour l'expulsion des Frères qui ne paient pas régulièrement leurs cotisations.

Sommaire de la troisième série :

GRAVURES. — 1° La légende d'Hiram ; le Maître et les ouvriers du temple de Salomon. — 2° Suite : la descente d'Hiram aux enfers. — 3° Suite : Hiram épouse Balkis. — 4° Suite et fin de la légende : Hiram assassiné et enseveli sous un tertre du Liban. — 5° Banquet d'une Loge : la manœuvre des verres.

TEXTE. — Initiation au grade de Compagnon : l'augmentation de salaire ; le scrutin ;

les cinq voyages; l'étoile flamboyante; ré-
vélation du Vénérable à propos de l'existence
des Loges de Dames. — Catéchisme du second degré. — Tenues de Compagnonage;
mort aux Jésuites! — La Chambre du
Milieu : initiation au grade de Maître; une
assemblée de croque-morts; le récipiendaire
accusé d'un crime; le cercueil d'Hiram;
une substitution de cadavre; première explication des symboles maçonniques; la
résurrection d'Hiram; l'accacia; nouveau
serment.

Prix de la Série : 50 centimes, franco
par la poste, sous belle couverture illustrée.
Editeurs : Letouzey et Ané, 17, rue du
Vieux-Colombier, Paris.

⚜

BULLETIN DIOCÉSAIN

L'ENSEIGNEMENT PRIMAIRE (I).

II

Tous les historiens sans exception, qu'ils
soient croyants ou sceptiques, attribuent la
chute de l'empire romain à la profonde
corruption qui depuis longtemps rongeait
les entrailles du colosse. C'est la réalité.
Jamais les Barbares n'auraient triomphé
des Légions sans un tel auxiliaire. Le tronc
était vermoulu quand ils y portèrent la
cognée.

Pourquoi la France ne subirait-elle pas
le sort de Rome, après qu'elle aura perdu
ses mœurs, en passant par le terrible lami-
noir de l'école athée? Serait-ce parce qu'elle
aura de plus perdu ses croyances, le suprême espoir des nations?

Dans le présent, lisons l'avenir. La justice nous a donné des arrhes, ou mieux, les
a prélevées; quinze milliards et deux provinces!

Malgré l'énorme rançon et le gaspillage
intérieur, plus énorme encore, malgré ses
lois et ses législateurs, la France ne paraîtra
pas dénuée de ressources : elle aura de l'or,
des armes, des soldats; mais de quoi lui
serviront ces choses, quand les mœurs et

(1) Voir notre numéro du 28 novembre.

les convictions seront parties? Les apparences ne tromperont qu'elle-même. Ses monuments, ses richesses territoriales, ses lointaines colonies, ses vastes ateliers, ses arse-
naux et ses forteresses lui constitueront alors
un danger plutôt qu'une défense.

L'étranger, guidé par l'ambition ou la
jalousie, ne cessera d'avoir l'œil sur cette
riche proie, dont il peut mieux calculer la
valeur totale par les lambeaux restés dans
ses mains. Ni les prétextes ne lui manque-
ront pour engager de nouveau la lutte, ni
les raisonnements pour pallier ses orgueil-
leuses prétentions ou ses cupides instincts :
c'est nous qui lui fournirons les uns et les
autres. Vous le verrez se poser comme le
protecteur du genre humain en détruisant
notre puissance, comme le bienfaiteur même
de ceux qu'il aura dépouillés de leur auto-
nomie.

Sa propre habileté lui suffira pour saisir
ce qu'on appelle aujourd'hui le moment
psychologique ; et ce mot, trop souvent
employé d'une manière absurde ou ridicule,
est ici rigoureusement vrai : il s'applique
justement à l'état des âmes. Tout est là.
Saines et vigoureuses, elles assurent le
bonheur de la patrie, sa grandeur et son
indépendance; entamées par la corruption, débilitées par le doute, elles ont bientôt perdu toute énergie pour le bien : elles
glissent dans l'abjection et la servitude.

C'en est fait d'une nation, quand les
masses, délibérément perverties, l'entraî-
nent de tout leur poids sur cette fatale pente.
Quel point d'arrêt ou d'appui saisirait-elle
alors? Le pire des scepticismes, le scepticisme enseigné, le scepticisme dogmatique —
je ne crains pas d'allier ici ces deux termes
opposés — aura tari la source des sentiments
généreux, des viriles résistances, et tué le
dévouement jusque dans le cœur du peuple.

Qui ne croit à rien, ne se dévoue
pour personne. Il se fait un honneur
d'ignorer la patrie, pour ne savoir que
l'humanité, pour n'aimer que lui-même.
Cette belle distinction n'a pas d'autre sens.
Celui-là du moins est intelligible, le seul
pratique et rationnel. Demander le sacrifice de la vie présente à qui n'a plus l'espoir, ni même la pensée de la vie future,
ineptie ou dérision !

J'ai dit que la France, endoctrinée par

les athées, tomberait au-dessous de l'Irlande et de la Pologne. Il est maintenant aisé d'en donner la raison : Avant de subjuguer l'une et de se partager l'autre, les tyrans n'avaient pu leur arracher la foi. Peut-être n'en auraient-ils jamais eu l'idée première. A nos législateurs était réservé l'honneur de dresser cette machine infernale, qui doit exterminer une nation.

« Les évêques ont fait la France, » a dit un profond penseur, et l'histoire le redit à chaque page. Laisseront-ils renverser en dix ans l'œuvre de quatorze siècles ? Ont-ils les moyens, dans les conjonctures présentes, de la maintenir et de la continuer ?

Je me borne pour l'heure à poser ces redoutables questions : prochainement, j'essaierai d'y répondre.   J. B.

Par décision de Son Em. le cardinal, M. l'abbé Jarlan, vicaire du Pin, a été nommé curé de la même paroisse (doyenné de Rieumes).

Dieu vient de rappeler à lui trois de ses ministres, qui ont laissé partout où ils sont passés le parfum de leur sainteté et le souvenir impérissable de leur tendresse et de leur dévouement.

Ces prêtres regrettés sont :

M. l'abbé Bernadot (Pierre-François-Maxime), curé du Pin, décédé le 30 décembre 1886. Il était né à Rieumes, le 15 février 1808. — Elu prêtre le 21 décembre 1833, il fut nommé vicaire à Aurignac, le 1 Janvier 1834, et desservant du Pin le 1 juillet 1835.

M. l'abbé Martin (Louis), curé de Payssous, décédé le 11 janvier 1887. — Il naquit à Soueich, le 16 avril 1811. — Prêtre le 24 mai 1834, il fut nommé vicaire à St-Bertrand le 27 mai 1834, et desservant de Payssous le 30 septembre 1836.

M. l'abbé Candeil (Jean-Baptiste), curé de Calmont, décédé le 11 janvier courant. — Né à St-Juéry (Tarn,) le 14 Juin 1836. Prêtre le 30 mai 1831, puis directeur à la Succursale ; vicaire à Revel le 7 août 1862; curé de Caragoudes le 22 juillet 1868, et de Calmont le 7 juillet 1880.

Voici le tableau du mouvement de la population catholique, en 1886, dans les paroisses de Toulouse :

BAPTÊMES: Saint-Etienne, 316. — Saint-Sernin, 378. — La Daurade, 115. — Saint-Nicolas, 163. — La Dalbade, 85. — Saint-Jérôme, 119. — Saint-Exupère, 282. — Saint-Aubin, 223. — Notre-Dame du Taur, 48. — Saint-Pierre, 104. — Les Minimes, 120. — L'Immaculée-Conception, 105. — Saint-François-Xavier, 73. — Saint-Joseph, 31. — Saint-Sylve, 154. — Le Sacré-Cœur, 73. — Saint-François-d'Assise, 54.

MARIAGES : Saint-Etienne, 147. — Saint-Sernin, 139. — La Daurade, 45. — Saint-Nicolas, 63. — La Dalbade, 50. — Saint-Jérôme, 55. — Saint-Exupère, 108. — Saint-Aubin, 74. — Notre-Dame du Taur, 35. — Saint-Pierre, 35. — Les Minimes, 29. — L'Immaculée-Conception, 30. — Saint-François-Xavier, 19. — Saint-Joseph, 13. — Saint-Sylve, 30. — Le Sacré-Cœur, 26. — Saint-François-d'Assise, 21.

SÉPULTURES : Saint-Etienne, 413. — Saint-Sernin, 439. — La Daurade, 148. — Saint-Nicolas, 193. — La Dalbade, 119. — Saint-Jérôme, 129. — Saint-Exupère, 300. — Saint-Aubin, 271. — Notre-Dame du Taur, 52. — Saint-Pierre, 127. — Les Minimes, 122. — L'Immaculée Conception, 95. — Saint-François-Xavier, 71. — Saint-Joseph, 34. — Saint-Sylve, 129. — Le Sacré-Cœur, 73. — Saint-François-d'Assise, 79.

La garnison de Toulouse vient de recevoir par gros ballots les vingt-huit brochures publiées par la fameuse LIGUE DE L'ENSEIGNEMENT. L'envoi était fait sous le couvert du ministère de la guerre.

Quand on sait que la LIGUE en question n'est autre chose que l'œuvre maçonnique, commencée vers 1869 par les soins du F∴ Macé, et de laquelle sont issues toutes les vilainies de la laïcité obligatoire, on trouve dans la propagande militaire dont nous parlons une nouvelle preuve de l'inféodation de notre gouvernement à la Franc-Maçonnerie.

Il y a aussi dans ce fait une explication de la parole qu'un Maçon prononçait tout

récemment à la fin d'un discours solennel :
« Maintenant l'armée est à nous. »

L'orgueil humain vient de perdre, à Toulouse, un de ses champions les plus en vue, le libre-penseur Castelbou, qui s'est surtout distingué par sa haine de sectaire contre toutes les croyances religieuses.

C'est lui qui, le premier, à son passage à la mairie de Toulouse, cette ville réputée si chrétienne, osa interdire les processions. C'est aussi sous son administration que fut déboulonné le monument de sainte Germaine, la bergère tant aimée des Toulousains.

L'implacable sectaire est mort, comme il avait vécu, sans la grâce du ciel. Ses obsèques ont été purement civiles, et c'était pitié de voir le cortège sacrilège traverser les rues de notre ville, au milieu d'une foule indifférente et péniblement impressionnée. Détail curieux ! le char funèbre était surmonté de la croix, ce qui nous permet de faire remarquer que le signe du chrétien restait encore debout, alors que celui qui avait osé, de son vivant, le braver et l'insulter n'était plus qu'un cadavre, et que son âme paraissait devant le tribunal du Dieu qu'il avait méconnu.   J. C.

AVIS IMPORTANT. — La direction diocésaine de l'Association de Saint-François-de-Sales a l'honneur de rapeler à MM. les Directeurs paroissiaux, ainsi qu'à tous les zélateurs et à toutes les zélatrices, que leur versement pour l'exercice 1886 doit être effectué avant le 28 janvier courant. Ce jour là aura lieu la clôture irrévocable des comptes de l'année 1886. Le compte rendu de cette année ne mentionnera pas les versements faits postérieurement à cette date.

Tous les fonds doivent être adressés à M. le chanoine d'Aguin, rue d'Aussargues, 8, à Toulouse. M. Aguin est chez lui tous les jours, de dix heures et demie à deux heures

PENSÉE

L'homme heureux est celui qui sait l'être partout.   DELILLE.

VARIÉTÉS

LA *FRANCE JUIVE*

ET LES CURÉS DE CAMPAGNE

M. Drumont vient de publier, à la suite de la *France juive*, dont le retentissement a été universel, un second ouvrage : La *France juive devant l'opinion*. Dans ce nouvel écrit destiné à un succès non moins grand que le premier, l'auteur, constatant la faveur avec laquelle cet ouvrage a été accueilli en France, par toutes les âmes catholiques ou simplement patriotiques consacre à la réception que lui ont particulièrement faite les curés de campagne les lignes suivantes que nous nous faisons un devoir et un honneur de reproduire :

« Parmi tant d'encouragements qui me sont arrivés de tous les coins de la France et de tous les coins de Paris, du Nord, et du Midi, de la rue d'Aboukir et de la rue d'Enghien, de la rue des Gravilliers et du faubourg Saint-Antoine, ce qui m'a été le plus sensible, c'est l'allégresse de nos curés de campagne.

» Ah les braves gens ! Quelles nobles lettres ! Chez eux, il y avait du contentement patriotique de plébéien, du gars vaillant que l'habit qu'il porte empêche de répondre, que la charité chrétienne décide facilement à pardonner, mais qui trouve déshonorante pour son pays cette incessante, cette perpétuelle, cette avilissante attaque contre des êtres faibles. Ils ont constaté, non sans plaisir, qu'il existait encore, sur la terre de France, un homme qui avait un pied à peu près valide et qui savait s'en servir vis-à-vis des juifs et des francs-maçons.

» C'est en causant avec des curés de campagne, en lisant leurs lettres, que j'ai compris combien mon livre était utile et à quel degré de violence sourde avait atteint la persécution actuelle.

» On ne vit jamais, à aucune époque, ignominie pareille à cette chasse faite au pauvre par une presse qui s'agenouille devant tous les larrons juifs gorgés de nos dépouilles, qui raconte leurs chasses et décrit leurs réceptions en termes dithyrambiques. Jamais on ne travailla plus cyniquement à corrompre un pays.

» Dans chaque village, la France avait un homme qui représentait l'idéal près de ces populations déjà entraînées vers la vie tout instinctive, déjà en chemin pour retourner à la sauvagerie et à la bestialité. C'était là une force morale d'une valeur incalculable. Les traîtres qui nous gouvernent ont tout fait pour détruire cela, ils se sont constitués les recruteurs du cabaret aux dépens de l'Eglise.

» Le prêtre, grâce à eux, est devenu un hors de la loi, un *outlaw*, et pour beaucoup la douleur a été poignante. Il faut avoir pénétré dans les presbytères pour savoir ce qu'ont eu à supporter certains êtres nés sociables, enfants du pays, organisés pour vivre de l'existence de tous, et se trouvant tout à coup aux prises avec des animosités imbéciles fomentées par un franc-maçon désireux de se faire une popularité à bon compte.

» Le peuple n'a qu'une part de responsabilité très restreinte dans ces infamies. Il faut le dire bien haut pour que personne ne soit étonné du châtiment effroyable prêt à tomber sur cette bourgeoisie républicaine et maçonnique qui, d'ici à quelques années, va être égorgée, étripée, brûlée vive par ceux qu'elle a déchaînés, par ceux qui étaient des hommes avant et dont elle s'était efforcée de faire des brutes.

» On organise cela à prix d'argent, le plus simplement du monde, avec quelques meneurs, quelques habitués de cabarets qui raccolent les habitants, distribuent les journaux juifs. Au bout de quelque temps, le village est perdu. Le prêtre entend partout les *rouacs* ou les *robiscum* ironiques. Que voulez-vous qu'il fasse ?... Couverts par le franc-maçon qui leur ouvre son crédit chez tous les débitants d'alcool, les insulteurs sont toujours sûrs de l'impunité.

» Le prêtre rentre alors dans son presbytère, et quelque vive que soit sa foi, il a peine à s'arracher au découragement. En quoi peut-il exciter la haine ? Il vit avec 900 fr. ; avec le casuel cela peut monter à 1,200 fr. et dans ces conditions, il faut avoir une domestique, suffire à mille frais, venir en aide aux pauvres. Tout le village le voit vivre ainsi. Quelque temps qu'il fasse, l'hiver, à travers la neige, en pleine nuit souvent, il répond au premier appel d'un malade. Pourquoi cette guerre sans trêve ? Quel intérêt le gouvernement a-t-il à s'acharner sur lui ? Il demeure aussi attristé, hésitant, en proie au douloureux sentiment qu'on éprouve devant des faits qu'on ne comprend pas.

» Ces faits, le prêtre aujourd'hui les comprend mieux. Derrière le franc-maçon, il aperçoit le juif ; il a la claire notion de cette persécution particulière sans analogie dans l'histoire et qui est dirigée par les manieurs d'or contre les pauvres, par les fils de Judas contre les fils de Jésus-Christ.

» C'est d'avoir bien mis ce point en lumière que les prêtres m'ont su gré.

» Rien n'est touchant, comme de voir la reconnaissance de ces cœurs si désintéressés, si droits et si bons pour ceux qui essayent de les défendre, pour ceux qui combattent, en dehors et un peu en tirailleurs, à côté de nôtre admirable presse religieuse.

» Tous m'ont interrogé sur Cassagnac, sur Cornély, sur Rogat ; ils m'ont demandé des détails sur eux, et je pensais qu'à coup sûr bien des soldats de la cause catholique, qui parfois sont peut-être tentés de douter de leurs efforts, seraient émus et réjouis, s'ils savaient comme on parle d'eux au fond d'un jardin de curé.

» Ces prêtres, fils de la terre, n'ont pas les timidités de beaucoup de conservateurs honteux. Ils aiment la force et pardonnent volontiers l'excès, même dans certaines indignations généreuses. Ces mains loyales qu'on est heureux de presser sont des mains robustes, elles ne fondent pas sous votre étreinte comme des mains de juifs accoutumées à caresser l'or. On devine sans peine que les pères de ceux qui dans l'ombre du sanctuaire élèvent le calice aujourd'hui et nous distribuent le pain des anges ont taillé la vigne jadis ou manié le manche de la charrue sous le clair soleil de Dieu, pour nous donner le pain matériel et le vin qui tient chaud au cœur. »

Toulouse. — Impr. catholique Saint-Cyprien.

15e année — N° 4. — Édition des Départements. — Un N° 10 c. — Dimanche 23 Janvier 1887.

LE
Dimanche illustré

ANNONCES ET RÉCLAMES
A l'Administration, 28, rue du Faubourg Arnaud-Bernard, Toulouse.

DIRECTION ET ILLUSTRATIONS
PAR
Louis-Victor GESTA
ARTISTE PEINTRE-VERRIER
Chevalier de l'Ordre de Saint-Sylvestre.

ABONNEMENTS

Toulouse, un an . . . . . 5 fr

Départements . . , . . . 6 fr.

CAMP RETRANCHÉ CHEZ LES ARABES

CAMP RETRANCHÉ CHEZ LES ARABES

Pour mettre à l'abri les tribus composant la smalah, les Arabes faisaient une espèce de camp retranché sur le versant d'une montagne, qu'ils occupaient tant qu'ils n'y étaient pas inquiétés par la guerre ou la révolte. A l'époque d'Abd-el-Kader, ces camps servaient aussi de défense et nos soldats ont été forcés, plus d'une fois, de les prendre d'assaut. Aujourd'hui, avec la civilisation française qui s'étend dans toute l'Algérie, il sont devenus inutiles, étant avantageusement remplacés par les villages.

LES SAINTS DE LA SEMAINE

Dimanche, 23 janvier. — Saint RAYMOND DE PENNAFORT.

Saint Raymond naquit en 1175, au château de Pennafort en Catalogne. Son mérite l'avait élevé aux premières dignités de l'église de Barcelone, lorsqu'il entra dans l'ordre de Saint-Dominique. Appelé à Rome par le souverain pontife Grégoire IX, ce fut alors qu'il composa les cinq livres des *Décrétales* pour faire suite à Gratien. De retour dans sa patrie, les dominicains le nommèrent général de leur ordre ; Raymond mourut en 1275.

Lundi, 24. — Saint TIMOTHÉE, évêque et martyr.

Saint Timothée naquit en Lycaonie. Timothée accompagna saint Paul dans la plupart de ses voyages en Asie et jusqu'à Rome. Saint Paul l'ordonna évêque, et le préposa à l'Eglise d'Ephèse. Timothée ayant fait éclater son zèle à l'occasion d'une fête de païens, où il se commettait d'affreux désordres, fut pris, traîné par les rues, et assommé à coups de pierres l'an 97.

Mardi, 25. — LA CONVERSION DE SAINT PAUL.

Saul, animé d'une haine mortelle contre les chrétiens, gardait les vêtements de ceux qui lapidaient saint Etienne. Il était en chemin pour Damas, quand une lumière céleste le terrassa et lui ôta la vue. Il se fit conduire chez Ananie, qui lui rendit la vue, et, l'ayant baptisé, lui prédit tout ce qu'il aurait à souffrir pour Jésus-Christ.

Mercredi, 26. — Saint POLYCARPE, évêque et martyr.

Saint Polycarpe se convertit au christianisme vers l'an 86. Il eut le bonheur de converser avec ceux qui avaient vu le Sauveur. Jean l'Évangéliste l'ordonna évêque de Smyrne vers l'an 96. La sixième année de l'empire de Marc Aurèle et de Lucius Verus. S. Polycarpe fut arrêté. Le proconsul voulut lui faire insulter le Christ : En vain il menaça le saint évêque du feu et des bêtes. Il fut mis sur un bûcher où il reçut la couronne du martyre.

Jeudi, 27. — S. J CHRYSOSTOME, évêque et docteur de l'église.

Saint Jean, qui, par la force et par les charmes de son éloquence, mérita le surnom de *Chrysostôme* ou *Bouche d'Or*, naquit à Antioche vers l'an 334. Son humilité était si profonde qu'il fallut lui faire violence pour lui conférer les saints ordres. On eut encore plus de peine à lui faire accepter le siège de Constantinople ; mais une fois qu'il y fut placé, il déploya tout son talent pour la conversion des païens et des hérétiques. Il mourut en exil l'an 407.

Vendredi, 28. — Saint CYRILLE, patriarche d'Alexandrie.

Saint Cyrille naquit à Alexandrie, vers le IVᵉ siècle. Théophile, son oncle, étant mort en 412, saint Cyrille fut élu pour lui succéder. Le pape Célestin Iᵉʳ chargea saint Cyrille de défendre la cause de la vérité. L'hérésiarque ayant été excommunié et déposé, tous ceux qui soutenaient son parti se déchaînèrent contre Cyrille ; mais le saint méprisa leurs vaines clameurs, et il mourut paisiblement à Alexandrie l'an 444.

Samedi, 29. — Saint FRANÇOIS DE SALES, évêque.

Saint François de Sales naquit le 21 août 1567, au château de Sales en Savoie. Après ses premières études, on l'envoya au collège des Jésuites à Paris, où il fit vœu de chasteté. Il embrassa l'état ecclésiastique, et s'attacha aux missions du Chablais. Au bout de trois ans, il avait déjà converti plus de soixante mille calvinistes. Elevé, malgré ses résistances, sur le siège de Genève, il y retraça toutes les vertus de saint Charles Borromée. Sa mort, arrivée subitement à Lyon en 1662, excita des regrets univer sels.

A TRAVERS LE MONDE CATHOLIQUE

NOUVELLES DE ROME

Le Pape jugé par des non-catholiques. — La *Nouvelle Revue* s'occupe du Pape dans un article signé *Comte Vasili* qui recouvre, dit-on, plusieurs personnalités.

Après avoir examiné plusieurs cours d'Europe, il arrive à celle de Léon XIII et il est évidemment frappé de ce qu'il y a là de plus grand et de plus mystérieux qu'aux autres cours dont il a cueilli les cancans. Il reconnaît que les relations avec l'Italie sont plus tendues qu'on ne dit, et il trouve que Léon XIII, qu'on avait salué comme devant frapper les opinions ultramontaines, échappe sans cesse aux pronostics des politiques. C'était Clément XIV foudroyant les Jésuites ; aujourd'hui, c'est Pie IX. Que sera-ce demain ? C'est une perpétuelle énigme. — Léon XIII, c'est saint Pierre. Voilà l'énigme.

Voici ce que l'écrivain dit du budget pontifical : nous le donnons sous réserve :

Budget du Pape. — Ces ressources ont une triple origine. D'abord Pie IX a laissé au Trésor pontifical un capital qui donne une rente d'environ trois millions. Ce capital est placé en fonds d'Etat. Le Pape est un grand souscripteur aux emprunts italiens, et cela uniquement dans un but de spéculation. Au fur et à mesure de l'élévation des cours, il revend ses titres et place les bénéfices en Consolidés anglais. Aux trois millions de rente provenant de la suc-

cession de Pie IX, il faut ajouter une somme à peu près égale fournie par le Denier de Saint-Pierre — le rendement du Denier de Saint-Pierre a été, autrefois, beaucoup plus considérable, mais il s'est fort amoindri en ces derniers temps.

« Ainsi le budget ordinaire du Saint-Siège se compose de six millions fournis par la réserve et par les contributions des catholiques. Le Pape ne retient rien de ces fonds, qui sont distribués par le major-dome de Sa Sainteté aux cardinaux résidant à Rome, chacun d'eux touche annuellement 21,000 francs, — aux prélats de la cour, aux employés de la secrétairerie d'Etat et de la secrétairerie particulière, aux secrétaires des congrégations, aux gardes nobles, aux suisses et aux gendarmes de l'armée pontificale, aux nonces et à leurs auditeurs. En un mot, ces six millions constituent le budget régulier, immuable de l'Etat pontifical. »

Il faut avouer que ce tableau, tel qu'il est, donne de la sagesse administrative du Pape une autre idée que de la sagesse administrative de nos gouvernants, et qu'il vaut mieux donner au Denier de Saint-Pierre qu'au gouffre de nos budgets.

Quant aux libéralités du Pape, elles viennent uniquement des bénéfices de la Chancellerie, de la collation des titres nobiliaires, des décorations, chapelles privées, etc. C'est là que Léon XIII trouvait, ces jour-ci, 500,000 francs pour la Propagande.

Quel est le souverain ou le particulier qui fasse une aussi belle part de ses revenus à la propagation de la foi dans les missions ? Et c'est le Pape qu'on a présenté comme avare !

— Mgr Richard, archevêque de Paris, a été reçu en audience par le souverain Pontife, qui lui a prodigué des témoignages d'affection.

Sa grandeur, avec son secrétaire particulier, est descendu à la procure de Saint-Sulpice, via delle Quattro-Fontane.

— *Le Cardinal Ferrieri.* — Une dépêche de Rome nous annonce que le cardinal Ferrieri est mort dans cette ville. Il était né à Fano en 1810, d'une famille pauvre. Sa piété, sa bonne mine, son intelligence, le firent admettre parmi les chapelains du palais pontifical, où le cardinal Lambruschini, secrétaire d'Etat de Grégoire XVI, le distingua et le fit entrer dans la nonciature. Il vit du pays, il apprit les langues étrangères, et il se trouva, un beau jour, chargé d'affaires à la Haye.

Pie IX le préconisa alors (1847) archevêque de Sida et l'envoya en ambassade à Constantinople. Mgr Ferrieri remit à Abdul-Medjid les présents dont le pape l'avait chargé, fut très agréable à ce monarque et en obtint des promesse qui ne restèrent pas toutes sans effet, pour les églises orientales. Pour lui témoigner sa satisfaction, Pie IX le nomma nonce à Naples, puis à Libourne, et le créa cardinal en 1868.

Le cardinal Ferrieri avait une figure fine, calme et digne. Il vivait très retiré, travaillant tout le jour et offrant cette particularité au sujet de laquelle ses collègues aimaient à plaisanter avec lui, qu'il se couchait, hiver et été, avec le soleil.

(Gaulois).

— On annonce l'arrivée à Rome de Mgr Azarian, patriarche arménien chargé par le sultan de présenter au pape ses félicitations pour son jubilé sacerdotal, et de lui offrir en même temps un anneau pastoral, dont la valeur est évaluée à plus de cent mille francs.

— Le Vatican a reçu communication du projet de loi espagnol sur le mariage civil, portant que le représentant de la municipalité assistera désormais à chaque mariage. Le projet sera soumis à l'examen de deux congrégations.

— La congrégation des affaires ecclésiastiques extraordinaires se réunira prochainement pour délibérer sur les propositions du gouvernement allemand : on croit que les négociations avec la Prusse sont près d'aboutir, le projet de loi communiqué au Vatican devant, dit-on, donner satisfaction au Pape sur les points qui restaient à régler. La paix semble ainsi complètement assurée. Dans les hautes sphères, on considère la situation générale comme étant le motif principal de l'empressement que met la Prusse à terminer le conflit ecclésiastique. On en conclut que par suite le centre pourrait être amené à donner son concours à certaines lois du gouvernement.

— Il est faux que lord Hartington ait négocié avec le Vatican au sujet de l'établissement d'une légation anglaise et de la question irlandaise. Le Vatican tout en gardant ses bons rapports avec le gouvernement britannique, paraît décidé à garder une réserve absolue jusqu'à ce qu'ait triomphé la cause de l'indépendance de l'Irlande.

— Les évêques de Richmont et de Minnesota, négocient avec la propagande au sujet des privilèges de l'université catholique qui doit être fondée à Washington, au printemps prochain. Cette université, qui sera dirigée par les prêtres sulpiciens, commencera par la faculté de théologie; les autres facultés viendront après. Les professeurs seront choisis parmi les religieux et les membres les plus distingués du clergé séculier.

— Le secrétaire de la légation de Chine est reparti pour la France, après avoir visité le Pape et s'être à diverses reprises entretenu avec l'Eme Secrétaire d'Etat. Le marquis de Tseng ne perd pas l'espoir de décider le Pape à prendre la protection officielle des intérêts religieux en Chine.

— Dans Sainte-Marie des Martyrs (l'ancien Panthéon d'Agrippa) a été solennellement inauguré le tombeau de Victor-Emmanuel « le Père de la patrie, » comme le proclame l'inscription tumulaire. A la messe célébrée par Mgr Anzin, grand aumônier de la Cour, assistaient le Roi et la Reine, les princes Napoléon, père et fils. Ce dernier — Luigi — vient de s'enrôler dans l'armée italienne. Cette incorporation donne lieu à toutes sortes de commentaires. Dans le cas d'une guerre entre l'Italie et la France, tournerait-il les armes contre sa patrie? Le nom de Napoléon est peu en honneur dans la péninsule. Les catholiques ne peuvent oublier l'invasion et l'usurpation du premier empereur, ni l'appui donné par le second aux sectes et à la Révolution. Les radicaux ne lui pardonnent point, de leur côté, la défaite à Mentana. Aussi les feuilles combattent-elles avec violence le projet voté par la junte municipale de

Milan, d'ériger un monument à la mémoire de Napoléon III.

～ＪＥＱＦＱＥＬ～

DIOCÈSES DE FRANCE

PARIS. — *La liberté de conscience dans les hôpitaux.* — Les journaux catholiques, l'*Univers* et le *Monde*, signalent les faits suivants :

« Dimanche dernier, 9 janvier, vers quatre heures, dans la cour de l'hôpital Necker, une pauvre femme, tout en larmes, demandait avec instance un prêtre pour son mari, qui, mourant, réclamait les suprêmes secours de la religion.

« On lui a opposé un refus brutal et absolu ; on ne lui a pas même permis de remonter auprès de son mari, dans la salle Saint-Ferdinand, sous prétexte que l'heure du parloir était passée.

« Le fait nous a été raconté trois quarts d'heure après, par un témoin oculaire de cette scène, un Frère, qui venait afin de voir un malade (qu'on ne lui a point laissé voir, du reste), et auquel la malheureuse femme s'était adressée, le prenant pour un prêtre. »

« Nous pouvons ajouter à ce récit un autre fait. Dans un hôpital de la rive droite, un infirmier reçut naguère d'un malade l'invitation d'aller chercher un prêtre. Au moment où l'infirmier traversait la cour, il fut interpellé par un employé supérieur qui lui demande le motif de sa sortie. « Je vais chercher l'aumônier, dit simplement l'infirmier. — Si vous ne rentrez pas sur-le-champ dans la salle, je vous mets à la porte ! » réplique brutalement l'employé de M. Peyron. « Mêlez-vous de ce qui vous regarde ! »

Le malade mourut sans prêtre.

« Dans un autre établissement hospitalier, un ecclésiastique que nous connaissons, sollicité par un malade, n'a pu donner les secours qu'on lui demandait. Défense lui a été faite d'entrer. Les pasteurs protestants peuvent librement circuler dans les salles ; les prêtres catholiques sont exclus. »

— Des décrets pourvoyant aux sièges épiscopaux vacants paraîtront prochaine-ment. M. Gouzot, évêque de Gap, serait nommé archevêque d'Auch.

— Il est question de créer Mgr Richard, archevêque de Paris, cardinal au prochain Consistoire qui semble devoir être ajourné en mars.

— Mgr d'Hulst, recteur de l'Institut catholique, soumettra au Pape un projet de réunion d'un congrès de savants catholiques qui aurait lieu à Paris en avril 1888.

— Ce projet a déjà reçu l'approbation de six cardinaux et de nombreux évêques.

— M. Goblet, président du conseil, s'est rendu devant la commission du Concordat. Il n'a fait que renouveler ses déclarations antérieures.

« La séparation de l'Eglise et de l'Etat, a-t-il dit, est une mesure qui s'impose ; mais je n'en prendrai pas l'initiative. Il ne se trouverait pas en ce moment de majorité à la Chambre pour adopter cette proposition.

« Je pense de plus qu'il faudrait organiser la liberté d'association, afin que le clergé pût vivre indépendant ; les mesures transitoires prépareraient la dénonciation, mais ces mesures transitoires ne trouveraient pas davantage une majorité pour les voter. Puisque la majorité de la commission est favorable à l'abrogation, qu'elle fasse un rapport dans ce sens. Le projet déposé, je répèterai à la tribune ce que je vous dis ici. »

Mgr Freppel a alors objecté que cette manière de procéder n'est pas constitutionnelle.

M. Goblet a soutenu le contraire, naturellement.

M. Pichon, demandant au président du conseil sur quelle donnée il s'appuyait pour dire qu'il n'y aurait pas de majorité en faveur de l'adoption, a obtenu cette réponse : « C'est une opinion personnelle. »

« Mais si, par hasard, a objecté M. Sigismond-Lacroix, cette majorité existait. »

« J'accepterais la séparation, a réparti M. Goblet ; mais, je le répète, la proposition serait en ce moment dangereuse pour la République, étant donnée précisément l'absence d'une majorité ».

Enfin, a dit en terminant le présiden du conseil, si la commission persiste à prononcer en faveur de la séparation, qu'elle la fasse ! Le gouvernement restera neutre. »

La commission ne statuera que dans une prochaine séance.

La question de la séparation de l'Eglise et de l'Etat viendra au cours de la discussion du budget des cultes.

Tout commentaire est pour le moment inutile.

— *Crime de spiritualisme.* — Un sénateur républicain qui, jusqu'à ce jour, n'avait pas passé pour un fervent clérical, M. Charton, adressé à Mme Paul Bert une lettre de condoléance qui provoque les plus vives protestations dans une partie de la presse avancée :

« Votre mari, a écrit M. Charton, est-il donc tombé ainsi dans le néant ? Non ; j'obéis à une conviction profonde en vous disant : « Son âme n'est pas éteinte, une belle mort « doit avoir pour suite une belle vie. »

Voilà le crime de M. Charton ! l'*Intransigeant* lui dit son fait :

« En ces phrases pieusement prudhommesques, M. Charton a dépassé les bornes du gâtisme permis au Luxembourg. «

Allons ! modérés négateurs de tout acabit, continuez votre morale anti-chrétienne : vous préparez des revanches divines éclatantes.

BEAUVAIS. — Parmi les nombreuses nominations qui ont été faites, à l'occasion du nouvel an, dans l'ordre national de la Légion d'honneur, nous relevons celles, au grade de chevalier, de M. Le Bourhis, aumônier de première classe de la marine, vingt-six ans et demi de service, dont douze à la mer ; de Mme Laborde (en religion sœur Bathilde), employée aux salles militaires de l'hospice mixte de Beauvais, vingt-huit ans de service, une campagne·

BELLEY. — Deux vénérables ecclésiastiques du diocèse de Belley ont été délégués à Rome afin d'y porter les pièces du procès apostolique de béatification du vénérable curé d'Ars. Ce dossier, formant quatre gros volumes in-4°, contient les dépositions des témoins qui ont paru avoir un caractère miraculeux et sur lesquels l'Eglise seule pourra définitivement prononcer.

BLOIS. — *Bonne leçon judiciaire.* — Le 20 janvier 1886, l'école des Frères de Blois leur fut arrachée : le maire procéda à l'exécution.

Le plus odieux, c'est que la maison des Frères n'appartenait pas à la ville. En 1850, un religieux, le frère Thiéblin, avait versé à la ville de Blois 14.000 francs pour la fondation de cette école du faubourg de Vienne, en stipulant formellement que si jamais la congrégation des Frères des Ecoles chrétiennes était évincée de la maison, l'immeuble ferait, dans le délai d'un an, retour à la famille Thiéblin.

Le tribunal civil de Blois condamne la Ville à restituer les 14,000 francs aux héritiers.

Les libres-penseurs de Blois ne sont pas contents, et cependant ils ne sont atteints que dans leur amour-propre et leurs mauvaises passions ; que pourraient dire les contribuables qui, eux, vont payer pour la sottise d'autrui ?

GRENOBLE. — Dans la soirée de dimanche, vers sept heures du soir, un des sacristains de la cathédrale se disposait à fermer les portes lorsque, tout-à-coup, deux formidables détonations retentirent. En même temps, une épaisse fumée se répandit dans l'Eglise.

Affolé pas cette terrible explosion, et craignant un malheur, le sacristain de service accourut aussitôt près de la porte de communication de l'évêché, d'où était parti le coup, pour constater les dégâts commis, mais il ne découvrit rien. Le bruit de la détonation a été entendu à l'évêché, et sur la place Notre-Dame. Des passants, à cette double explosion, coururent avertir M. le commissaire de police, du quartier, dont le bureau est à quelque distance de l'évêché.

Pendant ce temps, le sacristain fermait précipitamment les portes et se remettait de son émotion.

M. le chanoine Meresse, secrétaire particulier de Monseigneur l'évêque, entendit de sa chambre les deux détonations et accourut aussitôt.

Il n'a pu découvrir que des débris de papier-carton, ayant servi de récipient à la poudre qui avait été employée pour perpétrer cet attentat sacrilège.

La porte était toute noircie par la poudre jusqu'à une hauteur de soixante centimètres environ.

Le commissaire de police, après avoir minutieusement inspecté les lieux, a ramassé les débris de carton qui avaient été projetés à quelque distance de là, puis a recueilli une pincée des résidus de poudre qui noircissent encore les dalles de l'église.

C'est sous la porte que l'auteur de l'attentat a introduit l'énorme pétard qui a produit l'explosion.

Une des loueuses de chaises, qui se trouvait dans l'église au moment de l'explosion, a vu un individu assez bien mis, qui se tenait près de la porte, un instant avant que les détonations se fissent entendre. Mais elle n'a pu donner au juste son signalement. Plusieurs arrestations ont eu lieu.

Nos vives félicitations à Mgr Fava : la franc-maçonnerie vient de témoigner solennellement qu'elle a été sensible à ses attaques.

MARSEILLE. — *Le rabat.* — Mgr de Marseille fait démentir officiellement dans la *Semaine religieuse* la nouvelle du *Voltaire*, que Sa Grandeur ait proposé au clergé de renoncer au rabat. Mgr Robert n'a même pas dit à la réception du jour de l'an un mot de ce qui préoccupe si vivement le journal qui se pose en champion d'une forteresse qui n'est même pas menacée.

— Mgr Goldefy, évêque de la Réunion, est arrivé à Marseille, dimanche, par le vapeur *Salazie*. Le vénérable prélat, très souffrant, a dû s'aliter aussitôt.

NANTES. — *Conseil départemental de l'instruction publique.* — Le *Journal officiel* annule encore l'élection congréganiste suivante :

« Considérant que le noviciat de l'institut des Frères de la Doctrine chrétienne dirigé à Nantes par M. Métail, Frère Gébardius, ne saurait être assimilé à une école privée, le dit noviciat n'ayant pas été soumis aux formalités légales relatives à l'ouverture des écoles de cette catégorie, n'étant pas soumis à l'inspection et ne figurant pas sur les états de situation des écoles privées,

« Arrête :

« Art. 1er. — L'élection de M. Métail, Frère Gébardius, est annulée. »

Il n'est pas de prétexte qui ne vaille pour fermer aux Religieux l'entrée de ces conseils départementaux si largement ouverts à leurs ennemis.

SAINT-LO. — On lit dans la *Semaine de Coutances* : « Dernièrement, un de ses pauvres élèves laissait échapper ces mots : de l'école normale j'en ai plein le dos ; les jeudis sont nos plus rudes journées — pas de repos. — Et la prière ? On se lève et on se couche comme *des chiens*, — jamais *on ne parle de Dieu* ; — le dimanche, on va à la messe ou on n'y va pas, — les moins dévots sont les mieux *notés* ; *on se promène, on se balade*, — on..... on... ça sent la carserne ; les livres, les *paperasses*, voilà nos fusils.

« Ce jeune homme (dix-sept ans) ajoutait : Jamais on ne vous avertit ; — on vous note mal et c'est tout. On ne connaît pas la charité, — encore moins l'esprit de famille, — il n'y a pas même de philanthropie. *Ah ! si les paysans savaient comme ça se passe, ils garderaient leurs garçons chez eux.*

« Voila comme on prépare les instituteurs qui doivent empoisonner la France.

Vue d'ensemble sur les travaux de l'apostolat en 1886.

Sous ce titre, les *Missions catholiques* publient un excellent résumé des progrès de la foi catholique dans les cinq parties du monde. Nous le reproduisons *in extenso*, avec la persuasion qu'il sera lu avec un vif intérêt.

Retracer, même dans un tableau rapide et nécessairement incomplet, les luttes et les victoires de la vérité, c'est mettre en évidence la présence de Jésus-Christ au milieu de son Eglise ; c'est montrer les ouvriers évangéliques persécutés ou triomphants, mais toujours glorieux ; c'est enfin permettre à nos lecteurs d'embrasser d'un coup d'œil la grande œuvre civilisatrice à laquelle ils participent par leurs prières et leurs aumônes. Aussi sommes-nous certains d'intéresser nos bienfaiteurs en résumant les travaux des missionnaires ; on les verra partout ajoutant des pages d'honneur au Livre d'or de l'apostolat.

En Europe, le fait le plus saillant et qui console l'Eglise, sans lui faire oublier ses tristesses, c'est la paix religieuse rendue enfin à l'Allemagne. Les efforts de Léon XIII, sa paternelle persévérance ont été couronnés de succès, et ce Pontife désarmé et captif a montré au monde une fois de plus qu'il ne fallait jamais désespérer de la justice. Même spectacle fortifiant donné par les nations où s'abritent depuis longtemps l'hérésie et le schisme. Bientôt l'Angleterre, grâce surtout à l'influence du vénérable cardinal Manning, répudiant les traditions d'Henri VIII, accueillera avec honneur un nonce apostolique, pendant qu'aux portes de l'Orient, le Monténégro signe un concordat favorable aux catholiques et que la Roumanie donne à leurs évêques et à leurs fidèles une liberté dont ne jouissent plus, hélas ! les peuples autrefois privilégiés.

Là, néanmoins, des défections douloureuses et les efforts de l'impiété ne doivent pas nous faire oublier les miracles de la charité. Ne s'affirme-t-elle pas plus vaillamment que jamais, et, tout en se multipliant avec les œuvres qui la sollicitent, n'écoute-t-elle pas toujours les appels pressants des ouvriers évangéliques ?

En Orient, les vieilles Eglises endormies si longtemps par le schisme, et l'objet des prédilections de Léon XIII, continuent à marcher vers le vrai bercail. Aux clergés fidèles des différentes communions se mêlent, comme des auxiliaires précieux, les fils de Saint-François, de Saint-Dominique, de Saint-Ignace, de Saint-Vincent-de-Paul, les Pères de l'Assomption, de la Résurrection. Partout, s'ouvrent des écoles, et l'Université de Beyrouth, œuvre de la France et des Jésuites, couronnée de sa Faculté de médecine, voit décliner sa rivale la Faculté protestante.

N'oublions pas non plus les honneurs rendus par le schah de Perse à l'archevêque lazariste Mgr Thomas. Délégué par Léon XIII pour offrir au monarque et à son fils la grande décoration pontificale, il est reçu avec tout l'apparat usité pour les souverains.

Notons, surtout, parmi nos consolations, l'établissement de la hiérarchie ecclésiastique dans les Indes. Désormais les vicariats apostoliques font place à vingt-sept évêchés. Cette création n'a pas été sans difficultés et a demandé toute l'habileté de Mgr Agliardi, que ses talents diplomatiques, déployés dans cette circonstance, désignaient récemment pour les affaires plus délicates encore de la Chine. Il s'agissait de soustraire l'Inde tout entière au patronat de la couronne du Portugal, patronat confirmé par le Concordat de 1857. Sans doute, le Saint-Siège a fait à la paix certaines concessions ; mais l'avenir prouvera que le Concordat de 1886 a été un des actes les plus féconds de ce pontificat.

Pourquoi faut-il qu'en avançant vers l'Orient le présent soit si triste et l'avenir si sombre ? L'ère du martyre, hélas ! ne semble pas devoir se fermer pour ces Eglises autrefois florissantes ! L'Annam a vu plus de quarante mille néophytes tomber sous le fer des persécuteurs. Dix missionnaires sont morts au milieu de leur troupeau ; l'évêque de la Cochinchine orientale, Mgr Van Camelbeke, échappé à grand'peine aux bourreaux, est au milieu de ses chrétiens survivants. Toutes les églises ont été brûlées, tous les villages sont détruits, et ces infortunés, sans abri, sans pain, implorent la charité de l'Europe.

Du reste, au Tonkin, en Chine, ce sont partout les mêmes ruines, partout les mêmes alarmes. Les rebelles, malgré les soldats et le drapeau de la France, continuent à massacrer les néophytes.

Ce n'est donc plus seulement l'épreuve qui menace aujourd'hui, mais l'anéantissement complet de ces belles chrétientés. Daigne, le Tout-Puissant, dans sa miséricorde, préserver les restes de son peuple fidèle !

La Corée, décimée par le choléra qui a fait périr trente mille victimes, parmi lesquelles un dixième de nos néophytes, ne semble pas encore disposée à s'ouvrir à l'Evangile. Malgré tous les efforts des représentants de la France, le traité francocoréen est peu favorable aux missionnaires et ne sauvegarde pas la liberté des chrétiens.

Saluons en passant sur la terre où mourut saint Louis, le grand cardinal africain, Mgr Lavigerie, présidant à la résurrection providentielle de l'Eglise de Carthage et envoyant de nouvelles caravanes au centre de l'Afrique. Espérons que les rumeurs alarmantes qui circulent au sujet de la mission du Tanganika ne seront pas confirmées et que de douloureuses épreuves n'attendent pas encore cette congrégation, qui, presque à son berceau, compte déjà tant de martyrs !

Applaudissons en Egypte, à Tantah, et à Zagazig, aux œuvres de charité créées, soit dans les dispensaires, soit dans les écoles, par les prêtres et les Sœurs des Missions africaines de Lyon.

Il y a bien encore dans le continent mystérieux des tristesses et des craintes à l'horizon : le Soudan ne peut recevoir la bonne nouvelle ; en Abyssinie, l'apostolat n'est permis qu'à force de prudence, et les Capucins de Gallas ont été obligés de fuir, sur les ordres de l'ombrageux Atti-Joannès ; mais, en revanche, dans le bassin du Congo, les familles religieuses profitent avec ardeur de la liberté accordée par la Conférence de Berlin.

(A suivre).

ÉTRANGER

AMÉRIQUE. — Un numéro spécial et illustré du *Colorado Catholic*, qui paraît à Deuver (Colorado), nous apporte d'intéressants détails sur les touchantes manifestations dont a été l'occasion, en cette lointaine contrée, le cinquantenaire sacerdotal de Mgr Machebœuf, évêque *in partibus* d'Epiphanie et vicaire apostolique du Colorado. Avec le clergé, fier de compter à sa tête un chef dont les années n'ont point refroidi la ferveur apostolique, tous les fidèles du vicariat ont tenu à s'associer à cette fête « des noces d'or » de leur pasteur, fête qui, ayant commencé par une grande messe pontificale et un sermon du Père Mageuney, de la Compagnie de Jésus, s'est terminée dans les réjouissances les plus cordiales.

Mgr Machebœuf, avons-nous besoin de le dire, est un Français. Il est originaire du diocèse de Clermont, en Auvergne, où de nombreux parents et amis ont dû s'associer aux prières et aux vœux des catholiques du Colorado.

ANGLETERRE. — *M. le comte de Paris à Cantorbéry.* — Un journal catholique de Bruxelles, le *Patriote*, a parlé d'une visite faite tout récemment par Monsieur le comte de Paris, ayant avec lui le duc d'Orléans, au collège français des jésuites à Cantorbéry. Le duc d'Alençon, établi à Cantorbéry, et dont le fils est l'un des élèves du collège, accompagnait le comte de Paris. Le *Patriote* ajoutait :

« Le comte de Paris, lors de la récente visite qu'il a faite au collège des jésuites à Cantorbéry, a déclaré que, s'il montait sur le trône de France, il ouvrirait toutes larges les portes de France aux jésuites, malgré certaines préventions qu'il avait jusqu'à présent nourries contre eux. »

Ce renseignement était vrai. L'*Univers* ajoute en effet :

« Informations prises, nous pouvons dire que le comte de Paris a vraiment tenu ce langage, et nous l'en félicitons. Dans l'état présent des choses, il y a, en effet, quelque mérite pour un prétendant à reconnaître que le *droit de tous*, le droit *commun existe* et doit être respecté dans la personne des religieux, fussent-ils jésuites, comme chez les autres citoyens. »

— On sait quelle est la puissance du journal anglais le *Times*, le plus considérable organe de publicité qu'il y ait dans le monde.

— La maison Rothschild, de Londres, vient d'acquérir la plus grande partie de la propriété du *Times*. Ce sont des millions, mais ces millions en rapportent annuellement beaucoup d'autres.

Il est bon de savoir que dorénavant c'est un juif qui parlera par l'organe du *Times*. Qu'on n'oublie point ce fait, beaucoup plus considérable que certains de nos lecteurs pourront le croire.

BELGIQUE. — *Abbaye à vendre.* — La grande abbaye de Floreffe, située sur les bords de la Sambre, à quelques kilomètres de Namur (Belgique), sera vendue à la fin du mois prochain, par autorité de justice, avec toutes ses dépendances, fermes, moulins, brasseries, jardins, terres et prés.

Cette abbaye a été fondée en 1121 ; c'était la maison-mère de l'ordre des Prémontrés. Elle a été entièrement reconstruite pendant le XVIIIe siècle.

L'église est immense. Elle renferme des richesses artistiques considérables ; on y rencontre les marbres les plus rares et les plus précieux. Les stalles en bois de chêne sculpté qui ornent le bas chœur sont surtout remarquables : elles représentent l'histoire des Ordres religieux et remontent au commencement du XVIIe siècle. L'adjudication laisse à l'acheteur le droit de démolition.

SUISSE. — *Un beau testament.* — Par testament olographe, Mme Anne, épouse de M. Julien Monney, à Belfaux, a donné :

4 500 fr à la paroisse de Belfaux pour le traitement de l'organiste ;

650 fr. pour augmenter le traitement du chapelain de Cournillens ;

3 500 fr. pour l'Hospice de la Providence, à Fribourg ;

800 fr. à la commune de Corminbœuf pour des apprentissages de métiers ;

300 fr. pour les pauvres de la commune de Belfaux ;

600 fr. pour les Missions, intérieures suisses ;

400 fr. pour l'Œuvre de la Propagation de la foi ;

Plus une certaine somme pour messes, donnée aux couvents des RR. PP. Cordeliers et des RR. PP. Capucins, et une messe fondée dans l'église de Belfaux le jour de Sainte-Anne.

— *Les blasphémateurs en Suisse.* — On lit dans l'*Ami du Peuple*, de Fribourg ;

Le tribunal criminel de Lucerne a condamné un particulier, qui avait, dans une conversation d'auberge, blasphémé le saint nom de Jésus-Christ, à trois semaines de prison pour offense à la divinité ; le tribunal cantonal a maintenu cette juste condamnation, en réduisant toutefois la peine à quinze jours, par excès d'indulgence.

TUNIS. — On écrit de Tunisie que les médecins arabes anciens élèves de la Faculté catholique de Lille ont déjà rendu des services signalés et ont produit une très heureuse impression sur leurs compatriotes. Le bey de Tunis a voulu lui-même récompenser les efforts et le dévouement de ces médecins.

S. Em. le Cardinal Lavigerie a pris le meilleur moyen de gagner à nous ces peuples de nos grandes colonies d'Afrique en leur envoyant des missionnaires et des médecins qui les soignent avec dévouement en leur parlant de Dieu et de la France. *Curate infirmos et docete.*

MOSAÏQUE

ABBAYE DE FONTFROIDE. — Voici quelques renseignements historiques sur l'abbaye de Fontfroide qui vient d'être le théâtre d'une agression si audacieuse de la part d'une bande de voleurs.

L'établissement est situé à quatorze kilomètres de Narbonne, dans un site sauvage et pittoresque, au pied des montagnes.

En 1098, quelques religieux s'établirent en cet endroit et adoptèrent la règle de Saint-Benoît.

Aymeric, vicomte de Narbonne, autorisa ces religieux à se constituer sur ses domaines et leur donna toutes les terres qu'ils occupaient, et, comme cette donation était insuffisante, sa petite-fille, la comtesse Ermengarde, y ajouta tout le domaine de Fontfroide. L'acte de donation date du règne de Louis VII (1157).

Déjà depuis un demi-siècle l'abbaye s'était affiliée à l'ordre de Cîteaux.

Son premier abbé fut Bernard Ier. Vitalis, à qui fut faite la donation d'Ermengarde, était son troisième abbé. Grâce à son travail, à son esprit de suite et aux perfectionnements apportés à la culture, l'abbaye devint riche et puissante.

Au treizième siècle, les consuls de Narbonne évaluaient le produit des biens que cette abbaye possédait, dans le diocèse de Narbonne seulement, à 25,000 livres tournois.

L'abbaye de Fontfroide fut un lieu de sépulture pour les vicomtes de Narbonne et les femmes qui faisaient partie de leur famille.

Parmi les religieux célèbres de Fontfroide figurent Pierre de Castelnau et Raoul, que le Saint-Siège chargea de combattre, en qualité de légats, l'hérésie albigeoise.

L'abbaye de Fontfroide fut fermée en 1790, après sept cents ans d'existence. Elle est habitée aujourd'hui par des religieux bernardins qui font revivre, dans cette antique maison, les vertus et le premier esprit de Citeaux.

Le cloître et la salle du chapitre sont des monuments d'architecture fort remarquables, classés comme monuments historiques.

Dans la chapelle se trouvent les statues de saint Bernard et de Pierre de Castelnau:

Au moment de l'expulsion le couvent de Fontfroide a été considéré comme un établissement agricole et ses moines ont été *exceptés* des mesures d'expulsion.

***

LES ROIS ET EMPEREURS. — Voici, d'après l'Almanach de Gotha, l'âge, au Ier janvier 1887, des chefs des empires du monde :

	ans.
Guillaume, empr d'Allemagne	89
Le pape Léon XIII	76
Guillaume III, r. des Pays-B	69
Charles III, prince de Monaco	68
Victoria, reine d'Angleterre	67
Pierre II, empereur du Brésil	61
Fr.-Joseph Ier, emp. d'Autr	55
Léopold, roi des Belges	51
Louis Ier, roi de Portugal	48
Charles de Roumanie	47
Abd-ul-Hamid, grand sultan	44
Humbert, roi d'Italie	42
Alexandre III, emp. de Russie	41
George, roi de Grèce	41
Milan Ier, roi de Serbie	32

Le roi d'Espagne, huit mois.

Et papa Grévy .... 80 ans.

***

STATISTIQUE. — D'après le dernier recensement publié au *Journal officiel* :

Dans la France entière, l'augmentation de la population est à peine de 300,000 habitants quand elle était en moyenne, autrefois, de un à deux millions.

L'accroissement de population est un immense bienfait pour un pays, parce que d'abord il permet de supporter, sans de graves inconvénients, les résultats des épidémies et des guerres, et qu'ensuite il donne les moyens d'étendre l'influence du pays au dehors en rendant possible la colonisation.

***

LES ÉCLIPSES DE 1887. — L'année 1887 comprendra quatre éclipses, deux de lune et deux de soleil, dans l'ordre suivant :

Partielle de lune, le 7 février, invisible pour la France;

Annulaire du soleil, le 22 février, invisible pour la France;

Partielle de lune, le 3 août, visible pour la France;

Totale de soleil, le 18 août, en partie visible pour nous.

***

UN ENTERREMENT CIVIL. — La lettre suivante vient d'être adressée à M. le maire de Tours :

« Monsieur le Maire,

« J'ai l'honneur de vous faire part de la mort de mon chien *Fritz*, décédé le 4 octobre dernier, dans sa dix-septième année et enterré civilement le même jour.

Prière s. v. p. de le faire rayer des rôles de la cote personnelle de sa classe, et veuillez en prendre bonne note.

« J'ai l'honneur, Monsieur le Maire, de vous saluer avec tous les honneurs dus à votre rang.

« PROUST,

« *Ancien entrepreneur,*

« Rue de l'Horticulture, dite rue de Metz. »

***

LANCEMENT DE LA « DURANCE ». — On annonce de Rochefort que l'on a lancé, avec un plein succès, le transport-aviso *la Durance*. C'est un bâtiment en bois de 64 mètres de long, 10 m. 50 de large et 4 m. 70 de tirant d'eau à l'arrière. Il déplacera 1,599 tonneaux.

Son armement est fixé à quatre canons de 14 centimètres, deux canons de 90 m/m. et quatre canons-revolvers Hotchkiss de 37 m/m.

La *Durance*, comme les bâtiments de ce type, est destinée au service de nos colonies. Son prix de revient est, d'après l'annexe du budget qui donne la valeur de la flotte, de 1,247,818 francs, qui se répartissent ainsi : coque 802,886 francs, accessoires de coque 189,397 francs, machine 255,535 francs.

Celle-ci doit développer 740 chevaux environ et imprimer au bâtiment une vitesse moyenne de 11 nœuds.

L'équipage sera de 110 hommes.

****

RACCOMMODAGE DE LA FAIENCE ET DE LA PORCELAINE. — Quelques précautions que l'on prenne dans un ménage, on casse de la vaisselle et il est utile de savoir comment on devra s'y prendre pour la raccommoder. Pour préparer le mastic qui relie solidement les morceaux d'une assiette ou d'un vase quelconque en faïence ou en porcelaine, on prend, par exemple, 125 grammes de fromage blanc frais qu'on lave et qu'on presse bien dans les mains jusqu'à ce que l'eau de lavage devienne claire ; on le met alors dans un mortier de marbre, avec trois blancs d'œufs, le jus de sept à huit gousses d'ail pilées ; on triture le tout et on ajoute peu à peu de la poudre de chaux vive jusqu'à ce que le mastic soit sec.

On renferme ce mastic dans un petit flacon à large goulot, qu'on tient bouché, et à l'occasion, lorsqu'on veut s'en servir, il suffit d'en délayer une petite quantité avec un peu d'eau, de l'étendre sur les morceaux à recoller, de fixer ensuite solidement les morceaux les uns contre les autres, de les maintenir avec une ficelle et de faire sécher à l'ombre. Lorsque la dessiccation est parfaite, le feu et l'eau bouillante n'y peuvent rien.

****

Ici on travaille aussi pour la gloire. — Un employé de ministère vient consulter l'éminent docteur Lapilul.

— Toujours des insomnies, jeune homme ?

Oui, docteur... c'est surtout au bureau que j'en souffre !

(*Domino.*)

BULLETIN DIOCÉSAIN

L'athéisme social

Depuis longtemps déjà, les partis politiques de France semblent vouloir résoudre, chacun par des moyens différents, le gros problème qui a nom : Question sociale ; c'est qu'en effet il s'impose, pour notre malheureux pays, comme une question inéluctable.

Le paupérisme, cet état permanent d'indigence, ce fléau des nations industrielles, cause des grèves désastreuses et des révolutions, se dresse menaçant. Le sort des malheureux travailleurs, qui vivent au jour le jour, sans espoir d'un meilleur lendemain, n'est plus qu'un écrasant fardeau. Dans les usines, dans certains ateliers, attachés jour et nuit à la chaîne d'un rude labeur, ils donnent sans compter toute leur force, toute la sueur de leur front, pour ne gagner qu'un maigre salaire leur permettant à peine de se nourrir et de se vêtir pauvrement ; heureux encore quand le chômage ne les réduit à la misère noire. Pour abri, ils ont une habitation malsaine ; pour refaire leurs forces épuisées, un dur grabat où le sommeil, ce seul bien de leur triste vie, vient leur faire oublier les heures pénibles. Un grand nombre ont la charge d'une famille, quelquefois nombreuse, et leurs enfants, livrés à eux-mêmes, s'en vont, demi-nus, vagabonder par les rues de la ville, au sortir de l'école sans Dieu, car la mère n'est point là pour les surveiller : elle aussi est obligée de se soumettre à de rudes travaux, mal rétribués, qui brisent de bonne heure les délicatesses de ses sentiments maternels.

Quelques-uns de ces travailleurs, plus à plaindre qu'à blâmer, se livrent à l'intempérance, croyant ainsi dissiper leur chagrin, et rentrent parfois, le soir, dans leur taudis, ivres, mécontents, sans caresses, prêts à frapper au moindre reproche, à la plus petite contrariété.

A ceux-là, que l'ignorance égare et la misère mord, on n'a trouvé, de nos jours, d'autres moyens pour les consoler et améliorer leur condition précaire, que de leur ôter la foi en Dieu, l'amour d'une meilleure vie, l'immortelle espérance ! Deux mots : philantropie et fraternité, servent d'appât populaire, et l'on gagne les petits esprits et les faibles cœurs par des paroles sonores, des promesses fallacieuses, qui permettent aux pseudo-libéraux d'escalader le pouvoir et d'assouvir leur égoïsme et leurs appétits. Entre temps, on a l'air de s'occuper tits. malheureux peuple, on lui fait espérer des lois réparatrices, on nourrit par des utopies funestes, par des rêves insensés ses revendications haineuses; on accuse la religion, les prêtres, des maux passés, présents, à venir; c'est le seul obstacle à leur bonheur. Et ces pauvres ignorants, qui ne veulent point ouvrir les yeux, croient à tant d'audace, prenent la flatterie pour l'amour, le mensonge pour la vérité, le mal pour le bien.

En attendant, ils n'en continuent pas moins à grouiller dans leur misère, sans le moindre secours *libéral*, sans une loi protectrice. Que dis-je ? il n'y a que la charité chrétienne qui les visite et ne les oublie pas ; elle ne se plaint jamais, l'ingratitude même ne saurait l'arrêter. C'est surtout pour ces égarés qu'elle s'offre et pardonne ; c'est pour ces abusés qu'elle répand ses bienfaits. Pendant que les héros de l'ambition folle et de l'athéisme dévorent l'or et la dignité de la France, elle apparaît en libératrice chez les faibles, les souffrants et les misérables. Elle met à son service tout une armée de généreux cœurs qui ne se lassent point : les prêtres, les dames chrétiennes, les Sœurs de Saint-Vincent-de-Paul. Avec eux elle visite les carrefours sombres, les mansardes ténébreuses, les salles d'hôpital.

Ah ! crédules ouvriers le remède à vos maux n'est pas dans les mensonges politiques, pas plus que la vraie solution sociale n'est dans l'athéisme. Ne cherchez plus en bas : fixez vos regards vers la splendeur des cieux : c'est là qu'est le remède ; là seulement est la solution. Croyez, aimez, espérez ! et votre existence sera moins pénible et moins amère. Ayez surtout confiance en la charité chrétienne, et vous ne tardez pas à reconnaître qu'elle est capable de tout aplanir, d'adoucir la misère, d'apaiser les haines et d'éviter les terribles représailles.

Avec Dieu, le bonheur et la prospérité du peuple sont possibles, l'histoire est là pour l'attester; en dehors de lui, tout n'est qu'impuissance et luttes sans fin. Hélas ! nos gouvernants feignent de l'ignorer et attendent tout d'en bas : voilà pourquoi ils obtiennent si peu. Aveugles ou fous, ils emploient tous leurs efforts à repousser le salut, qui est en haut. Mais ne désespérons pas. Dieu restera toujours le maître; il a le temps de préparer sa revanche, et son heure viendra.

JACQUES CHRÉTIEN.

M. l'abbé Delpech, archiprêtre de la Métropole, a adressé au journal *les Nouvelles* la lettre suivante que nous nous empressons de reproduire :

« Monsieur le Rédacteur,

« Il me revient de divers côtés qu'un personnage, muni d'une recommandation écrite sur une de mes cartes de visite, a recueilli diverses sommes chez plusieurs habitants du quartier Saint-Étienne. — Permettez-moi de me servir de votre estimable journal, pour remercier sans doute ces bons paroissiens de leur trop grande bienveillance à mon endroit, mais pour leur faire remarquer aussi, *qu'en ce temps de l'année surtout*, une carte de visite n'est pas une signature suffisante.

Au surplus, précisément parce que les besoins des malheureux, que le pasteur doit secourir, sont immenses, parce que pour y subvenir nous avons souvent besoin du concours généreux de nos charitables paroissiens, nous employons pour solliciter ce concours une forme moins équivoque et plus respectueuse, et nous ne nous permettons jamais de donner à qui que ce soit une recommandation générale dont l'abus est vraiment trop facile.

Nous prions donc ceux de nos paroissiens qu'on a trompés de ne pas nous imputer l'indiscrétion dont ils ont été victimes, et de nous adresser désormais par une voie plus sûre, les aumônes dont ils voudraient bien nous faire les distributeurs en leur nom.

Veuillez agréer, Monsieur le Rédacteur,

avec mes remerciements, l'assurance de toutes mes sympathies.

Xav. DELPECH,
Archiprêtre de la Métropole.

Le Comité des anciens élèves et amis des Frères a donné, dans la salle de l'Athénée, au pensionnat Saint-Joseph, une séance récréative au profit des Ecoles chrétiennes de Toulouse. Les chanteurs et comédiens aimables — tous des amateurs, s'il vous plaît — n'ayant point voulu faire connaître leurs noms, nous ne voulons pas faire rougir leur humilité en les dévoilant ici. Bornons-nous à constater les applaudissements d'un public fort nombreux et très sympathique. Toute nos félicitations aux organisateurs. Le chiffre élevé de la recette a démontré que leur appel avait été entendu.

UN MORT VIVANT. — M. Duportal, l'ancien proconsul dont tous les journaux de Toulouse avaient annoncé la mort, a eu la rare satisfaction de lire les oraisons funèbres qu'on avait faites de lui, car il va beaucoup mieux.

Le sanglier de la démocratie toulousaine n'a pas été flatté, et chacun pourrait utilement faire la même expérience pour préparer mieux le jugement définitif.

Les comptes de l'œuvre des Séminaires seront clos le 31 janvier. Toutes les recettes doivent donc être effectuées avant cette date. Le rapport sur l'œuvre paraîtra bientôt après.

Vers minuit, mercredi soir, un commencement d'incendie s'est déclaré dans l'Eglise du Taur. Le feu a pris dans la chapelle où se trouve la crèche ; une veilleuse, en tombant, aurait communiqué le feu à la mousse.

La crèche, un tabernacle vide, quelques planches, ont étés brûlés. La peinture et les vitraux sont endomagés. Le feu a été éteint par les pompiers du poste du capitole. Les pertes sont couvertes par des compagnies d'assurances.   (*Nouvelles.*)

LES MYSTÈRES DE NOEL. — Trois representations du drame mystère : *De Bethléem en Egypte* viennent d'être données dans la grande salle du Cercle catholique Saint-Cyprien.

Ce drame fait suite à celui qui y a été déjà représenté, avec tant de succès, deux années de suite, à l'époque de Noël.

A leur début, ces représentations pouvaient passer pour une innovation hardie ; mais maintenant elles ont heureusement acquis leur droit de cité.

Une admirable et savante succession de tableaux présente, aux yeux des spectateurs ravis : Le Désiré des nations. — L'Etable de Bethléem. — L'Adoration des Bergers. — L'offrande des Mages. — Le retour des Mages. — La présentation de Notre-Seigneur. — La Fuite en Egypte. — Le voyage de la Sainte-Famille. — L'Anniversaire en Egypte. — Un Noël en musique suit chaque tableau.

Tous les personnages du drame, sous leur costume traditionnel, retracent sur la scène les événements qui ont accompagné la naissance du Rédempteur. Dans ces représentations, le dialogue est chanté sur des airs anciens, aussi naïfs que touchants, et la donnée du récit évangélique est agréablement commentée.

C'est un spectacle charmant et édifiant pour les spectateurs, qui restent émerveillés du déploiement de décors et de la difficulté que doivent soulever les exercices, la mise en scène, l'orchestration et l'éclairage.

Ils se demandent même avec étonnement comment on est arrivé à de si beaux résultats. La réponse est bien simple, et personne ne restera étonné lorsque nous aurons dit que ces merveilles sont dues à la finesse de goût et à l'activité infatigable de M. le Chanoine Tournamille, qui, mieux que personne, sait si bien entreprendre et réussir.

Le nouveau Conseil départemental d'instruction primaire de la Haute-Garonne a tenu sa première réunion. On a tout d'abord traité quelques affaires relatives à des écoles libres, après quoi les deux délégués de l'enseignement privé ont été, par M. le Préfet, priés poliment ..... de se retirer. Puis la séance a repris son cours.

Ce rôle humilié qui est fait aux seuls représentants de la liberté dans l'assemblée départementale justifie les observations que nous exprimions tout récemment sur le caractère odieux de la nouvelle loi.

Comment compter sur un tribunal qui a tant de hâte d'éloigner les témoins les plus indépendants ?

On nous objectera que les délégués dont nous parlons ont été élus simplement pour les cas contentieux concernant l'enseignement « privé » et que, par suite, le Préfet ne pouvait agir autrement. Nous n'y contredisons pas, mais nous répondrons que dans les questions d'enseignement communal dont le Conseil s'occupe, il en est aussi qui intéressent la liberté. La présence de conseillers impartiaux y serait également nécessaire. D'ailleurs, si tout en étant conforme à la légalité le procédé de M. le Préfet est peu libéral, il s'ensuit naturellement que la loi ne l'est pas du tout.

La Cérémonie des Partants. — Mercredi a eu lieu à l'église de la Visitation une cérémonie à laquelle Toulouse religieuse est peu habituée et qui ne doit pas être passée sous silence, tant elle a laissé d'impression sur l'auditoire d'élite qui s'était groupé dans ce sanctuaire. Il s'agissait de l'œuvre des missionnaires et l'on célébrait cet office en souvenir de cette grande cérémonie dite des *partants*, dans laquelle chaque année, au séminaire des missions étrangères, a lieu le baisement des pieds de ceux qui s'expatrient pour évangéliser les nations infidèles. La messe a été dite par M. l'abbé Duilhé de Saint-Projet, tout voué à cette œuvre. L'intérêt ou plutôt le caractère spécial de cette cérémonie, a résidé surtout dans un discours qu'a prononcé un glorieux mutilé de la Foi, un missionnaire de passage à Toulouse, le R. P. Celle, de la Compagnie de Jésus.

La plume ne peut rendre l'impression émouvante que nous a fait ressentir cette parole si naturelle et si touchante, faisant un simple récit de la vie du missionnaire et de ses néophytes.

Le P. Celle évangélise depuis quinze ans le Maduré où il va retourner sous peu, après avoir pris avec lui les auxiliaires nécessaires à l'apostolat qu'il a su étendre dans de larges proportions, dans ces contrées à demi-sauvages. Il n'y a plus de persécution officielle à subir dans ce pays,

mais que de fatigues, que de périls dans une région où le choléra est en permanence et la fièvre inévitable, où les plus venimeux serpents et les bêtes féroces abondent et où, loin de la civilisation européenne et de compatriotes, dans une solitude morale absolue, toute consolation réside dans la conquête des âmes.

Le récit de ce courageux apostolat était fait d'une manière si douce par ce missionnaire à la grande figure ascétique, drapé dans son costume blanc et rouge, mi-partie brahmanesque, toutes ces fatigues et ces conquêtes étaient narrées avec tant de foi et de vérité que l'on se croyait dans l'Inde, parmi ceux qu'évangélise sa parole.

En se retirant, tous les auditeurs privilégiés de cette réunion trop restreinte, émettaient le vœu qu'avant son départ, le P. Celle pût être entendu des fidèles de Toulouse, dans une plus vaste enceinte et devant une assemblée plus nombreuse.

VARIÉTÉS

L'Esclavage en Afrique.

Son Eminence le cardinal Lavigerie vient d'écrire aux membres de l'*Association de Marie Immaculée pour la conversion des femmes païennes* une lettre dont voici un extrait :

Les nègres captifs sont exposés en vente comme un bétail ; on inspecte tour à tour leurs pieds, leurs mains, leurs dents, tous les membres de leur corps, pour s'assurer des services que l'on peut en attendre. On discute leur prix devant eux comme celui d'une bête de somme, et, quand le prix est réglé, ils appartiennent corps et âme à celui qui le paye.

Rien n'est plus respecté; ni les liens du sang, car on sépare sans pitié le père, la mère, les enfants, malgré leurs cris et leurs larmes ; ni la conscience, car ils doivent embrasser sur le champ la religion du musulman qui les achète; ni la pudeur même, car ils doivent se soumettre aux plus honteuses exigences. Enfin, leur vie est à la discrétion de ceux qui les possèdent. Nul n'est tenu dans l'Afrique centrale de rendre compte de la mort de ses esclaves.

Tel est l'esclavage africain dans son épouvantable horreur !

Au milieu de ces atrocités, la plus digne de pitié, c'est encore la femme. Si elle est mère, si elle veut défendre ses fils, on la tue en lui arrachant ceux qu'elle cherche à protéger. Si elle est jeune fille, on s'en empare, on lui lie les mains, on entrave ses pieds, de sorte que tout mouvement lui devient un supplice. On la chasse ainsi devant soi ; battue, durant le jour, si elle n'avance point ; livrée dans les ténèbres de la nuit à toutes les horreurs, enfin traînée jusqu'au premier marché à esclaves, et là, vendue au plus offrant et livrée à celui qui la paie pour la torturer toute sa vie et la tuer lorsqu'il lui plaît.

C'est le sort de la femme noire dans tout l'intérieur du continent africain. Il n'y en a pas une seule qui ne soit esclave. Les hommes sont libres du moins, lorsque leur tribu n'a pas été vaincue à la guerre ; les femmes sorties de l'enfance ne le sont jamais. Ou prises à la guerre, ou volées ou vendues, elles ont toutes perdu leur liberté.

Si je voulais vous rapporter ce que nous en écrivent nos misssionnaires, vous verriez que, quelle que soit la situation de leur maître elles sont également victimes de tous les maux. Le R. P. Hauttecœur, missionnaire d'Alger et supérieur de la Mission de Saint-Joseph de Kipalapala, sur la route du Nyanza, nous écrivait dernièrement que, durant les pluies de Masika (1), les terrains de la plaine voisine étaient devenus un marécage. Impossible d'avancer sans enfoncer dans la boue. Malgré cela un nègre du village voisin ordonna a sa femme esclave d'aller y ramasser du bois pour cuire le repas du soir. Elle partit, mais à peine entrée dans les champs, elle commença d'enfoncer et bientôt elle se trouva ensevelie jusqu'aux bras sans pouvoir se dégager et obligée de rester immobile pour ne pas enfoncer et périr. Sa voix plaintive appelait à l'aide, mais ceux qui passaient près de là ne faisaient qu'en rire. Le mari,

ne la voyant pas revenir, se mit à sa recherche avec un bâton. Il la trouva dans cet état pitoyable et, sans faire aucune tentative pour la secourir, il lui jeta de loin son bâton pour qu'elle pût se défendre, si elle voulait, contre les hyènes qui allaient venir. Il entra ensuite chez lui tranquillement. Le lendemain toute trace de la malheureuse avait disparu.

Telle est la femme des simples noirs. Celles des chefs ne sont pas plus heureuses.

Un autre de nos Pères cite, avec horreur, la parole d'un roitelet du Bukumbi, qui lui disait un matin : « *J'ai tué cinq de mes femmes pendant la nuit*, » sans même paraître trouver que cela fut extraordinaire.

Les rois puissants sont pires encore avec leurs sérails. Le R. P. Lévesque, ancien missionnaire dans l'Ouganda, m'a raconté que, se trouvant à la cour du roi Mtéça et attendant, dans l'enceinte extérieure, l'audience de ce prince, tout à coup il vit les portes du *Rrazah*, ou salle royale, s'ouvrir avec fracas pour livrer passage à deux soldats armés traînant par les pieds une pauvre femme esclave. C'était une des épouses favorites du roi que celui-ci venait de condamner à avoir les oreilles, le nez et enfin la tête coupés à l'instant, pour avoir parlé trop haut avant l'ouverture de son audience. La sentence fut exécutée sur le lieu même, devant la foule. Aux cris de l'infortunée qui navraient le cœur des Missionnaires, les assistants répondaient par une hilarité bruyante.

Encore une fois, tel est le sort de la femme africaine. Il faut y ajouter la polygamie avec ses jalousies, ses haines, l'obligation de tous les plus rudes travaux, car l'homme regarde comme au-dessous de lui de les accomplir. C'est la femme seule qui porte les fardeaux, qui travaille la terre. Rien n'est triste comme de voir de loin, en passant, ces infortunées créatures, courbées sur leurs sillons, maniant avec effort l'instrument du travail et portant un enfant lié sur leur dos par des courroies. Il y a, en ce moment, car les chiffres font mieux comprendre cet abîme de maux, 200,000,000 de femmes vivantes, dont c'est là le triste sort !

---

(1) Saison des pluies torrentielles.

Toulouse. — Impr. catholique Saint-Cyprien.

15e année — No 7. — Edition des Départements. — Un No **10** c. — Dimanche 13 Février 1887.

LE
Dimanche illustré

ANNONCES ET RÉCLAMES
A l'Administration, 28, rue du Faubourg Arnaud-Bernard, Toulouse.

DIRECTION ET ILLUSTRATIONS
PAR
Louis-Victor GESTA
ARTISTE PEINTRE-VERRIER
Chevalier de l'Ordre de Saint-Sylvestre.

ABONNEMENTS

Toulouse, un an . . . . . **8** fr.

Départements . . , . . **6** fr.

HENRI IV DANS LA MAISON DE SÉNORET

HENRI IV DANS LA MAISON DE SÉNORET

Vers la mi-novembre 1586, à l'entrée de la nuit, un cavalier couvert de boue arriva au village de Fau. Son premier soin fut de chercher un abri contre le mauvais temps. Il s'arrêta en face d'une maison dont l'apparence annonçait l'aisance. Il frappa et entra aussitôt. Une femme était occupée, dans cet intérieur, à préparer le repas du soir. Le cavalier s'excusa et demanda l'hospitalité ; elle aurait peut-être refusée, lorsque le maître du logis, Sénoret, entra. Celui-ci l'accorda et fit changer de vêtements le cavalier, qui dit être officier du roi de Navarre, et il lui offrit une place à sa table. Au milieu du repas, l'officier, content d'un si bon gîte, promit une récompense et avoua, à la stupéfaction de ses hôtes, qu'il était le roi de Navarre.

Le lendemain, avant de quitter cette maison où il avait trouvé un accueil si franc, et un sommeil si calme, le roi promit de se souvenir et ajouta : Adieu, mes amis, si le Béharnais devient jamais roi de France, venez au Louvre et demandez *Henri le Chasseur* : vous serez contents

Plus tard, en effet, Henri IV n'avait pas oublié et il récompensa dignement ceux qui l'avaient un jour hébergé.

LES SAINTS DE LA SEMAINE

Dimanche, 13 février. — Saint MARTINIEN, ermite.

Saint Martinien s'exerça à la pratique de toutes les vertus L'esprit des ténèbres essaya de le pervertir par de détestables ruses. Il se retira sur un rocher escarpé, d'où l'ombre d'un nouveau péril le fit encore s'éloigner ; et, après avoir erré de désert en désert, il vint mourir à Athènes, vers le commencement du v⁰ siècle.

Lundi, 14. — Saint VALENTIN, prêtre et martyr.

Saint Valentin se consacra au service des martyrs qui souffrirent sous l'empereur Claude II. Les païens l'ayant arrêté, on le conduisit devant le préfet de Rome qui ordonna qu'on le battît rudement et qu'on lui tranchât la tête, vers l'an 720.

Mardi, 15. — Saint FAUSTIN et saint JOVITE, martyrs.

Faustin et Jovite étaient frères. Ils prêchèrent généreusement la foi dans la ville de Bresse, en Lombardie. Leur zèle excita la fureur des païens, et, sur le refus qu'ils firent de renoncer à J.-C., l'empereur Adrien les condamna à avoir la tête tranchée, vers l'an 121.

Mercredi, 16. — Saint ONÉSIME, évêque et martyr.

Après avoir volé son maître Philémon, Onésime prit la fuite vers Rome où saint Paul, l'ayant rencontré, lui fit sentir l'énormité de sa faute, le convertit et le baptisa. Il le renvoya ensuite à son maître auquel il écrivit. Philémon le mit en liberté et le renvoya à saint Paul qu'il servit toujours depuis. Il fut martyrisé sous Domitien, en 95.

Jeudi, 17. — Saint FLAVIEN, archevêque de Constantinople.

Saint Flavien, prêtre de l'Eglise de Constantinople, en fut archevêque en 447. Cette élection déplut à Crysapius, chambellan de l'empereur Théodose le Jeune. Flavien en appela au Pape ; ce fut là le signal des derniers excès. Aussitôt ses ennemis le maltraitèrent si rudement qu'il en mourut peu après à Epire, où il avait été exilé.

Vendredi, 18. — Saint SIMÉON, évêque et martyr.

Lès apôtres et les disciples, assemblés à Jérusalem pour donner un successeur à Saint Jacques, élurent Siméon d'une voix unanime. Quatre ans après, comme Vespasien marchait contre la Judée, Siméon se retira dans la petite ville de Pella, d'où il ne revint qu'après la ruine de Jérusalem. Le saint évêque finit par être dénoncé aux émissaires de Trajan, et condamné au supplice de la croix.

Samedi, 19. — Saint BARBAT, évêque de Bénévent.

Saint Barbat naquit dans le territoire de Bénévent en Italie, au commencement du

VII⁰ siècle. Nommé curé d'une petite ville voisine de Bénévent, le saint s'aperçut bientôt qu'il avait affaire à des paroissiens intraitables. Son zèle ne fit que les aigrir contre lui et il fut forcé de quitter son église. Il revint à Bénévent. Le bien qu'il y opéra l'en fit nommer évêque. Il mourut en 682, âgé de 70 ans.

A TRAVERS LE MONDE CATHOLIQUE

NOUVELLES DE ROME

N. S. Père le Pape qui se sentait assez fatigué par suite des réceptions de la Chandeleur, est aujourd'hui en bonne santé. Les bruits d'une maladie grave sont absolument faux.

— Le Souverain-Pontife a daigné admettre Mgr Boyer, évêque de Clermont, et les prêtres de son diocèse qui l'accompagnaient, à assister à la messe célébrée par Sa Sainteté dans sa chapelle privée.

Lors de sa première audience, Mgr Boyer avait eu la consolation de présenter au Saint-Père, avec une offrande du Denier de Saint-Pierre, l'*Histoire de la Mission diocésaine de Clermont* et la 4⁰ édition d'un *Cours complet de Théologie*, en 6 volumes, composé par deux savants Sulpiciens.

— Le Saint-Père avait aussi reçu S. G. Mgr Lasserre, des Mineurs Capucins, évêque titulaire du Maroc, coadjuteur du Vicaire apostolique du pays des Gallas.

— LL. EE. les cardinaux Gibbons, archevêque de Baltimore, et Taschereau, archevêque de Québec, sont partis pour Rome, afin de venir assister au consistoire dans lequel le Souverain-Pontife leur imposera le chapeau cardinalice, et qui doit avoir lieu le 28 février.

— A la nouvelle que le Saint-Père avait résolu d'appeler à Rome Mgr Rampolla, le nonce actuel de Madrid, aussitôt après son élévation au cardinalat, pour lui confier la direction des affaires de la Secrétairerie d'Etat, la reine-régente a écrit à Sa Sainteté, La priant vivement de laisser encore cette année à Madrid l'éminent prélat dont les hautes qualités de tact et de prudence ont si puissamment contribué à rallier autour du trône les forces conservatrices et catholiques du pays. Le Saint-Père, prenant en considération cette demande examine s'il y a lieu de laisser Mgr Rampolla à Madrid, où il prendrait, après sa création comme cardinal, le titre de pro-nonce. Dans ce cas, il y aurait une autre combinaison, au moins provisoire, pour la direction des affaires de la secrétairerie d'Etat.

— Pour ce qui est des nonces apostoliques de Paris et de Vienne, il est décidé qu'après leur élévation à la pourpre, ils resteront quelque temps encore à leur poste avec le titre de pro-nonce, comme cela s'est fait plusieurs fois déjà.

— Le Comité des dames romaines pour le Jubilé de Sa Sainteté Léon XIII, vient d'adresser un appel aux dames catholiques de la ville, ainsi qu'aux religieuses, supérieures d'instituts catholiques et de pensionnats pour les prier de faire en sorte que tous les travaux à offrir à Sa Sainteté soient prêts pour le mois d'octobre prochain.

— *Découverte d'une ancienne église.* — Les Allemands ont à Rome, derrière la basilique de Saint-Pierre, une église et un cimetière que l'on appelle *Campo sancto* des Teutons. Le recteur de cette église a retrouvé les ruines d'une église, dédiée à saint Pèlerin d'Auxerre, érigée au huitième siècle et autrefois célèbre, car elle donnait son nom à une des portes de la cité léonine. On remarque encore, dans l'abside, une grande fresque qui représente Notre-Seigneur au milieu de quatre saints. La figure du Sauveur est plus ancienne que celle des autres personnages. Elle est dans le style du huitième au neuvième siècle, tandis que les saints furent ajoutés lors d'une restauration de l'église au quatorzième siècle.

— Il est faux, comme l'on dit quelques journaux, que le Pape ait adressé une lettre à M. Windthort ; il s'agit d'une lettre adressée par Léon XIII au nonce de Munich, et qui était destinée à être communiquée aux évêques allemands. Dans cette lettre, dont un membre du centre a eu connaissance, le Pape espère que la paix entre l'Etat et les catholiques ne sera pas troublée.

— L'*Osservatore romano* déclare au sujet de l'intervention de Léon XIII dans la politique étrangère, que la lettre du cardinal Jacobini n'était pas destinée à la publicité et réfute les récriminations de la presse libérale italienne.

Il conclut, en disant que les libéraux méconnaissent les efforts du Pape pour conjurer la guerre entre la France et l'Allemagne et où l'Italie serait peut-être entraînée.

— On dément de Rome que Mgr Agliardi fasse route pour la Chine. Les relations entre Pékin et le Vatican ne sont pas reprises.

— *L'anniversaire de Pie IX.* — Le 7 février a été célébré, au vatican, le service funèbre pour l'anniversaire de la mort de Pie IX. C'est Mgr Sacconi, le doyen des cardinaux, qui a officié. Le pape a donné l'absoute.

Le corps diplomatique assistait à cette cérémonie.

— L'éditeur Pustet, de Ratisbonne, prépare, pour le prochain jubilé sacerdotal du Souverain-Pontife, une édition extraordinaire des poésies de Léon XIII, qui contiendra quatre nouveaux distiques du Pape sur la tête de saint Jean-Baptiste, relique placée dans son oratoire privé.

— Le Souverain-Pontife a désigné les gardes-nobles qui, après le prochain consistoire, porteront la calotte cardinalice aux nonces apostoliques de Madrid, de Vienne et de Paris : Ce sont : M. le comte François Giustiniani, pour Mgr Rampolla : M. le comte César Salimei, pour Mgr Vannutelli : et M. le comte Henri Soderini, pour Mgr di Rende.

— Voici quelques notes sur les prélats qui vont être élevés au cardinalat, dans le prochain consistoire, en même temps que Mgr di Rende :

— Mgr Sérafino Vannutelli, est né en 1834, à Gennazzano ; il fit ses études au collège de Capranica.

Après avoir été auditeur de Mgr Meglia, à Mexico et à Munich, il fut envoyé en qualité de délégué apostolique auprès des gouvernements de l'Equateur et du Pérou, d'où il revint nonce apostolique à Bruxelles.

Il avait été envoyé en dernier lieu à la nonciature de Vienne par S. S. Léon XIII.

— Mgr Gaëtano-Aloïsi Massella, ancien nonce de Lisbonne, est né à Pontecorvo, en 1826. Après de brillantes études au séminaire romain, il fut nommé secrétaire auprès de Mgr Ferrieri, nonce à Naples, puis auditeur à la nonciature de Munich, avec Mgr Chigi, qu'il suivit à la nonciature de Paris.

Il fut préconisé archevêque de Néo-Césarée en 1877, par S. S. Pie IX, qui l'envoya à la nonciature de Lisbonne, qu'il quitta en 1883.

— Mgr Mariano Rampolla del Tindaro appartient à la noblesse sicilienne. Il fit ses études à Rome, au collège Capranica.

Il fut envoyé par sa S. S. Pie IX en qualité de conseiller de nonciature à Madrid, lorsque Mgr Siméoni s'y rendit comme le représentant du Saint-Père.

Nommé archevêque d'Héraclée, il fut envoyé en qualité de nonce apostolique auprès du roi catholique.

⁓⌁⚇⌁⁓

DIOCÈSES DE FRANCE

PARIS. — *Les économies de nos Députés.* — Le Ministre des finances a dit que son Budget était en déficit de 700 millions. Malgré cet aveu la Chambre a refusé de supprimer les 137 millions qu'elle vote chaque année depuis 1876 pour augmenter le traitement des fonctionnaires de l'Etat, alors que leurs occupations sont restées les mêmes.

Nos Députés ont refusé 100 mille francs pour l'entretien du clergé d'Algérie et ils ont voté un million 350 mille francs pour les Lycées de filles. Ils ont refusé les secours aux Séminaires catholiques et ils ont accordé les secours aux Séminaires protestants et israélites. Ils n'ont pas trouvé 18,000 francs pour subventionner les six professeurs de la faculté de Théologie de Paris et ils ont voté soixante et dix mille francs pour payer les onze professeurs de matérialisme et de mythologie qui les remplacent.

La mère de S. E. le nonce de Paris. — La marquise di Rende est à toute extrémité. Une dépêche nous dit : « Il n'y a plus d'espoir, priez pour son âme. »

— LL. EE. les cardinaux Gibbont, archevêque de Baltimore, et Taschereau, archevêque de Monréal, sont passés à Paris, allant à Rome.

— La *libre pensée récompensée de ses œuvres.* — La Cour de cassation a rejeté les pourvois de Charavel, Lapeyre et Valz, ex-conseillers municipaux de Marseille, condamnés à la dégradation civique et à 200 francs d'amende par la cour d'assises des Bouches-du-Rhône pour corruption.

— *Divorce d'un député libre-penseur.* — La première chambre du tribunal civil de la Seine a prononcé le divorce au profit de Mme Laguerre, femme de l'avocat député. Le mari a fait défaut. Ce professeur de morale, si scandaleusement agressif dans sa plaidoirie contre M. l'abbé Roussel, étalait au grand jour ses relations avec une actrice de la Comédie-Française.

L'austère républicain vit depuis longtemps hors du domicile conjugal.

Comme on le voit, si le pouvoir était réservé à ces partisans de la laïcisation à outrance, la morale publique serait dans de bonnes mains.

— *Appel à la malédiction.* — Samedi dernier, dans l'après-midi, au centre de Paris, entre l'Elysée et le ministère de l'intérieur, des crieurs vendaient un ignoble placard en annonçant la Passion de Notre-Seigneur Boulanger.

Le Ministre de la guerre y était représenté crucifié entre M. le baron de Mackau et M. Jules Ferry.

Les desseins du placard étaient accompagnés d'un texte plus dégoûtant et plus ignoble encore. C'était la parodie des paroles de l'Evangile sur la Cène et la Passion.

A deux pas du ministère de l'intérieur, il était impossible que la police ignorât l'écœurant spectacle qui se passait dans la rue. Elle se rendait donc complice de cette insulte au culte de la majorité des Français.

Si on s'attaquait ainsi à celui des juifs, il n'y aurait pas assez de cris pour réclamer la tolérance ; mais pour nous, catholiques, il n'y a plus ni protection, ni loi ; tout est permis, autorisé.

Combien de temps le souffrirons-nous ? A quoi serviraient les tribunaux de nos Chambres si nous n'obtenions pas le droit d'être respectés dans ce qui nous est plus cher que la vie, l'honneur de notre Dieu, de notre Sauveur et de nos mystères les plus sublimes.

Est-ce pour en arriver à la liberté de l'insulte que depuis un siècle on parle tant de liberté et ne craint-on pas de lasser la patience de Celui qui tient en main les destinées des nations dans ce moment si solennel où se trouve l'Europe. Calcule-t-on ce qu'il faudra peut-être à la France de sang et de larmes pour expier ces outrages à la Majesté du Très-Haut ?   (*La Croix*).

— *Œuvres ouvrières.* — M. le comte de Mun donnera, dans le courant du mois de mars prochain, une double conférence à Narbonne et à Carcassonne.

Si l'éloquent orateur était empêché de mettre ses projets à exécution, il serait remplacé par un autre conférencier non moins remarquable, M. Harmel, le défenseur ardent du salut des ouvriers de l'usine.

BESANÇON. — On annonce comme certain que le gouvernement français a soumis à l'agrément du Saint-Père qui l'a acceptée la nomination de Mgr Foulon, archevêque de Besançon, au siège de Lyon.

Le nouvel archevêque serait préconisé dans le consistoire du 28 février.

Mgr Foulon est né à Paris, le 29 avril 1823. Il était supérieur du Petit Séminaire de Notre-Dame-des-Champs, quand il fut nommé, en 1867, évêque de Nancy. Il fut élevé en 1882 à la dignité d'archevêque de Besançon.

On assure aussi que Mgr Boyer, évêque de Clermont, serait promu archevêque de Besançon

DIE. — *La persécution des pauvres.* — On écrit de Die : Un jeune médecin chargé du service de la direction de l'hôpital-ambulance qui a été établi pour les ouvriers occupés à percer le tunnel de Beaurières, vient de décider que le curé de la paroisse ne pourra être autorisé à exercer son ministère auprès des malades de ce *sana-*

torium que sur la demande expresse des malades eux-mêmes, et seulement en cas de danger. Or ce bon prêtre réside à dix kilomètres de cet hôpital ; aussi n'y a-t-il qu'un cri parmi les ouvriers du chantier contre cet acte de souveraine injustice, dicté par la libre-pensée et l'esprit de secte de son auteur.

DIGNE. — Dans une étude sur l'œuvre des vocations ecclésiastiques dans le diosèse de Digne, la *Semaine religieuse* constate tristement qu'il y a plus de 80 paroisses qui, à l'heure actuelle, manquent de pasteurs, sans qu'on puisse préciser l'époque où il sera possible de leur en donner.

FRÉJUS. — S. G. Mgr Oury, évêque de Fréjus, a béni solennellement jeudi 5 février, le magnifique cuirassé espagnol, le *Pelayo*, construit dans les chantiers de la Seyne.

LA BILLIÈRE (Hérault). — Quelle que soit la multiplicité des œuvres qui sollicitent la charité des cœurs chrétiens, nous recommandons tout spécialement la supplique suivante à la piété générale de nos lecteurs.

La pauvre Eglise de La Billière, doyenné de Saint-Gervais, diocèse de Montpellier, menace ruine ; son vénéré pasteur, l'abbé Mazas, après une vie d'inaltérable dévouement à la paroisse, a la douleur d'être au moment d'y voir Dieu sans asile.

Donner à Dieu, c'est provoquer ses dons et ses largesses, il saura rendre au centuple.

APPEL

Adressé aux Catholiques généreux, en faveur de la restauration de la très pauvre église de la Billière, près Lamalou-les-Bains.

Toute personne qui contribuera par une offrande quelconque, à la reconstruction de la voûte et de la toiture de la *misérable* Eglise de la Billière, fera une œuvre fort agréable au cœur de *Celui* qui a promis de ne pas laisser sans récompense un verre d'eau froide donné à un pauvre en son nom, et aura bonne part au Saint-Sacrifice qui sera offert daus cette église pendant longues années, tous les premiers samedis du mois, ainsi qu'aux prières qui se feront à perpétuité tous les dimanches à l'issue de la messe paroissiale, pour les bienfaiteurs vivants et morts.

Les noms et prénoms de ceux qui souscriront pour la somme de cent francs et plus, seront en outre inscrits sur un tableau, dit tableau des bienfaiteurs qui restera affiché à perpétuité dans le cœur de l'église.

Les offrandes peuvent être adressées à à M. l'abbé Mazas, Curé de La Billière par Lamalou (Hérault).

LE PUY — La *Semaine religieuse* annonce que le concours canonique, établi par le concile du Puy, aura lieu, cette année, au mois de juillet, au Grand Séminaire.

Outre les prêtres appelés à ce concours par l'autorité diocésaine, d'autres pourront se présenter, s'ils le veulent, pourvu qu'ils aient plus de dix ans de ministère, et qu'ils aient satisfait convenablement aux examens des jeunes prêtres.

LILLE. — *La Civilisation des Nègres.* —Dimanche soir, M. l'abbé Variot, professeur de lettres à la Faculté catholique de Lille a fait, à la société de Géographie et du Nord de la France, une conférence sur la civilisation chrétienne dans l'Afrique du Nord et la région des Grands Lacs de l'équateur. Le public était très nombreux, et la séance a été un véritable triomphe pour le cardinal Lavigerie et les Pères blancs, véritables soldats de la civilisation et patriotes infatigables. L'orateur a captivé son auditoire pendant deux heures et il a présenté un jeune nègre instruit à Lille et échappé aux horreurs de l'esclavage après avoir été vendu six fois.

LYON. — Au sujet des funérailles du cardinal Caverot, le *Salut public* dit : La grande manifestation catholique dont nous avons vu le fortifiant spectacle devait nécessairement attirer les critiques de la presse républicaine. Il est opportun, en effet, de faire oublier aux frères et amis que le cercueil d'un prince de l'Eglise a pu défiler devant cent mille personnes, en ne recueillant que des marques de respect.

« Ce n'est pas un exemple de tolérance

qui a été donné par la population lyonnaise, c'est une preuve de foi religieuse ; c'est aussi une preuve de respect et de confiance pour ce grand clergé français qui sort du peuple dont il a su garder les qualités intactes.

« Devant le cercueil marchait en longues files, ce qu'un de nos confrères, le *Nouvelliste*, appelle avec tant d'à-propos l'armée de la charité. La foule voyait passer devant elle ces enfants que leurs vigilantes gardiennes préservent de la misère, de l'ignorance et du vice. Après les Sœurs de Saint-Vincent-le-Paul et de Saint-Joseph venaient les Petites-Sœurs-des-Pauvres, et quelques-uns de leurs pauvres vieux.

« La foule savait que ces femmes, ces enfants et ces vieillards avaient été la constante préoccupation de l'homme qui dormait dans un luxueux cercueil. Voilà pourquoi les fronts s'inclinaient moins devant les insignes cardinalices que devant celui qui avait su commander l'armée de la charité.

« Il y a un instinct qui guide les foules lorsqu'on ne les grise pas par d'odieux mensonges et de misérables excitations.

« Le peuple lyonnais a pu apprécier comme il convient un prélat qui toute sa vie avait eu horreur de la mise en scène, qu'on pouvait aborder aussi facilement qu'un curé de campagnes et dont le dernier et touchant vœu avait été non de se faire élever un monument dans la basilique de Fourvière, mais dans la chapelle des Fonts-Baptismaux de sa cathédrale.

« Par le malheureux temps qui court, les républicains sont parvenus à désaffecter jusqu'à la grandeur. Nous avons vu tant de fantoches, déguisés en ministres, en présidents de chambre, en ambassadeurs ou en généraux, que le sentiment de la hiérarchie n'existe plus chez le peuple ; mais il nous reste, Dieu merci, le sentiment de la grandeur morale, de l'amour de la patrie et de l'amour des pauvres ; voilà pourquoi cent mille Lyonnais ont salué hier les restes mortels de l'archevêque de Lyon. »

MONTPELLIER. — Ce qu'ils veulent. — *La Commune libre* de Montpellier donne son programme comme extrait, article par article, des programmes de cercles et de comités électoraux républicains : Nous y lisons entre autres choses :

« Déchéance de toutes les familles ayant régné et *vente de leurs biens au profit de la classe ouvrière.* — Liberté de la presse sans censure. — Abolition du serment. — Liberté complète de la parole et des manifestations de toute espèce. — *Suppression du budget des cultes. Séparation de la commune et de l'Eglise.* — *Point de religion reconnue par* l'Etat ni par la commune. — Liberté aux prêtres, religieux et religieuses de tout ordre et de toute nature, *de se marier sans autorisation préalable.* — *Interdictions d'enseigner au clergé régulier ou séculier. Rappel de la loi sur la collation des grades.* — *Abolition des universités catholiques.* — Retour aux communes des biens de mainmorte et de tous les monuments publics (*y compris ceux du culte*). — *Amovibilité de la magistrature.* — *Abolition de la peine de mort.* — Gratuité de la justice. — *Le divorce.* Instruction gratuite, obligatoire et *laïque.* Enseignement professionnel. Liberté de l'enseignement, — *excepté pour le clergé.* Aucune exception du service militaire, sinon pour infirmités ; et, dans ce cas, les exempts devant fournir dans d'autres emplois publics l'équivalant de ce service. »

Comme on peut en juger, c'est un vrai programme *libéral !*

SENS. — *Une harangue patriotique.* — Nous sommes heureux de détacher les paroles suivantes d'une allocution prononcée par S. E. Mgr le cardinal Bernadou, archevêque de Sens, au cours d'une visite au collège de Juilly, et nous les livrons à la méditation de ceux de nos journalistes français qui ne craignent pas de se faire une arme contre leurs adversaires politiques, en accusant la France d'avilissement et d'impuissance :

« Aimons passionnément la France telle « qu'elle est ; ne médisons pas trop de l'é-« poque où nous vivons. Si la France a des « plaies, couvrons-les de notre manteau, en « fils respectueux. Il n'est pas digne de « Français de montrer à des étrangers les « verrues de leur mère. »

Que ces mots, vibrants de patriotisme, servent d'exemple ; ce n'est pas quand nos ennemis les plus irréconciliables crient : *haro sur la France !* que des Fançais doivent faire chorus avec eux. Le contraire est, *quand même et toujours,* un devoir.

La séparation de l'Eglise et de l'Etat

A l'occasion de la discussion du budget des cultes, les députés de l'extrême gauche ont, selon l'usage, fait un discours sur la séparation des Eglises et de l'Etat. C'est un jeune député, M. Pichon, qui a porté la parole : il l'a fait avec quelque habileté et a reproduit les arguments que nos lecteurs connaissent.

Mgr Freppel, évêque d'Augers, a répondu :

« On ne pourrait contester sérieusement, dit-il, que le clergé fût légitime propriétaire des biens que l'Assemblée Constituante mit à la disposition de la nation par le décret du 2 novembre 1789.

« Depuis quatorze siècles, les corps ecclésiastiques jouissaient de leurs biens ; ils vendaient, aliénaient, donnaient des baux, faisaient tous les actes de propriété, en se conformant bien entendu aux lois et règlements sur la matière.

« Prétendre que la nation était propriétaire de ces biens, c'eût été dissimuler la convoitise sous un sophisme, car jamais charte de donation n'avait porté ces mots : Je donne ou lègue au diocèse, à l'évêché, à la fabrique, à la paroisse pour les frais du culte, l'entretien des ministres et le soulagement des pauvres.

« Les biens de l'Eglise étaient si réellement sa propriété qu'en beaucoup de cas ces biens étaient affranchis de la plupart des impôts, et que, lorsque l'Etat était en détresse, il s'adressait aux corps ecclésiastiques et au Pape pour leur demander des secours.

« A la place du droit de propriété, mettez le droit d'usage et d'usufruit, mon raisonnement reste aussi fort. Il n'est pas plus permis de dépouiller quelqu'un de son droit d'usage ou d'usufruit d'une propriété, que de le dépouiller de sa propriété même. »

« L'orateur examine les conséquences financières et les conséquences politiques de l'incorporation des biens ecclésiastiques au domaine national : elles ont été également funestes. Mais un fait reste certain :

« L'Assemblée décréta que les biens ecclésiastiques appartiendraient à la nation à la charge, pour elle, de pourvoir d'une manière convenable aux frais du culte, à l'entretien des ministres et au soulagement des pauvres.

« C'est donc une charge qu'elle imposait à la nation ; c'est un contrat onéreux qu'elle faisait avec les corps dépossédés, et ce contrat, subi d'abord, fut ratifié et validé ensuite par le chef supérieur de l'Eglise en 1801. N'est-ce donc pas un engagement strict ?

« Aussi ce dilemme s'est-il posé rigoureusement devant l'histoire, comme devant l'éternelle morale et l'éternelle justice : ou rendez les biens, ou remplissez les charges. »

« L'engagement pris par la Constituante, tous les gouvernements, toutes les constitutions l'ont consacré.

Mgr Freppel le constate ; il invoque en faveur de sa thèse l'opinion de Proudhon, dont les convictions ne peuvent être suspectes aux républicains, et dont la logique est invincible.

« Que disait-il aux électeurs de la Seine en 1848 : « Tant que la religion aura
« vie dans le peuple, je veux qu'elle soit
« respectée extérieurement et publique-
« ment. Je voterai donc contre l'abolition
« du salaire des ministres du culte.

« Et pourquoi, avec ce bel argument
« que ceux-là qui veulent de la religion
« n'ont qu'à la payer seuls, ne retranche-
« rait-on pas du budget social toutes les
« allocations pour les travaux publics ?
« Pourquoi le paysan bourguignon paie-
« rait-il les routes de la Bretagne et l'ama-
« teur marseillais les subventions de
« l'Opéra ? »

« Certaines personnes paient pour les théâtres où elles ne mettent jamais les pieds ; pour les lycées, pour les écoles laïques, athées, où elles n'envoient pas leurs enfants. Quand on fait partie d'un corps social, on n'a pas le droit de se soustraire à certaines obligations sous le prétexte qu'elles ne vous conviennent pas. Ou alors, c'est l'égoïsme, le séparatisme, le particularisme, la dissolution du pacte social. »

Mgr l'Evêque d'Angers conclut par ces mots :

« Ne parlez donc pas ici de la liberté de conscience. Elle n'a rien à voir dans la question. Vous êtes en présence d'un engagement d'Etat. et si vous persistez à mêler à ce débat le nom de la liberté, je vous répéterai le mot de l'abbé Maury : « Il n'y a pas de pire despotisme que celui qui prend le nom de la liberté. »

« La question du budget des cultes est une question d'ordre intérieur, je le reconnais. Cependant nous ne pouvons pas empêcher le monde d'avoir les yeux fixés sur nous. Nous ne devons pas, au-delà de nos frontières, réjouir les uns et décourager les autres. Ne perdons pas de vue le parti qu'on tirerait de votre vote, si les Chambres se ralliaient à la solution qui leur est proposée.

« Il n'y aurait plus dans le monde un catholique qui ne tournât, vers la France, un regard attristé. Pour moi, je sais ce qu'il y aurait, ce jour-là, de douleur à l'ombre d'un drapeau couvert d'un voile de deuil et que je ne veux pas nommer ; je sais que ce jour-là également on illuminerait sur les bords de la Sprée, et on aurait bien raison. Ce sera mon dernier mot. »

M. le Président du Conseil déclare qu'on ne peut faire disparaître le Concordat par voie budgétaire ; M. Andrieux, rapporteur, présente à l'Assemblée un calcul électoral : « En maintenant le budget des cultes, dit-il, on mécontenta les radicaux, mais ils resteront républicains ; en supprimant le budget des cultes, on jetterait dans le camp conservateur tous les républicains modérés. »

On procède au vote : 340 voix demandent le maintien du budget des cultes, contre 180 voix.

❧❧❧

ÉTRANGER

AFRIQUE. — *Un protestant allemand converti chez les Nègres.* — M. Giesike, agent d'une maison allemande de Francfort, a été conduit par la Providence jusqu'aux lacs de l'Afrique centrale pour y trouver la conversion et le salut, en des circonstances bien tragiques.

Giesike, arrivé à Tabora pour y liquider les marchandises laissées par un M. Harders, du même pays, volé par les Arabes, faillit, en arrivant, être tué à bout portant d'un coup de fusil attribué au voleur de M. Harders, et les Frères Blancs, qui habitent pacifiquement ces contrées, en conçurent de vives inquiétudes pour lui.

Giesike, malgré ses craintes, organisa une caravane pour porter ses ivoires jusqu'à Zanzibar. Le P. Hautecœur le suppliait de laisser ses ivoires en dépôt, d'aller seul et furtivement, car le bruit courait qu'il serait attaqué dans la forêt.

Sur ces entrefaites, arriva le grand chef Tipo-Tipo, qui consentit à l'accompagner jusqu'à Zanzibar. A partir de ce moment, dit M. Hautecœur, j'avais espéré que personne n'oserait plus, ni rien dire ni rien faire.

M. Giesike partit le 24 septembre ; le lendemain, il arriva au premier camp, qui était le village même de Tipo-Tipo, à Ituru.

Mohamed ben Kassem, l'Arabe qui avait volé l'ivoire de M. Harders, et probablement aussi qui avait fait tirer sur lui, l'avait suivi à Ituru. Pourquoi ?

Le dimanche soir, un courrier apportait à M. Giesike un paquet de lettres ; l'une d'elles venait de Saïd-Bargash. Celui-ci le recommandait aux Arabes de Tabora et leur infligeait une amende de 4,000 francs pour le vol commis dans les magasins de M. Harders. A neuf heures, il rentrait sous sa tente. A peine était-il étendu sur son lit, qu'il fut frappé de trois coups de fusils chargés à mitraille et tirés à bout portant. Il reçut une décharge au-dessous de l'épaule, une balle sortit par le bras, mais la plus grande partie de la charge de morceaux de plomb et de cuivre avait dû rester dans la blessure. Une autre décharge lui emportait la plante du pied droit et celle du pied gauche. Une balle s'était logée dans la cuisse.

En même temps, un des soldats noirs qui l'accompagnaient recevait une balle dans chaque cuisse et un nègre qui s'était introduit dans la tente de M. Giesike pour voler recevait en pleine poitrine une balle qui le tuait raide.

Malgré toutes ces blessures, M. Giesike eut la force de sortir de sa tente et de chercher à fuir : mais bientôt il tomba épuisé par la perte du sang. Immédiatement, Tipo-Tipo députa à notre résidence dix de ses hommes pour nous avertir.

Lui-même se rendait à Tabora pour demander compte aux Arabes de ce crime. Les hommes de Tipo-Tipo arrivèrent à la Mission à quatre heures du matin. Je ne pouvais me rendre moi-même en personne à Ituru, à cause des clous que j'ai aux jambes; j'y envoyai le Père Lombard et le capitaine Joubert. Le soir, M. Giesike, porté sur un hamac, arrivait à la Mission dans le plus triste état. Une des premières paroles qu'il me dit :

— Comment, vous autres, Français et prêtres catholiques, pouvez-vous me donner tous ces soins, à moi, Allemand et protestant? Vous devez me haïr.

— Non, lui répondis-je, nous vous aimons comme un frère, et vous serez traité et soigné chez nous comme tel.

Il se montrait très heureux d'être avec nous ; mais, malgré tous nos soins les plus assidus, nous ne pûmes rien contre le mal. Toute la semaine qu'il vécut encore, il nous témoignait sa reconnaissance. Enfin, touché de nous voir le traiter ainsi et voyant qu'il allait mourir, il nous exprima le désir de mourir dans le sein de l'Eglise, et, nous lui accordâmes de grand cœur ce qu'il désirait.

Tipo-Tipo s'est chargé de tout l'ivoire de M. Giesike. Il accuse les Arabes, et surtout Mohamed ben Kassem, de ce crime. Qu'arrivera-t-il par la suite? Dieu le sait! Que fera Saïd-Bargash? Que feront les Allemands? Que deviendra ce pays? Que deviendront tous les Européens établis comme missionnaires et comme explorateurs dans l'Afrique orientale?

HAUTTECŒUR,
Missionnaire d'Alger.

ALLEMAGNE. — *Le Pape et l'Allemagne.* — Dans une réunion qui a eu lieu le 6 février à Cologne, M. Windthorst a déclaré que le pape avait, en effet, exprimé le désir de voir le septennat voté par le centre du Reichtag, mais qu'il basait ce désir sur des raisons d'opportunité et sur des considérations politiques, et non pas sur la teneur même du projet de loi militaire.

« S'il eût été possible de se conformer au vœu du pape, a ajouté M. Windthorst, le centre aurait agi dans ce sens; mais personne ne peut faire l'impossible, et le pape n'en voudra plus à ses fidèles enfants, s'il examine d'une façon approfondie les motifs qui guident notre conduite. »

— Les journaux français se sont occupés également de l'intervention du pape dans les élections allemandes :

— Le *Gaulois* dit : Si le septennat militaire demandé par M. de Bismark avait dû être un instrument de guerre contre la France, jamais le Pape n'aurait pris la parole pour fournir des auxiliaires à l'Allemagne protestante contre la fille aînée de l'Église. »

— L'*Autorité* : « Jamais le Saint-Père, dit-elle, dont l'habileté politique est merveilleuse et le coup d'œil si sûr n'avait eu d'intervention aussi heureuse.

« Le service qu'il vient de rendre à la France est incontestable. C'est même à cette démarche spontanée du Pape que nous devons la détente sensible qui se manifeste depuis quelques heures. »

ESPAGNE. — *Une bonne nouvelle.* — Nous lisons dans le *Siglo Futuro*, journal catholique d'Espagne :

Selon une dépêche du 10 janvier, reçue de Rome à Madrid par Notre Illutrissime Evêque, et à nous communiquée officiellement, la Sacrée Congrégation de l'Index a favorablement jugé de l'orthodoxie de notre modeste livre intitulé : *Le Libéralisme est un péché*, livre qui, d'après la même dépêche, lui avait été dénoncé, il y a quelque temps, avec insistance. La Sacrée Congrégation, par son Révérendissime Secrétaire, déclare que, dans ledit ouvrage :

« Nil invenit contra sanam doctrinam, « imo auctor ejusdem d. Félix Sarda laudem « meretur, eo quia solidis argumentis, or- « dine et claritate expositis, sanam doctri- « nam in materia subjecta proponat atque « defendat, absque cujuscumque personex « offensione. »

En français :

« Elle n'a rien trouvé contre la saine « doctrine ; bien plus, son auteur, don Fé- « lix Sarda, mérite des éloges, en ce que, « par de solides arguments, exposés avec « ordre et clarté, il avance et défend sur « cette matière la saine doctrine, sans com- « mettre de personnalité offensante. »

MOSAÏQUE

—

Statistique du crime. — Le ministère de la justice vient de publier la statistique des crimes commis en France de 1878 à 1886. Il y a là une effrayante série de meurtres, assassinats, empoisonnements, viols, incendies, vols et abus de confiance ; en lisant ces chiffres éloquents, on se demande avec inquiétude ce que deviendra la France si le niveau de la moralité et de l'honnêteté continue à baisser d'une si prodigieuse façon.

Les vols commis par effraction au préjudice des églises sont au nombre de 2524. Les parfaits libres-penseurs, coupables de ces vols sacrilèges, sont classés ainsi : 2214 hommes ; 306 femmes ; 4 restés inconnus. Parmi ces malfaiteurs, qui ont ainsi mis en pratique les doctrines de l'école matérialiste, 1255 sont ignorants, 1241 sont instruits, et 24 appartiennent à la catégorie des personnes ayant reçu un degré supérieur d'instruction.

***

Une très curieuse découverte vient d'être faite par un naturaliste français, M. Guilmeth, pendant un de ses voyages d'exploration en Australie (possessions anglaises).

Au mois de mai 1884, M. E. Guilmeth remarqua, à une hauteur d'environ quatre-vingts mètres, sur des eucalyptus et à l'enchevêtrement de deux grosses branches, une hutte bizarre autour de laquelle s'agitait un énorme essaim d'abeilles noires inconnues de lui.

Il fit abattre par ses Canaques l'un des arbres de la forêt gigantesque, lequel avait sept mètres de diamètre. Ce travail dura vingt-huit heures. La hutte était une ruche ou nid, elle pesait 4.500 kilos et renfermait 3.000 kilos d'un excellent miel eucalypté naturel.

Cette découverte a été l'objet d'une note très intéressante lue par le docteur Thomas Caraman dans une des dernières séances de l'Académie de médecine.

***

Préservation des fusils et autres armes contre la rouille. — L'hiver, en raison de l'humidité dont l'atmosphère est plus souvent saturée qu'en toute autre saison, est particulièrement favorable à la formation de la rouille sur les armes et autres objets où l'acier ou le fer dominent. — Les chasseurs négligents en savent bien quelque chose.

Moyen préservatif d'oxydation peu dispensieux, — et facilement applicable à peu près partout, croyons-nous.

Vous avez certainement entendu parler des pommades ou onguents mercuriels ; — on les trouve dans toutes les pharmacies.

Mettez-en une très petite quantité sur un tampon de laine, — que vous passerez, en frottant soigneusement, sur les armes ou pièce métalliques que vous voudrez garantir ; vous pouvez avoir l'assurance qu'elles se maintiendront en son état de conservation.

***

Nous extrayons de la *Revue illustrée*, une bien jolie anecdote qui ressemble beaucoup à un apologue par le temps qui court.

« … Au fort du siège de Paris, en 1870, un entrepreneur de spectacles, qu'il ne me plaît pas de nommer, s'en allait chaque jour au café, muni d'une carte de l'état-major et d'une pelote d'épingles à tête colorée. Assisté de trois camarades, il tuait ses soirées à dresser des plans de bataille. Une fois, quelqu'un les dérangea dans leurs opérations fictives avec une sinistre nouvelle qui circulait : « Imbécile ! » fit notre tacticien *in partibus*, plein de colère : « Vous venez nous troubler juste quand nous étions sur le point de débloquer Paris. Mais vous n'empêcherez rien : nous le débloquerons… » Deux heures plus tard, la nouvelle sinistre était confirmée… »

BULLETIN DIOCÉSAIN

—

LA FRANCE DEPUIS QUINZE ANS

—

La *Nouvelle Revue*, organe dévoué aux institutions actuelles, a publié il y a quelques jours, sous la signature d'une femme d'esprit, Mme Edmond Adam, dont on connaît les attaches républicaines, un article où l'on trouve le passage suivant reproduit par la plus grande partie de la presse.

Ce passage mérite bien cet honneur, car il serait difficile de peindre en quelques lignes avec plus de vérité et de relief le régime qui préside en ce moment aux destinées de la France.

« Voilà quinze années que la République, mettant à profit notre désarroi, a élevé sur nos ruines fumantes une citadelle assez puissante pour donner à ses partisans l'illusion d'un pouvoir durable;

« Quinze années, qu'issue d'une émeute d'autant plus antinationale qu'elle s'est faite en pleine invasion, sous les yeux de l'ennemi triomphant, elle ne vit qu'au mépris du droit, en flattant tous les appétits qui l'ont fait naître, puis grandir;

« Quinze années que, foulant aux pieds toute pudeur et toute retenue, toute grandeur morale, intellectuelle et matérielle, elle se croit puissante, parce qu'elle a recours à toutes les violences; honorée, parce qu'elle est craintive; forte et respectée, parce qu'elle gaspille dans les guerres lointaines le sang généreux des enfants de la France;

« Quinze années que, mettant en jeu toutes les basses rancunes, elle a meurtri, dans leur honneur, leur conscience et leur liberté, tous les Français indépendants dont la libre allure offusquait sa servilité, frappant coup sur coup, bassement et lâchement, les congrégations dans leurs droits, les pères de famille dans l'éducation de leurs enfants, les catholiques dans leurs croyances, les magistrats dans leur honneur, leur indépendance et leur loyauté, les officiers de notre armée dans la discipline et le respect qui faisaient leur force, les évêques dans leur liberté, les desservants dans leur traitement, la France enfin dans sa vie même;

« Quinze années qu'elle s'est efforcée de faire autour d'elle la raréfaction progressive des consciences et des caractères, l'aplatissement des enthousiasmes, source du bien, du beau, du vrai, l'extinction des notions morales, le vide absolu des idées du devoir, de Dieu, de patrie, de respect des lois;

« Quinze années, qu'après l'ineptie des traités de commerce qui nous lient aujourd'hui les bras, elle a réduit notre industrie, dans chacune des branches qui faisaient jadis la prospérité de notre belle France, au rang de vassale de l'Europe hostile;

« Quinze années, que créant sans cesse d'inutiles fonctions, multipliant les sinécures pour y caser ses déclassés, ses ignorants et ses bohêmes, gaspillant la fortune publique pour donner du linge à ses partisans, elle accable les contribuables sous le poids toujours grossissant des impôts sans but et sans raison d'être.

« Il est temps que cela finisse !

« Comme pour la cité de glace dont parle le poète, il est temps qu'un rayon de soleil vienne éclairer ces agissements, mettre en lumière ces turpitudes, dévoiler ces ignominies, et que le bon sens du peuple fasse enfin justice de cet état de chose. »

L'Eenseignement chrétien

Le comité des dames patronnesses de l'enseignement chrétien va entrer dans sa sixième année. Au moment de renouveler son appel à la libéralité de ses nombreux bienfaiteurs, il doit leur faire connaître l'emploi des fonds qui lui ont été confiés durant le précédent exercice.

Le nombre des écoles auxquelles nous avons distribué directement des secours, l'année dernière, ne s'élève pas à moins de soixante. A ce chiffre, il faudrait ajouter les diverses écoles, de filles ou de garçons, secourues par le comité central qui siège à l'archevêché et dont la caisse est en grande partie alimentée par le 40 0/0 que nous prélevons sur nos cotisations. Les allocations émanant ainsi, directement ou indirectement, du comité des dames patronnesses atteignent presque la somme de 29,000 francs, ce qui porte à près de 129,000 le total général des sommes distribuées par ce seul comité depuis le jour où S. Em. le cardinal-archevêque, il y a cinq ans, en décida et en bénit la fondation.

RECETTES

Cotisations des membres de l'Œuvre (année
   1886................... 16 647 »»

Ventes, quêtes, fêtes diverses
(année 1886) 10.228 60
____

Total des recettes en 1886. . 26.875 60

En caisse au 10 février 1886. 9.197 30
____

Total....... 36.073 10
____

DÉPENSES

Subventions allouées aux écoles.

Arrondissement de Toulouse.. 13.890 80
Arrondissement de Muret .... 2.200 »»
Arrondissem. de Villefranche. 3.850 »»
Arrondissement de St-Gaudens 2.175 »»
____

Total des subventions du 10 février 1886 au 1er février 1887 22.115 80
Versem. au Comité central pour
le 40 0/0 des cotisat. de 1886 6.600 »»
Frais généraux (circul., etc.).. 283 »»
____

Total général des dépenses ... 28.999 60
____

BALANCE

Total des recettes.......... 36.073 10
Total des dépenses......... 28.999 60
____

En caisse au 1er février 1887. 7.073 50
____

Les matinées musicales et vente de charité au profit de cette belle Œuvre auront
lieu mercredi 16 et jeudi 17 février. Nous
en publierons prochainement le programme.

Les personnes charitables qui veulent bien
offrir des objets à la vente, sont priées de
les adresser *sans retard* à Mmes de Voisins-
Lavernière, rue Fermat, 2 ; de Séverac,
rue du Vieux-Raisin, 26 ; Sacase, rue du
Sénéchal, 9 ; Palis, rue Boulbonne, 35.

____

Des obsèques civiles viennent encore
d'affliger la ville de Toulouse. Ce sont celles du libre-penseur Duportal, député de la
Haute-Garonne. Cette manifestation sans
précédent, outrageante pour la morale et
pour la religion, a été une longue exhibition
franc-maçonnique. Les Frères Trois-Points
avaient déployé, en cette occasion, leurs
bannières et étalé leur quincaillerie. Ils
s'étaient accoutrés de leurs baudriers brodés,
insignes, tout comme dans l'ouvrage de
Léo Taxil.

Mais ce qui a surtout soulevé les cœurs
chrétiens d'indignation, c'est que l'on a, au
nom de la neutralité, associé les écoles mu-
nicipales et la musique du bataillon scolaire
à cette provocation aux sentiments religieux
de notre cité! Oui, des enfants catholiques
ont été contraints de parer cet enfouissement dégradant! Et l'on osera nous dire
que la liberté de conscience est respectée?
Arrière, sectaires de tout acabit, libres-
penseurs sans vergogne, vous seuls la foulez
aux pieds cette liberté si chère aux pères de
famille, vous seuls la déshonorez !

Nous ne nommerons pas ceux qui sui-
vaient le triste cortège car parmi eux certains fonctionnaires, de la ville ou de l'Etat,
étaient catholiques et semblaient comme rivés
à une chaîne. Nous les plaignons, et que
Dieu leur pardonne.

Dès l'arrivée au cimetière, un envahisse-
ment scandaleux, tel qu'on n'en avait jamais
vu, s'est produit. Des rôdeurs de barrières,
de pâles voyous escaladent les tombes, se
placent en équilibre sur les monuments et
se livrent à des gestes désordonnés. Quelques-uns se mettent à cheval sur les croix
de pierre.

Tout ce monde grouillant, riant, bavar-
dant et fumant, se pressait sur les tombes
dont on piétinait les plates-bandes fleuries.
Et c'était pitié de voir l'absence de tout
recueillement dans cet asile où la foule, avide
de voir des exhibitions carnavalesques, ou-
bliait toute retenue, toute pudeur.

C'est vraiment un spectacle inoubliable
que ce cimetière de Terre-Cabade envahi
par une tourbe qui a perdu tous les respects,
même celui de la mort.

On comprendra sans peine que nous ne
parlions pas des discours prononcés sur une
tombe non bénie. Ils ne sauraient trouver
une place, si petite soit-elle, dans notre
journal chrétien.

***

LES FRÈRES TROIS POINTS. — L'exhibition
franc-maçonnique qui s'est produite à
l'occasion de l'enfouissement du citoyen
Duportal, donne de l'intérêt aux rensei-

gnements concernant les chapitres et les loges de Toulouse, ainsi que les noms des « Très sages » ou des « Vénérables qui les président.

Tous les chapitres, ainsi que les loges de la région, appartiennent *au Grand Orient de France*, à l'exception de la loge « Egalité » de Carcassonne, qui appartient au *suprême conseil (rite écossais)*.

Chapitres de Toulouse. — Les Cœurs-Réunis. Très Sage : Paul Godar, Rose-Croix, conseiller municipal, rentier.

L'Encyclopédique. Très Sage : Louis. Flourac, Rose-Croix, marchand tailleur.

Loges de Toulouse. — Toulouse. — Les Cœurs-Réunis (1774). Vén., Louis Braud, Rose-Croix, journaliste, rue Vidale, 2.

L'Encyclopédique (1787). Vén, Charles Delmas, Rose Croix, négociant, rue Rempart Saint-Etienne.

Française-des-Arts (1777). Vén., Dereix, représentant de commerce.

L'Indépendance-Française (1883). Vén., Simon, Rose-Croix, coiffeur, avenue de Lyon, 11.

La Parfaite-Harmonie (1825). Vén., Labelle, Rose-Croix, distillateur-liquoriste, rue du Faubour-Arnaud-Bernard, 35.

Les Vrais-Amis-Réunis (1773). Vén., Arbola, compositeur-typographe.

Tous les vénérables dont nous n'avons pas indiqué le grade sont *Maîtres*.

Sur l'invitation de M. l'abbé Dasque, curé de Saint-Caprais, près Grenade (Haute-Garonne), M. l'abbé Douais, M. Saint-Raymond, M. l'abbé Morlais et M. Arnaud, professeurs à l'Institut catholique, sont allés, le 11 janvier, reconnaître les fouilles qu'il a faites depuis deux ans dans son jardin attenant à l'église.

Les substructions mises à découvert comprennent deux vastes salles et une abside latérale. Elles sont de l'époque gallo-romaine. Une pierre sculptée d'une époque de décadence et d'autres indices permettent de les attribuer au cinquième ou au sixième siècle. C'était peut-être une maison de bains, car ce lieu a, jusqu'au douzième siècle, porté le nom de *Balneoli*.

(Bulletin de l'Institut catholique.)

Nous apprenons la mort du R. P. Victor Delpech, de la Compagnie de Jésus, décédé au Maduré, le 23 janvier.

Le R. P. Delpech, qui était missionnaire depuis un quart de siècle et qui avait montré, dans ses rudes labeurs, les plus éminentes qualités apostoliques, était le digne frère de M. l'archiprêtre de Saint-Etienne, à qui nous adressons nos respectueux compliments de condoléance.

On nous annonce en même temps la mort de Mme la baronne de Belcastel, décédée le 10 février dans notre ville.

Cette perte sera cruellement ressentie dans la société toulousaine, où la défunte comptait de si nombreuses et vives sympathies, ainsi que dans les œuvres religieuses ou charitables auxquelles cette femme de foi consacrait son dévouement.

L'Académie des jeux floraux vient de faire, en la personne de Mme Adolphine Bonnet-Barutel, une perte sensible ; l'élévation de son talent et la noblesse de son cœur lui laissent comme à tous ceux qui qui l'ont connue d'impérissables souvenirs.

C'était une vraie chrétienne, faite d'indulgence et de dévouement. Chacun l'admirait, nous l'aimions et la vénérons.

Elle ne présuma jamais la mauvaise foi ou le parti-pris. Elle avait pour les âmes incroyantes ou dont la foi vacille de ces touchants appels qui ouvrent le ciel aux regards. Et s'il arrivait à quelque esprit exclusif ou chagrin de la gourmander de ces prétendues faiblesses et de lui conseiller l'intolérance, elle répliquait tantôt par une raillerie douce, tantôt par un bel élan de généreuse indignation.

Au surplus, nulle femme n'a été moins prêcheuse qu'elle ; mais ses exemples parlaient à son insu ; et sa vie entière a été pour ceux qui l'ont connue un affectueux apostolat en même temps qu'une édification charmante.

Sa piété avait une grace aimable et communicative qui lui donnait un irrésistible attrait. Heureuse, elle apportait à Dieu son bonheur ; triste, elle s'inclinait sans murmure et pleurait en silence. Elle ne connut l'égoïsme, ni dans ses joies ni dans ses douleurs, mais trouvä toujours moyen de faire profiter les autres de ses plaisirs, et même... comment dirais-je? de les dédommager de ses peines.

Récemment frappée de deuils cruels, les morts et les vivants lui étaient restés également chers ; elle se partageait entre eux, pour ainsi dire, mais en se donnant (par je ne sais quel miracle) tout entière à chacun ; et, sauf elle-même, elle n'oublia jamais personne.

Elle avait pris Dieu pour confident de toute sa vie ; elle lui ouvrait son âme ; elle lui disait ses moindres pensées, et même aux heures sombres où le Ciel semble fuir et se fermer à nous, elle le cherchait et priait encore. Elle savait bien qu'elle le retrouverait ; elle savait qu'elle retrouverait en lui et pour toujours tous ceux qu'elle pleurait ; elle avait l'espérance, comme elle avait la foi et la charité.

— Ses poésies sont le vivant reflet de cette âme, où, plus que dans les autres, Dieu s'était fait visible, parce que, plus que dans les autres, elle l'a connu, aimé, servi.

X...

COURS DE LITTÉRATURE ÉTRANGÈRE

Professeur : M. L. COUTURE, doyen de la Faculté libre des Lettres.

Le professeur de littérature étrangère a commencé l'an dernier l'étude des origines de la poésie dramatique dans l'Europe romane. La série de ses leçons de 1886 n'a pu épuiser que la question de la naissance du drame sérieux, retrouvée avec certitude par la critique contemporaine par la liturgie catholique. L'étude approfondie du drame liturgique dans ses diverses formes nous a laissé à peine le temps de jeter un coup d'œil sur ces drames, religieux encore, mais détachés des saints offices, qui s'appelaient en France *mystères*, en Espagne *autos sacramentales*, en Italie *rappresentazioni sacre*.

C'est l'histoire des *rappresentazioni sacre* qui sera l'objet des leçons de cette année, non sans quelques excursions utiles sur le terrain de nos mystères français.

L'origine des drames sacrés du moyen âge italien sera d'abord débrouillée. Sans être étrangère (quoi qu'on en ait dit) au drame liturgique, elle se rattache immédiatement aux *laudes* et aux *dévotions* des pieuses confréries ombriennes. Après une étude convenable de ces compositions, découvertes seulement de nos jours, le professeur abordera les *rappresentazioni*, qui en sont le dernier développement, et il s'attachera, dans une série de conférences, à faire connaître la *poétique* du genre ; — les conditions matérielles (acteurs, spectateurs, lieux et heures, costumes, machines, etc.) des représentations ; — les sources où puisaient d'ordinaire les auteurs dramatiques et ce qu'ils y ajoutaient de leur fonds — la part qu'ils faisaient volontairement ou non, à la peinture des mœurs de leur temps ; — enfin l'histoire littéraire du drame sacré des Italiens, depuis ses débuts jusqu'à sa défaite dans les temps modernes par la forme dramatique imitée de l'antiquité ; ce qui amènera l'importante question de l'influence des mystères sur le drame classique profane et la recherche encore plus piquante de ce qui subsiste, même aujourd'hui, des représentations sacrées du moyen âge, soit en Italie, soit dans le reste de l'Europe romane.

UNE CARMELITE. — Un journal du matin, en relatant l'entrée au Carmel de la vicomtesse de Saint-Phalle, née de May d'Attenrode, veuve du capitaine d'Artillerie Ernest de Saint-Phalle, mort à Toulouse, en 1867, donne la liste des dames de la famille de St-Phalle retirées du monde et consacrées à Dieu, à l'heure où l'on estime que c'en est fait de la vie religieuse :

« C'est d'abord la mère, la baronne de May d'Attenrode, née d'Ormesson, Religieuse de la Visitation de la rue de Vaugirard, depuis une dizaine d'années ; sa fille, la vicomtesse Ernest de Saint-Phalle, née de May d'Attenrode, récemment Carmélite de Lourdes ; sa petite-fille, fille de la précédente, Marie de Saint-Phalle, devenue Sœur Marguerite du Saint-Sacrement, au Carmel de la rue d'Enfer depuis 1883 ; enfin deux nièces de la vicomtesse, Mmes Madeleine et Pauline de Saint-Phalle, religieuses du Sacré-Cœur. La nouvelle Carmélite de Lourdes, avant d'entrer au couvent, est allée embrasser à Tarbes son fils, le comte de Saint-Phalle, officier d'artillerie, et ses petits-enfants. »

VARIÉTÉS

LES MAITRISES

M. Legouvé examine dans le *Temps* le récent livre de M. Faure sur *la Voix et le Chant*. Voici la conclusion de M. Legouvé :

« Je ne veux pas finir cet article sans féliciter M. Faure de sa défense résolue des *maîtrises*. Se souvenant de sa propre éducation, il y montre la véritable école primaire des voix. Il y fait voir la pépinière des grands chanteurs, même des chanteurs dramatiques. C'est un acte de courage. Aujourd'hui où certains de nos gouvernants poursuivent l'abolition des maîtrises, comme l'expulsion des sœurs de charité et la destruction des crucifix, parce que cela *confine à l'Eglise*, je sais gré à M. Faure d'avoir soutenu si vivement la cause de la musique religieuse, ne fût-ce que comme artiste ! Que serait, en effet, l'art sans le sentiment religieux ? Dieu de moins dans le ciel, c'est l'idéal de moins sur la terre. Supprimez un moment par la pensée la religion chrétienne des dix-huit siècles qui nous précèdent, quelle destruction immense dans le domaine de l'imagination ! Imaginez-vous la figure du Christ chassée de nos musées et de nos livres, comme on l'a décloué des murs de nos écoles, où en seraient la peinture, la sculpture, l'architecture, la musique, la poésie ?

« Je m'arrête, parce que j'aurais trop à dire, et j'aime mieux terminer par un mot que j'emprunte à M. Faure lui-même. Il venait de chanter, je crois, le *Stabat Mater* de Pergolèse. Un de ses amis le félicitait vivement de son succès. La conversation s'engage ; M. Faure, qui avait perdu sa mère récemment, parla d'elle avec émotion, puis il ajouta : « Heureusement, je suis sûr de la revoir. — Ne dites donc pas des bêtises, répond son ami. — Bêtises ! soit, réplique vivement Faure, mais sachez bien que je n'aurais pas chanté comme je viens de le faire, si je ne croyais pas à ces bêtises-là ! »

Quelle que soit la forme sous laquelle est exprimée la conviction de M. Faure, on ne peut qu'applaudir avec M. Legouvé à sa franche revendication du sentiment religieux comme étant le plus pur et le plus puissant inspirateur de l'art.

HISTORIETTE

Une amusante histoire de troupier français qu'un de nos confrères emprunte aux souvenirs d'un officier supérieur des armées impériales :

« Quand l'armée française était en position devant Torres-Vedras, il existait entre les lignes françaises et anglaises des vignobles au milieu desquels se trouvaient des caves contenant encore du vin qu'allaient boire fraternellement les soldats des armées sans qu'il en résultât aucun conflit.

« Un jour cependant, un sergent d'infanterie française se trouvant seul à boire avec des Anglais, ceux-ci le firent prisonnier et le conduisirent au duc de Wellington qui, après l'avoir vainement interrogé sur les ressources de l'armée française, le congédia.

« Le sergent ne bougeait pas.

« — Allez donc ! lui répéta le général.

« Même immobilité, mais avec cette réplique :

« — Général, vos soldats ne sont pas de vrais soldats ; je ne puis être votre prisonnier.

« — Ah ! et pourquoi ?

« — Pourquoi ? Parce que buvant ensemble dans une cave, ils n'avaient pas plus le droit de me prendre que je ne l'avais à leur égard ; ils ont abusé de moi isolément. On se doit plus de politesse entre militaires !

« C'est donc ainsi que l'on vous a fait prisonnier ?

« — Oui général.

« — Très bien ! Chef d'office, faites dîner ce militaire avec vous et qu'un officier ordonne de le reconduire là où il a été pris.

« Mais le sergent ne bouge pas plus qu'à la première injonction :

« — N'avez-vous pas entendu, sous-officier ?

« — Oui, mon général ! et avec cet aplomb, cet à-propos que notre soldat seul possède : Oui, j'ai fort bien entendu, mais je ne veux pas aller à l'office.

« — Pourquoi ?

« — Parce qu'un soldat français n'est pas fait pour manger avec des domestiques !

« Lord Wellington s'inclina en signe d'assentiment, et faisant mettre un couvert à sa table, il y fit asseoir le sergent.

Toulouse. — Impr. catholique Saint-Cyprien.

15e année — No 8. — Edition des Départements. — Un No 10 c. — Dimanche 20 Février 1887.

LE Dimanche illustré

ANNONCES ET RÉCLAMES
A l'Administration, 28, rue du Faubourg Arnaud-Bernard, Toulouse.

DIRECTION ET ILLUSTRATIONS
PAR
Louis-Victor GESTA
ARTISTE PEINTRE-VERRIER
Chevalier de l'Ordre de Saint-Sylvestre.

ABONNEMENTS
Toulouse, un an . . . . . . 5 fr
Départements 6

VUE DE MOUSTIERS

VUE DE MOUSTIERS

—

La petite ville de Moustiers, qui compte actuellement 1,167 habitants, est un site merveilleux ; construite aux pieds d'une montagne et arrosée par une jolie rivière, elle présente un aspect féerique. Entre deux rochers, séparés par un ravin et dont les sommets sont joints par une chaîne forgée et suspendue par les hommes, est bâtie Notre-Dame de la Chapelle où de nombreux miracles se sont opérés et où se rendent de pieux pèlerins.

Moustiers, à part la curiosité qu'elle excite aux voyageurs, est très renommée par la supériorité de sa faïence.

LES SAINTS DE LA SEMAINE

Dimanche, 20 février. — Saint EUCHER, évêque d'Orléans.

Saint Eucher naquit à Orléans. Il se retira à l'abbaye de Jumièges en Normandie. Lorsque l'évêque d'Orléans, son oncle, vint à mourir, on le choisit pour son successeur. La persécution l'exila à Cologne, et ensuite à l'abbaye de Saint-Tron près de Liége, où il mourut en 743.

Lundi, 21. — Saint SÉVÉRIEN, évêque et martyr.

Un méchant moine, nommé Théodose, usurpa le siège de Jérusalem, et fit souffrir aux catholiques la plus cruelle persécution. Saint Sévérien, évêque de Scythopolis, lutta contre le prévaricateur, et son zèle lui procura la couronne du martyre.

Mardi, 22. — LA CHAIRE DE SAINT PIERRE A ANTIOCHE.

On ne peut douter que saint Pierre n'ait fondé le siège épiscopal d'Antioche, avant d'aller à Rome. Dans la primitive Eglise, les chrétiens, et surtout ceux d'Orient, célébraient l'anniversaire de leur baptême. Les évêques, conformément à cette sainte pratique, célébraient l'anniversaire de leur sacre. Telle fut l'origine des fêtes de la Chaire de saint Pierre à Antioche et à Rome.

Mercredi, 23. — Saint SÉRÈNE, jardinier et martyr.

Saint Sérène, Grec de naissance, servit Dieu dans la solitude, et se fit jardinier. La persécution le visita et le trouva prêt à mourir pour la foi. Il fut condamné à avoir la tête tranchée, l'an 307.

Jeudi, 24. — Saint MATHIAS, apôtre.

Saint Mathias fut un des premiers disciples du Sauveur. Les fidèles étant assemblés pour attendre la descente du Saint-Esprit, saint Pierre leur dit que, pour accomplir l'Ecriture, il allait choisir un douzième apôtre à la place de Judas. Mathias fut désigné. On présume qu'il fut martyrisé dans l'Ethiopie.

Vendredi, 25. — Saint TARAISE, évêque.

Saint Taraise naquit à Constantinople vers le milieu du VIIIe siècle. Ayant été élu patriarche de Constantinople, il déploya tout son zèle pour extirper l'hérésie des iconoclastes. Après avoir, pendant vingt-deux ans, donné l'exemple de toutes les vertus, il mourut l'an 806.

Samedi, 26. — Saint PORPHYRE, évêque.

Saint Porphyre naquit à Thessalonique. A l'âge de vingt-cinq ans, il se retira d'abord dans le monastère de Scété en Egypte, puis il alla visiter les lieux saints, où il s'enferma dans une caverne près du Jourdain. Le patriarche de Jérusalem le fit évêque de Gaza ; sa mort arriva l'an 420.

A TRAVERS LE MONDE CATHOLIQUE

NOUVELLES DE ROME

Le sujet de toutes les conversations, dans les cercles politiques et ecclésiastiques, est encore la lettre de l'E^{me} Cardinal-Secrétaire d'Etat au Nonce de Munich, touchant les affaires d'Allemagne. L'intervention du Pape au moment de la lutte électorale, où Bismarck cherche à saper l'inexpugnable forteresse du Centre —

dont le vieil athlète Windthorst est le chef autorisé — ouvre le champ aux commentaires les plus divers. Léon XIII, par cet acte politique, a voulu préparer la fin de la persécution religieuse en Allemagne et conclure la paix. Ses sages conseils seront-ils écoutés par les catholiques du Centre ?

La presse libérale italienne jette, à ce propos, feu et flammes. Le gouvernement *lâché* par le Chancelier de fer, voit d'un mauvais œil ce rapprochement avec le Vatican et redoute les complications qui pourraient de là survenir, au sujet du pouvoir temporel.

Mais pourquoi cet affollement des journaux français ? Pourquoi ces récriminations hâtées ? Comment peut-on penser que Léon XIII passe ainsi à l'ennemi avec toute son influence aux dépens de la fille aînée de l'Eglise ? ...

Que les amis de la religion chrétienne se tiennent en garde contre de fausses appréciations : la version de la lettre incriminée qu'ont donnée certains journaux autrichiens est, dit-on, inexacte en quelques passages importants.

Notre ambassadeur. M. le comte de Béhaine, a fait part au Vatican des impressions du cabinet français ; il en a reçu une réponse explicative qui donnera satisfaction à l'opinion publique. Du calme donc, et confiance en notre Père spirituel !

— Le Pape et l'Allemagne. — Nos lecteurs connaissent la note envoyée par le cardinal Jacobini, cardinal-secrétaire d'Etat, au nonce de Munich, Mgr di Pietro.

Ce document, dont s'occupe toute la presse allemande en ce moment, contient des conseils à l'adresse des candidats du Centre, qui sont catholiques, ainsi qu'on le sait.

Les candidats du Centre sont invités par le Saint-Père à voter le septennat, qui est, on s'en souvient, l'origine de la grande querelle qui divise l'Allemagne et dont la déviation possible menace la France.

M. de Bismark a dit, et tous les fonctionnaires, tous les journaux officieux de l'Empire allemand le répètent après lui, que si le septennat n'est pas définitivement voté, c'est la guerre.

Donc, et si le Centre triomphait, la paix européenne serait menacée.

On en ignorait la raison, mais l'affirmation avait été faite et cela demeurait acquis.

C'est dans ces conditions que le Saint-Père a fait envoyer par son cardinal-secrétaire d'Etat la dépêche qui nous occupe et que chacun discute.

La dépêche, nous le répétons, fait un pressant appel au Centre pour qu'il vote le septennat et contribue ainsi au MAINTIEN DE LA PAIX.

Et à qui le MAINTIEN DE LA PAIX profite-t-il, si ce n'est à nous ?

Jamais le Saint-Père, dont l'habileté politique est merveilleuse, dont le coup d'œil est si sûr, n'avait eu l'intervention si propice, si heureuse, et le service qu'il vient de rendre à la France indirectement est incalculable.

C'est même à cette démarche spontanée du Saint-Père, à elle seule, que nous devons la détente sensible qui se fait sentir depuis quelques heures.

Les feuilles républicaines, quoiqu'il leur en coûte, semblent le reconnaître, et il fallait qu'il se trouvât un rénégat pour faire entendre, au milieu de la reconnaissance universelle de tous les Français, la voix discordante de l'ingratitude nationale après l'éclat de l'ingratitude personnelle et pour reprocher au Pape d'avoir trahi la France catholique, alors que ce qu'il vient de faire est surtout ce qui peut le plus efficacement la mettre à l'abri de tout danger !

Paul de Cassagnac.

— Le rôle de la Papauté. — On lit dans le *Temps* :

« Etrange retour des choses humaines ! Que par le fait de la chute du pouvoir temporel d'une part, et par l'avénement du régime représentatif de l'autre, on puisse entrevoir la possibilité du rêve du moyen-âge : la papauté décidant en fait du gouvernement politique de presque toutes les nations.

« S'il était nécessaire de convaincre les plus prévenus, de l'intérêt suprême qu'il y a pour nous dans l'Europe actuelle à conserver le Concordat qui règle les rapports de la France avec le Saint-Siège, on avouera que la démonstration est éclatante et arrive à son heure. »

— *La typographie du Vatican.* — Il existait déjà au Vatican une petite imprimerie ; trois ouvriers seulement y étaient attachés. Le Saint-Père vient d'établir cette imprimerie sur un grand pied ; une petite armée de typographes y travaille ; l'établissement a pris le nom de « Typografia del Vaticano, » et l'on y imprimera désormais tous les documents secrets ou publics des congrégations, c'est-à-dire des ministères du Pape.

C'est le cardinal Pitra qui organise ce service auprès de la bibliothèque du Vatican.

On remarque que le Saint-Père le consulte et mande souvent l'éminent cardinal qui s'occupe beaucoup des archives du Vatican.

— On sait que l'armée italienne vient d'éprouver à Massouah, en Abyssinie, un échec pareil à celui que les Français éprouvèrent au Tonkin, il y a deux ans.

En apprenant ce désastre, le ministre de la guerre du roi d'Italie a fait demander au général des Capucins, trente de ses religieux pour le service des ambulances.

Celui-ci a consulté le Pape qui a immédiatement accordé les ambulanciers réclamés.

Les révolutionnaires estiment donc que les religieux sont bons à quelque chose !

— Nous apprenons la prochaine arrivée à Rome d'une embassade extraordinaire de l'empire du Japon, chargée par le Mikado de remettre à S. S. Léon XIII une lettre autographe de S. M. I. en réponse à la lettre que le Souverain Pontife lui fit parvenir, en faveur des chrétientés de l'empire, par un des vicaires apostoliques du Japon. Le Mikado renouvelle dans cettre lettre l'assurance que le catholicisme continuera de jouir dans son empire de la plus entière liberté d'expansion. (*Moniteur de Rome*).

— L'association de la *Garde d'honneur* se propose d'offrir au Saint-Père, pour son jubilé sacerdotal, un cadran électrique, si ingénieusement conçu que ce sera une véritable œuvre d'art. Dans ce cadran, par une création originale et puissante, le cœur de Jésus paraîtra tout resplendissant de flammes, assez vives pour illuminer une église entière.

— *Le général des Jésuites.* — Le R. P. Beckx, général de la Compagnie de Jésus, vient d'entrer dans sa quatre-vingt-treizième année. Malgré une chute assez grave, faite dans sa chambre, il y a quelques semaines, le P. Beckx est dans un excellent état de santé, à ce point qu'il dit sa messe quotidienne dès cinq heures un quart du matin.

DIOCÈSES DE FRANCE

PARIS. — *Laïcisation d'une école.* — L'*Officiel* de ce matin publie la note suivante :

Par arrêté préfectoral du 27 janvier 1887, l'école publique de filles de Grézolles (département de la Loire) a été laïcisée.

Le gouvernement se presse, on le voit, d'appliquer la loi néfaste qui vient d'être votée par les deux Chambres.

Il eût été au moins décent d'attendre la fin de l'année scolaire avant de signifier ce brutal arrêté.

— *La défense religieuse.* — Le comité général de souscription pour la défense de la liberté religieuse, présidé par M. le duc de la Rochefoucauld-Bisaccia, rend compte de l'emploi des ressources qui lui ont été confiées en 1886.

Le produit net des souscriptions du 1ᵉʳ janvier au 31 décembre dernier, a été de 65,115 fr. 67 c. sur lesquels 64,844 fr. 57 ont été dépensés ou répartis entre diverses œuvres.

Le Comité fait de nouveau appel à la charité des catholiques.

— *Sacré-Cœur de Montmartre.* — La construction continue, malgré l'hiver. Les recettes jusqu'à ce jour se sont élevées à à 17,844,000 francs ; les dépenses à 17,400,858 fr. Il reste en caisse environ 450,000 fr. C'est une situation meilleure que celle de l'État.

Remarquons que les recettes de janvier 1887, malgré le marasme des affaires, sont de 86,588 fr.

— *Jeanne d'Arc.* — Une manifestation patriotique saisissante a eu lieu hier, à la statue de Jeanne d'Arc. Une cinquantaine de jeunes conscrits descendaient la rue de Rivoli, lorsque, arrivés à la place des Pyramides, ils se sont découverts, et mettant genou à terre, ils ont chanté l'air patriotique de :

Mourir pour la patrie !...

Une vieille dame, qui assistait à cette manifestion, a été tellement impressionnée, qu'elle s'est évanouie. On a dû la transporter dans une pharmacie, où les soins nécessaires lui ont été donnés.

— Le *Télégraphe*, journal républicain qu'on ne saurait suspecter de cléricalisme montre à l'endroit des Universités catholiques un peu plus d'impartialité que M. Burdeau.

Après avoir rappelé quelques-uns des chiffres grâce auxquels le rapporteur du budget de l'instruction puqlique se targuait de prédire à bref délai la mort des universités catholiques, le *Télégraphe* ajoute :

En regard, il ne serait pas inutile de mettre les quelques résultats suivants. A Lille, ideux facultés sont dans une situation au moans passable : celle de médecine et de pharmticie, qui compte 145 élèves, et qui est staeonnaire à ce chiffre, sans recul ; et celle d droit, qui en a 115 et qui jouit de la même stabilité. A Angers, la faculté de droit réunit 110 étudiants, et l'Institut catholique dans son ensemble en possède 148.

Plus loin, le *Télégraphe* dit encore :

Peut-être y aurait-il un point de vue plus élevé encore, où il serait bon de se placer pour mieux voir la question. Après tout, quel que fût le but politique des facultés libres, elles étaient un produit de l'initiative privée. Et quel puissant effort, combien rare dans notre pays, elles supposaient! Deux cent cinquante chaires ne sont pas une mince charge pour un budget ; l'Etat, qui en a cinq fois plus, y consacre une quinzaine de millions ; mais on sait qu'il paie assez richement son personnel. Celui des Facultés catholiques coûterait avec les frais de l'administration, les laboratoires et les bibliothèques, quatre à cinq millions par an, qu'il n'y aurait pas à s'en étonner beaucoup.

Et ce n'est pas tout : ces Facultés se sont installées dans des locaux que pour la plus part elles ont acquis. Celles de Lille sont réunies dans un véritable palais ; celles de Paris et d'Angers sont établies fort à l'aise et fort dignement. Que de millions encore il a fallu pour cette installation ! Si l'on calcule que ces dépenses durent depuis six ans environ, on se convaincra que les souscripteurs des Facultés catholiques n'ont guère dû tirer de leurs poches moins de cinquante à soixante millions !

Cinquante à soixante millions, obtenus sans l'appui de l'Etat et plutôt contre son gré! Soixante millions pour un objet qui ne frappe pas les imaginations populaires ; pour favoriser de hautes études catholiques. En vérité, c'est là une œuvre remarquable, et si elle devait terminer sans résultat utile pour notre pays, ce serait une perte dont personne ne pourrait se réjouir patriotiquement.

Voilà, certes, un éloge qui n'est pas banal. Il se recommande tout ensemble aux ennemis et aux amis des Univerités catholiques.

ALBI. — Nous lisons dans la *Semaine religieuse* de cette ville :

La cathédrale d'Albi possède un trésor de reliques qui ne le cède en illustration à aucune des églises du diocèse. Remarquables par le nom des saints auxquels elles ont appartenu, elles rappellent l'antique ferveur de nos pères et le culte dont ils aimaient à entourer les glorieux restes des martyrs et des confesseurs.

« Mais au-dessus de tout, Sainte-Cécile est fière des souvenirs de sa glorieuse patronne. Un doute attristant, soulevé par les assertions de Dom Guéranger, assertions hasardées, planait depuis une quarantaine d'années sur l'authenticité des reliques de Sainte-Cécile. Le doute n'est plus permis maintenant, grâce aux patientes recherches de Mgr Barbier de Montault. La science médicale consultée a parlé également, et nous avons la certitude que notre cathédrale possède un os du bras gauche (le radius) de sainte Cécile et que la sainte, à en juger par les indices ostéologiques, était mince et d'une taille élevée.

« En même temps que le bras de la grande martyre romaine ont revu le jour, cachés qu'ils étaient dans une châsse poudreuse, des portions de vêtements et un linge teint du sang de la fille des Cæcilius. Nous avons vu avec émotion les fragments du voile qui enveloppa ses glorieux restes. Nous avons eu le bonheur de toucher des franges et une partie de la robe à cyclades mentionnée dans les Actes de la sainte et recouvrant son corps virginal quand il fut mis au tombeau. Et pour attester l'authenticité des premières reliques, trois parchemins, l'un de l'an 1818, l'autre du milieu du quatorzième siècle et le dernier de 1492 nous disent que de temps immémorial elles sont honorées à Albi.

« Bientôt, nous l'espérons, ces vénérables débris remis en honneur et placés dans des reliquaires d'orfèvrerie reproduisant les formes usitées pendant la plus belle période du Moyen-Age attesteront à la postérité le culte toujours vivant de la cité albigeoise pour la patronne de l'harmonie et la foi qu'elle a en sa puissante intercession. *Antiqua fides renovatur.*

« Baron de RIVIÈRES. »

LE MANS. — *Ces Ignorantins.* — Un journal rouge de la Sarthe ayant traité les Frères de Bonnétable « d'ignorantins et de fainéants », l'*Union de la Sarthe* riposte par le bilan que voici :

« Sur 36 prix remportés dans les concours cantonnaux de 1872 à 1877, 27 ont été décernés à l'école des Frères de Bonnétable ; sur 72 mentions accordées dans le même espace de temps, 45 reviennent à cette école.

« Sur 101 certificats d'étude obtenus dans le canton de Bonnétable, depuis 1877 jusqu'en 1886, 81 appartiennent aux élèves des Frères.

« En 1878, l'Ecole a obtenu un diplôme de coopération à la médaille d'or à l'Exposition de Paris.

« En 1880, deux prix de dessin à l'Exposition du Mans, la mention très bien et médaille de bronze.

« En 1882, deux prix de dessin à l'Exposition du Mans.

« En 1884, deux prix de dessin à l'Exposition du Mans, un diplôme de coopération à la grande Exposition de Londres, avec la mention très bien pour le dessin et l'écriture.

« Voilà le bilan d'une école où les maîtres sont qualifiés d'ignorantins et d'hommes oisifs. — Que leurs calomniateurs produisent leur actif, nous établirons la comparaison ! »

LOURDES. — Pendant l'année qui vient de s'écouler, la grotte de Lourdes a reçu deux cardinaux : un représentant du saint-siège : Mgr Vannutelli, nonce en Portugal ; 57 archevêques, évêques, abbés mitrés et autres prélats.

32,510 messes célébrées donnent l'idée de l'affluence des prêtres.

Les processions ou grands pèlerinages organisés, au nombre de 99, ont amené 91,548 pèlerins de France, d'Autriche, de Belgique, d'Allemagne, de Suisse, d'Italie, d'Angleterre, de Hollande et du Canada. En outre, il a été délivré à la gare de Lourdes 114,452 billets aux pèlerins venant isolément visiter le sanctuaire miraculeux.

LYON. — *Trois bons exemples du cardinal Caverot.* — Le cardinal Caverot a, par des dispositions dernières, donné trois bons exemples :

Il a demandé que les honneurs militaires ne lui fussent pas rendus dans la rue, et cela parce que les troupes ne peuvent plus entrer dans l'église.

Il a demandé que ses obsèques ne fussent point, par l'amoncellement des couronnes, rendues semblables à des funérailles païennes.

Il a demandé qu'aucun discours ne fût prononcé le jour même des obsèques. Disons, d'ailleurs, que c'est depuis quelques années, et par une triste imitation des usages civils, que des allocutions sont prononcées sur le cercueil des Evêques.

NANTES. — On écrit de Rome à la *Semaine religieuse* de Nantes que S. S. Léon XIII vient d'ordonner la reprise des travaux concernant les Vénérables PP. Cassien et Agathange, missionnaires capucins, martyrisés en Abyssinie le 7 août 1838.

Le premier était du diocèse de Nantes, le second de Blois.

REIMS. — Mgr le cardinal de Reims écrit à son clergé une lettre pour annoncer le jubilé sacerdotal de S. S. Léon XIII.

Son Eminence engage ses diocésains à prendre part aux pèlerinages qui seront organisés pour Rome à cette occasion.

SÉEZ. — *Moyen de salut.* — Monseigneur Trégaro, évêque de Séez, adresse à ses diocésains son mandement annuel. Après une peinture saisissante des maux de l'Eglise à l'heure présente, il indique parmi les moyens à prendre pour apaiser la justice de Dieu, la réparation par l'adoration perpétuelle. Rappelant que dès le XVIe siècle, le Pape Clément VIII préconisait cette dévotion comme un remède aux profanations des protestants, que Pie IX et Léon XIII ont aussi recommandé ce suprême moyen de salut, Mgr de Séez déclare établie, dans son diocèse, l'OEuvre de l'Adoration perpétuelle, et détermine l'ordre à observer pour l'adoration dans toutes les paroisses du diocèse.

Parmi les avis qui déterminent le dispositif du Carême, nous relevons les deux suivants : « Afin de faire cesser la négligence de quelques parents, qui diffèrent pendant des mois entiers le baptême de leurs enfants, au risque de leur salut éternel, il est décidé que les enfants devront être présentés dans les huit jours qui suivront leur naissance : passé ce temps le son des cloches serait supprimé à la cérémonie du baptême.

« Chaque dimanche, au prône, MM. les curés prieront pour les soldats et la marine en se servant de la formule suivante :

« Nous prierons aussi pour les jeunes gens de la paroisse qui font leur service militaire et pour les soldats de l'armée de terre et de mer. »

« *Pater* et *Ave*, en terminant : « Notre-Dame des Armées, priez pour nous. »

VERSAILLES. — Mgr l'évêque de Versailles, dans une lettre pastorale, annonce à ses diocésains son prochain départ pour Rome et nommé un comité, composé d'ecclésiastiques et de laïques, pour l'œuvre du jubilé sacerdotal du Pape.

La loi sur la liberté des funérailles

Il faut se défier aujourd'hui de toute loi qui porte le mot de *liberté* dans son titre ;

il y a beaucoup de chance pour que ce soit une loi d'oppression. Tel est le cas de la loi sur la liberté des funérailles. Elle contient en effet des dispositions, en vertu desquelles un étranger peut, en vertu d'une signature donnée plusieurs années auparavant, malgré la mort chrétienne de celui qu'elles ont perdu, imposer à une famille des funérailles civiles.

La loi est venue en discussion au Sénat, ces jours derniers, et M. Chesnelong en a fait admirablement ressortir tout l'odieux dans un discours dont nous extrayons le passage suivant :

« Un jeune homme, peut être même, aux termes de votre loi, un enfant de seize ans est à l'âge des entraînements irréfléchis et téméraires ; il entre dans une société de solidaires, de franc-maçons, ou dans toute autre association analogue ; il n'a ni des principes assez fermement trempés, ni une fermeté de résolution assez résistante pour échapper à l'influence du milieu où il se trouve.

« Cédant à des obsessions contre lesquelles il n'a pas le courage de se défendre, ou dominé par des préventions que le temps, la réflexion et l'expérience de la vie atténueront plus tard, si elles ne les détruisent pas, il écrit et il signe une déclaration portant qu'il veut que ses funérailles soient civiles et désignant un ou plusieurs de ses associés pour veiller à l'exécution de sa volonté.

« Et puis sa vie se fixe ; il épouse une femme chrétienne ; il fait élever chrétiennement ses enfants ; sans revenir peut-être, pour son propre compte, à la foi de son enfance, il sent tomber ses préjugés, les répugnances qui l'en avaient séparé. Il est déjà bien loin des sentiments qui l'animaient lorsqu'il avait consenti à demander, par une déclaration, que la croix ne précédât pas son cercueil.

« Un jour, la maladie le frappe. Il sent que la mort s'approche ; il fait appeler un prêtre, il reçoit les secours de la religion ; mais il ne songe pas, à ce moment, à la déclaration antérieure qu'il a souscrite, ou bien il n'a pas la force d'écrire de sa main une déclaration contraire ; ou bien il n'a pas le temps d'appeler un notaire pour le recevoir. Il meurt sans avoir révoqué une déclaration qui n'est plus conforme à ses sentiments, autrement que par l'acte religieux qui a fortifié son agonie.

« Sa famille, désolée de l'avoir perdu et trouvant cependant une consolation dans sa fin chrétienne, entoure son lit de mort et lui prépare pieusement des funérailles religieuses.

« Voici venir, à ce moment, non pas l'ami de son cœur, mais peut-être l'instigateur des premières révoltes de son âme ; il se présente armé de la déclaration que le défunt a souscrite dans une heure de passion et dont il est l'exécuteur désigné.

« Il vient dire à ce père, à cette mère, à cette épouse, à ces enfants, sans égard pour leur religion, pour leur douleur : Arrière, tous ! Qu'importe que Dieu ait repris possession de cette âme avant de l'appeler à lui ! Qu'importe la manifestation sacrée de sa dernière volonté par le dernier acte de sa vie ! Qu'importe que vous ayez recueilli sur ses lèvres mourantes l'expression de ses sentiments chrétiens ! Q'importent même vos cœurs meurtris, vos âmes brisées, l'honneur d'une chère mémoire et la dignité d'un foyer où son souvenir restera !

« Son corps est à moi. La loi me le donne. J'en dispose contre Dieu et contre vous. Religion, nature, dernière pensée du mort, tout cela doit tomber devant la déclaration dont je suis l'exécuteur désigné depuis plusieurs années, à moins que vous ne puissiez y opposer une déclaration révocatoire.

« Je réclame ce corps au nom de la loi, et si vous ne me le donnez pas, je demanderai main-forte à la justice pour vous l'arracher.

« Messieurs, est-ce moral ! est-ce humain ?

« Et si la famille, outragée dans ses sentiments les plus chers, exaspérée de douleur et frémissante d'indignation, en appelle à Dieu et aux hommes de la violence faite à son droit, si elle proteste et veut résister, ah ! sans doute, aux termes de votre loi, elle pourra s'adresser au président du tribunal ou être traînée devant lui.

« Mais quelle situation faites-vous à ce magistrat ? Quelle mission lui donnez-vous ? Quoi ! on devra discuter devant lui le degré de sincérité, d'intelligence et de liberté qui sera resté au mourant pendant ses derniers jours ! Il devra arbitrer si son retour à la religion a été spontané ou contraint, s'il a été sérieux ou apparent !

« Il devra prononcer un verdict sur le mystère profond et impénétrable de la dernière heure ; il devra décider, judiciairement, ce qui s'est passé au moment suprême entre Dieu, le prêtre et l'âme du mourant !

« Vous voyez bien que cela est inpossible ! »

～⛧～

ÉTRANGER

ALLEMAGNE. — Un arrêté du ministère de la justice allemande dispose que les cours et tribunaux et justices de paix de tout l'empire devront dorénavant chômer, dans les localités où la population catholique forme la majorité, aux jours de fête suivants : 1º Epiphanie ; 2º Purification ; 3s Annonciation ; 4º Fête-Dieu, jeudi aprè; la Trinité ; 5º saint Pierre et saint Paul. 6º la Toussaint ; 7º l'Immaculée Conception

BELGIQUE. — **A LOUVAIN.** — Les évêques de Belgique se réuniront cette semaine à Malines pour procéder à la nomination du nouveau recteur de l'Université de Louvain, en remplacement du regretté Mgr Pieraerts, dont les obsèques viennent d'avoir lieu avec une grande solennité.

CONGO. — Le R. P. Brunetti raconte son voyage au Congo méridional dans les *Missions* ; nous en relevons les considérations d'une famille nègre sur l'importance des nombreuses familles :

« Sur les bords du Maroni, le tabac pousse comme la mauvaise herbe et atteint un très grand développement ; mais ils ne savent pas le préparer.

« Nous rencontrons une jeune négresse qui a été à Mana et qui parle bien le créole : elle reconnaît Joseph (Mouché Saint-Pé). Elle est très intelligente et elle cause longuement avec moi. « Sa mère, me dit-elle, n'a que trois enfants, et il faut qu'elle en ait cinq : deux garçons, l'un pour aller à la pêche et à la chasse à sa place, l'autre pour lui couper son abatis, et trois filles : la première restera à la maison pour lui préparer ses repas et la soigner quand elle sera malade ; la deuxième lavera son linge et entretiendra la propreté dans la case, enfin la troisième ira chercher à l'abatis le riz et le manioc. »

TONKIN. — *La cathédrale de Hanoï.* — On écrit de Hanoï au *Temps* :

« La belle cathédrale édifiée à Hanoï, d'après les plans et sous la surveillance exclusive de Mgr Puginier, a été inaugurée le 23 décembre. Voulant affirmer son attachement à la France, Mgr Puginier avait prévenu les autorités qu'il dirait la première messe en souvenir des morts et des blessés français et des indigènes tombés en combattant pour notre cause. En l'absence du général Munier, parti pour Haninh, l'état-major, les officiers présents à Hanoï et de nombreux colons assistaient à la cérémonie.

« La messe de minuit a attiré également un public nombreux de Français et d'indigènes. Après un sermon prononcé en annamite par le vicaire-général, le P. Gendron, synologue distingué possédant à fond la langue annamite et les caractères chinois, la messe a été célébrée avec accompagnement d'orgue, de violoncelle, de violon et de chant. »

Venant du *Temps*, ce témoignage des sentiments religieux de la colonie tonkinoise et cet hommage à Mgr Puginier sont particulièrement significatifs ; c'est pourquoi nous nous plaisons à les enregistrer.

Un rêve généreux

Dans le *Matin*, en un article magistral, aussi bien pensé que bien dit, M. Jules Simon examine la responsabilité des gouvernements et des chefs d'État, qui, pouvant maintenir la paix, agissent ou parlent de façon à rendre la guerre possible — pour ne pas dire inévitable.

Nous voulons citer les passages essentiels de l'article de M. Jules Simon — persuadés que nous sommes qu'ils ne déplairont à aucun de nos lecteurs.

M. Jules Simon commence par s'adresser à M. de Bismark en ces termes :

Voici deux routes devant vous : l'une mène à la guerre, l'autre à la paix. Mais à quelle guerre ? C'est là ce qui est énorme : à une guerre d'extermination entre peuples civilisés.

Vous n'avez qu'un ordre à donner pour mettre aux prises quatre millions d'hommes. Oui, quatre millions, pourvus d'engins de guerre que l'imagination d'aucun poète n'aurait osé rêver. S'ils s'entrechoquent, combien feront-ils de cadavres en un mois ? C'est un curieux problème d'arithmétique dont je n'ai pas le temps de chercher la solution. Ce ne peut être moins de cent mille hommes. Ce sera peut-être beaucoup plus.

Cela ne rappellera pas les guerres d'Attila. Attila était un barbare. Le peuple romain était épuisé, débilité. Ici nous voyons deux peuples très vivants, très puissants pour le bien, laborieux, industrieux, capables l'un et l'autre de remplir les greniers du monde, et de peupler de chefs-d'œuvres ses bibliothèques. Ils ne sont point aveuglés par le sang et la colère. Ils prennent la guerre pour ce qu'elle est, pour le plus horrible des fléaux, et, quand elle est injuste, pour le plus abominable des crimes. Ils y vont à contre-cœur des deux côtés, et même avec désespoir. Faites voter ces quatre millions d'hommes : vous aurez quatre millions d'hommes pour la paix. Que serait-ce si vous faisiez voter tous les vieillards, toutes les femmes, tous les enfants ! Vous avez contre vous le genre humain et la nature humaine. Il faut que Dieu ait prononcé sur notre siècle un bien terrible décret pour qu'une seule volonté puisse contraindre tant de millions d'hommes à affronter ce qu'ils redoutent et à faire ce qu'ils détestent. Chaque bataille livrée engloutira la population d'une grande ville. Et pourquoi ? Pour un grand peut-être ! car les conséquences d'une telle guerre, nul œil humain ne peut les sonder.

Ici une éloquente et terrible énumération des horreurs de cette future guerre :

Que de cadavres ! Que d'incendies ! Que de champs rendus stériles pour de longue années ! Que d'industries florissantes mises à mal ! Que de pères sans enfants, de femmes sans maris, de vieillards sans soutien ! Que d'orphelins, grands dieux ! Et quelle perte pour les États ! Quelle ruine ! Chaque coup de canons tiré coûte 4,675 francs ! Et les canons, les grands canons Krupp, l'épouvante de 1880, les voilà perdus, oubliés, remplacés par la roburite. Oh ! quelle gloire de tuer des hommes par centaines de mille à deux lieues de distance, sans même apercevoir ceux qu'on tue ! De lutter contre la nature qui n'ira jamais assez vite pour repeupler le monde ! Je voudrais dire que le monde entier vous maudira si vous prenez ce parti. Mais non ! Je le reconnais à la honte de l'humanité, vous ne serez maudit que par vos victimes. Le monde n'a horreur du crime, que quand le crime est petit. Il ne punit l'assassinat que quand il est isolé. Si l'assassin devient chef de bandits, il monte d'un cran, il n'est plus si haïssable... Vous pouvez aller à la gloire par l'assassinat. Voilà un des deux partis que vous pouvez prendre.

Voici maintenant la contre-partie :

Vous pouvez aussi donner au monde la paix. Oui, par la miséricorde de Dieu, vous le pouvez. Auguste, se vante, dans Corneille, d'être maître de l'univers : il n'en était maître que par ses légions. A vous, il vous suffira d'une parole pour avoir toutes les volontés et tous les cœurs. Oui, vous pouvez donner la paix. Qui l'eût cru, que cela pouvait dépendre d'un homme ? Et cependant, tout le monde le voit, grands et petits ; les plus profonds politiques et le plus illettré des vagabonds savent que la paix dépend de vous. Quand vous y pensez en vous-même, quand vous vous dites : Il dépend de moi, non pas avec un grand effort, mais tout simplement en disant un mot, d'assurer la paix, pouvez-vous vous défendre d'un immense orgueil ? Et ne sentez-vous pas, à cette pensée, une sorte de joie qu'aucune joie humaine n'égalera jamais ? Avoir en soi ce torrent de bonheur et de richesse, et pouvoir le verser sur le monde !

Donner la paix, ce n'est pas seulement s'abstenir de commencer la guerre. A l'heure où je parle, personne ne croit à la guerre immédiate. Personne non plus n'oserait dire que l'état où nous sommes est l'état de paix. C'est l'état de guerre, sans les coups de fusil, avec tous les autres maux de la guerre : l'accumulation énorme des hommes dans la caserne, la fièvre typhoïde, le manque de bras pour l'agriculture et l'industrie, les dépenses effrayantes en munitions de toutes sortes, en entretien de troupes ; des milliards jetés au néant ; sans compter les effarements périodiques qui se transforment en désastres, et l'absence de sécurité qui paralyse le commerce et l'industrie.

Oh ! le monde ne vous demande pas la paix éternelle et universelle. Le monde est vieux, expérimenté ; il ne croit plus aux églogues. Vous ne pouvez pas garantir la paix pour vingt ans, car, après tout, si grand que vous soyez, vous n'êtes qu'un homme. Pour dix ans, ce serait bien difficile. Essayez pourtant ! Ne voulez-vous donner que sept ans ? Eh bien ! donnez sept ans. Le septennat ! Sept années de paix assurée suffiront pour sauver le monde.

M. Jules Simon s'adresse ensuite aux femmes des pays menacés pour qu'elles usent de leur influence en faveur de la paix :

Tout cela n'est qu'un rêve. N'importe? Il ira peut-être, ce rêve, au cœur de celles qui pleurent un fils ou un mari. Si on essayait de la puissance des femmes ? Pourquoi vous taisez-vous quand il s'agit de paix ou de guerre ? La paix, c'est vous ! Défendez le sang de vos fils. Je n'espère pas arriver jusqu'au cœur des souverains ni des présidents de républiques, ni des ministres, ni des orateurs dont la voix puissante domine les assemblées...

Et pourtant, s'il y avait parmi eux un vieillard rassasié de gloire, et prêt à paraître devant Celui qui compte les vertus et ne compte pas les succès, je lui crierais : « Effacez par la gloire bénie le souvenir de de la gloire sanglante ? comme il a la crainte de Dieu et l'amour des hommes, je suis sûr que, s'il m'entendait, il m'écouterait.

« Tout cela n'est qu'un rêve ! » dit M. Jules Simon lui-même. C'est vrai ! mais c'est du moins un rêve humain, le rêve d'un cœur généreux.

Ainsi au dix-huitième siècle, devant l'Europe en feu, l'abbé de Saint-Pierre prêchait la nécessité de la paix perpétuelle.

Et cependant ce rêve pourrait devenir une féconde, une rayonnante réalité. Il suffirait que les idées contenues dans l'Evangile, et si bien préconisées et défendues par le Vicaire de Jesus-Christ, fussent appliquées au gvouernement politique, économique et social des nations par ceux qui en tiennent les destinées.

MOSAÏQUE

Les Truffes — La récolte des truffes sera exceptionnellement abondante cette année.

Ces délicieux cryptogames arrivent en masse sur les marchés, et ils ont acquis maintenant le parfun exquis qui fait leur mérite.

Parmi ces truffes, il en est d'énormes. On en a vu plusieurs dont le poids varie de 420 à 500 grammes. Quant à celles de 300 à 400 grammes, c'est à pleines corbeilles qu'on les trouve.

Une truffe phénoménale provenant de la propriété d'un ancien négociant, à Salignac, a été vendue aux Halles de Paris. Cet énorme cryptogame, qui répand un parfum exquis, ne pèse pas moins de 620 grammes.

Ce propriétaire, lauréat de la médaille d'or à l'avant-dernier concours de truficulture, a fait dans sa propriété des plantations importantes de chênes truffiers qu'il soigne très intelligemment et qui lui donnent, comme on voit, de superbes résultats.

***

Pêche du hareng. — La pêche du hareng sur littoral vient de se terminer et a donné un total de 786, 714 mesures au lieu de 1.200,000 mesures, chiffre de la campagne 1885 ; d'où un déficit de 33 pour cent dans le produit de la dernière campapagné.

Le port de Boulogne à lui seul entre dans le chiffre total pour plus de la moitié ; soit 433.000 mesures contre 353.724 mesures pour les ports de Fécamp, Dieppe et Saint-Valéry-en-Caux.

***

Un Stradivarius — Les violons de Stradivarius sont rares, si rares que le Conservatoire de Paris n'avait jamais pu posséder un instrument du célèbre luthier de Crémone. Aujourd'hui, ce regrettable vide est comblé.

Un riche amateur russe, qui avait longtemps habité Paris, M. W.-A. Davidoff, est mort récemment, et parmi ses dispositions testamentaires il a formulé la suivante:

« Je lègue au Conservatoire national de musique de Paris mon beau violon de Stradivarius, et je désire que tout violoniste lauréat de cette Ecole, admis à l'honneur de jouer dans le concert de la distribution des prix, ait le privilège de se faire entendre sur ce bel instrument. »

Le désir de M. W.-A. Davidoff est accompli : le Conservatoire est entré en possession d'un des plus magnifiques Stradivarius connus, et la libéralité du riche étranger n'est pas moindre, assure-t-on, d'une vingtaine de mille francs.

***

Bon cœur. — Extrait de l'*Intransigeant*: « J'ai toujours eu en horreur les gens qui frappent, maltraitent et torturent les animaux. »

Bon *Intransigeant* ! Il condamne avec « horreur les gens qui frappent, maltraitent et torturent les animaux. » Mais il applaudit avec enthousiasme les gens qui pourchassent, persécutent de pauvres religieux, de pauvres religieuses ; et il se pâme de joie devant les lits des malades livrés aux sévices des infirmiers laïques.

Bon petit cœur !

BULLETIN DIOCÉSAIN

LES MILLIONS DU CARDINAL LAVIGERIE

S. E. le cardinal Lavigerie, vient d'adresser par la voie du *Journal d'Hyères*, à un vaillant chrétien resté anonyme, une lettre aussi piquante qu'instructive.

Voici à quel propos. Dans une conférence publique faite à Hyères, une femme, une libre-penseuse, avait prétendu que l'archevêque d'Alger était **millionnaire et archi-millionnaire**. Or, il se trouva fort heureusement dans l'assistance un homme courageux, qui, séance tenante, réfuta les assertions vénimeuses de la conférencière, et fit applaudir le nom du Cardinal. C'est à ce *défenseur inconnu* qu'écrit l'archevêque. L'étendue de cette lettre ne nous permet pas de la citer en entier. Les extraits que nous en donnerons, en faisant justice d'une légende, mettront en lumière l'étonnante générosité de la charité catholique et la prodigieuse activité d'un homme que la France et l'Eglise du XIX⁰ siècle compteront avec raison parmi leurs gloires.

« On m'accusait donc devant vous d'être *millionnaire, archi-millionnaire*: ce qui, au fond ne serait pas pour me déplaire ; car, si j'avais ces millions-là, à coup sûr j'en trouverai l'emploi. Mais je ne les ai pas, ou je ne les ai plus : ce qui est tout un, car, au fur et à mesure que la charité et la foi des catholiques me les ont confiés, ils ont passé en constructions, en fondations d'œuvres, en pain de chaque jour, surtout en pain, puisque mon ministère apostolique ne s'exerce que parmi les pauvres.

« La vérité, monsieur, est que malgré toutes les apparences, je suis pauvre au point de devoir mendier le pain de nos missions, et en partie de mes diocèses, car j'en ai deux : Carthage et celui d'Alger.

« Ce qui permet de tromper les simples, c'est que les propriétés acquises il y a vingt ans en Algérie, plus récemment en Tunisie, pour y établir mes œuvres, se voient aisément et qu'on ne peut voir, en même temps, ni que je m'en suis légalement et complétement dépouillé, ni surtout que leurs revenus sont sans aucune proportion avec les charges auxquelles elles doivent pourvoir.

« En Algérie, j'ai acheté trois propriétés agricoles : une à la Maison-Carrée, de six cents hectares ; une à Kouba, de cent ; une aux Attafs, de treize cents environ.

Elles étaient en friche et m'ont coûté peu dans ce temps-là. Je les ai fait cultiver et mettre en vigne pour une portion.

« Mais ce qu'il faut ajouter, c'est qu'à peine ont-elles été mises en valeur, je les ai légalement données : celle des Attafs, en la distribuant avec titres de propriété aux orphelins arabes que nous y avons mariés, dans deux villages construits exclusivement pour eux et à nos frais ; celle de la Maison-Carrée, en la remettant à une Société civile légalement constituée pour les missions de l'intérieur de l'Afrique ; celle de Kouba, en la remettant à la même Société, pour les œuvres de charité, hôpitaux et écoles, tenues par les Sœurs en faveur des indigènes.

. . . .

« Sur ces propriétés, il faut pourvoir :

« En Algérie :

« A l'Ecole apostolique de cent vingt enfants qui se préparent aux missions et dont aucun ne paye aucune pension quelconque ; — au Noviciat, avec un personnel de plus de 60 personnes, Pères ou Frères ; — à l'Etablissement de Taymount-Azouz, dans la Kabylie ; — à celui de Menguellat ; — à celui des Ouad' bias ; — à celui des Beni-Yenni ; à celui de Djemmâa-Sohrtdi ; — à celui des Beni-Ismaïl ; — à celui d'Iril-Ayl ; — dans le Mzab, à celui de Gardeia ; — à Carthage, au Scolasticat, avec un personnel égal à celui du Noviciat d'Alger ; — à Tunis, au Collège français, qui a coûté à lui seul aux missionnaires, terrain compris, près d'un million et qui ne leur rapporte jusqu'ici que des dettes ; à Jérusalem, au Collège pour les Grecs Melchistes, où se forment des instituteurs et des prêtres parlant le français ; — à Malte, au collège pour les jeunes nègres de l'intérieur de l'Afrique rachetés et amenés à grand frais pour y faire les cours de médecine et rentrer ensuite dans leur pays, dont ils peuvent seuls être les vrais conquérants.

« Dans l'Afrique équatoriale, à onze établissements autour du lac Nyanza. — Autour du lac Tanganyka. — Aux sources du Congo. — Dans l'Ounyanyembé :

« A quatre vicariats apostoliques, dont chacun suffirait à tout absorber, car rien que deux des grands Lacs nous ont, pour une seule année, coûté **quatre cent mille francs.**

« Enfin, et pour abréger :

« A une Procure à Rome, avec une école française. — A une autre Procure à Paris. — A une Maison en Belgique, avec un petit Noviciat. — A deux autres Maisons du même genre en France.

« En Algérie encore :

« A un hôpital pour les indigents. — A cinq autres Établissements, tous tenus par les Sœurs de la mission.

. . . .

« Pour vous aider dans ma défense, je vous autorise à déclarer à ceux qui parleraient encore de mes millions que je m'engage ici, par écrit, à leur faire donation complète et gratuite de toutes les propriétés qui m'appartiendraient **personnellement** soit en Afrique, soit ailleurs.

« Si cette donation, faite en mon nom, ne leur convient pas, je me fais fort d'obtenir de la Société légale qui s'est constituée civilement pour soutenir en Afrique nos œuvres de missions ou de charité, et à laquelle j'ai légalement tout abandonné, qu'elle remette également en pur don tous les biens qu'elle tient de moi à quiconque s'engagera, sur de valables garanties, à verser chaque année, en retour, le quart de ce qui est nécessaire au maintien des œuvres de charité et d'apostolat dont elle a la charge.

« Encore une fois, voilà mes richesses ! »

CREDO

On remarque que presque tous les partis politiques en viennent à dire, avec découragement : — Ce n'est pas notre solution qui fera le salut. C'est Dieu qui devra intervenir.

Précédemment cette assertion passait, de notre part, pour folie.

Et voici qu'un grand journal du matin, en nous empruntant cette doctrine, a eu une vogue qu'aucun parti politique ne lui eût donnée.

Tant que les députés conservateurs ne consentiront pas à se mettre carrément sur le terrain catholique, le seul solide, et à s'unir sous la bannière de la Croix, en acceptant les conseils du Pape dans les questions mixtes, ils n'aboutiront à rien.

Mais absolument à rien !

Une bonne femme disait : — Ils font de la bouillie pour les chats.

Alors les chats vont devenir bien maigres.

Le magnifique mouvement électoral d'octobre 1885 a été enrayé, nous l'affirmons, par un manque de foi. Il faut oser planter la Croix et la mettre à son front, pour triompher par elle.

Quand il y aura un parti catholique, ne fût-il composé que de six députés, on pourra espérer que ce noyau grossissant, on aura le salut.

Mais les partis qui font seulement l'aumône de leur vote au camp de Dieu ne suffisent pas au pays du Christ.

Gesta Dei per Francos.   (*La Croix*).

Voici la liste des prédicateurs du Carême dans les principales paroisses de Toulouse.

Saint-Etienne, RR. PP. Lambert et Tiffaine ; — Saint-Sernin, R. P. Deshortes ; — la Daurade, R. P. de Renéville ; — Saint-Nicolas, M. le chanoine Tournamille ; — Saint-Jérôme, trois religieux oblats ; — la Dalbade, R. P. de Plantou, prémontré ; — Saint-Exupère, R. P. Muzac ; — Saint-Aubin, un Père jésuite ; — le Taur, B. P. Lafont ; — Saint-Pierre, M. Gay, aumônier des Sœurs Franciscaines.

On écrit du canton de Lanta :

« M. Léon Castelbert, maire de Préserville et conseiller d'arrondissement du canton de Lanta, vient de recevoir de Sa Sainteté Léon XIII la décoration de l'ordre insigne de Pie IX. Des trois ordres de chevalerie dont veut bien disposer N. S. P. le Pape, l'ordre de Pie IX est le plus flatteur et le moins prodigué. Il s'adresse aux vaillants catholiques de l'avant-garde, aux chrétiens sans peur et sans reproches. Les chevaliers de Pie IX sont les premiers de la milice pontificale.

« M. Léon Castelbert, était, de fait, depuis longtemps chevalier de Pie IX ; c'est le soldat infatigable ; il sera le noble preux de l'Eglise, le « candidat des Jésuites, » comme l'intitulaient, chez nous, nos radicaux affolés. Honneur au nouveau chevalier. X. »

Nous avons le regret d'annoncer la mort de M. le curé de l'Union, décédé le dimanche 7 février, à l'âge de soixante-treize ans.

Estrade (Jean-Gratien), né à Toulouse le 21 janvier 1814; prêtre le 19 décembre 1840; vicaire à Rieumes le 21 décembre 1840; desservant de Lacroix-Falgarde le 17 avril 1844 ; de Saint-Jean-l'Union le 29 décembre 1856.

———

M. l'abbé Lacouture, le conférencier que les Toulousains n'ont pas encore oublié, après s'être fait applaudir dans deux conférences publiques à la salle de l'Alhambra, à Bordeaux, qui était comble, a donné trois conférences à la cathédrale, où tout son auditoire n'a pas manqué de le suivre, pour admirer son éloquence et sa science, sinon pour l'applaudir.

A la suite d'Auguste Nicolas, de l'abbé Moigno et de tant d'autres, M. l'abbé Lacouture a prouvé, aux prétendus savants du jour que la science, autant que la foi, prouve l'existence de Dieu et la divinité de la religion catholique.   J. de S.

———

INSTITUT CATHOLIQUE

———

COURS D'HISTOIRE ANCIENNE

Professeur : M. JALLABERT

Institutions de la Grèce et de Rome au point de vue religieux.

1. Croyances religieuses des populations primitives de ces deux pays.

2. Origines des dieux poétiques, tels qu'on les retrouve dans Homère, Hésiode, Virgile, Ovide, etc.

3. Ces dieux n'étaient-ils que des symboles de forces de la nature ? Doit-on y voir une expression de phénomènes moraux ? Peut-on croire qu'ils représentent des personnages historiques divinisés ?

4. Opinion de ceux qui les considèrent comme une métamorphose de symboles d'une religion primitive.

5. Tableau de ces symboles avec leur interprétation.

6. Peut-on y trouver un ensemble de doctrines qui mérite le nom d'enseignement ?

7. Par qui, jusqu'à l'avènement du Christianisme, cet enseignement fut-il donné ?

8. Y avait-il, avant et pendant la domination du paganisme, des centres d'enseignement religieux ?

*
**

COURS D'ANTIQUITÉS ROMAINES

Professeur : M. Edmond SAINT-RAYMOND.

Le Professeur s'attachera, cette année, à faire connaître les développements de la richesse et du luxe à Rome, particulièrement pendant la période impériale. Après avoir recherché les causes qui ont introduit le luxe à Rome et les circonstances dans lesquelles s'est accompli le passage de la simplicité de la vie des premiers temps au raffinement des dernières époques, il étudiera les principales manifestations de la richesse soit dans les habitudes de la vie privée, soit dans celles de la vie publique. Il en montrera des témoignages, dans le costume, la table, les divertissements, les constructions privées. Il fera la même étude à propos des édifices publics, et il essaiera de montrer quelles conséquences avaient eues les habitudes du luxe sur la transformation, sur les embellissements et sur la police de la ville de Rome.

———

Le *Comité des Pèlerinages*, annonce sa sixième croisade de Pénitence à Jérusalem.

La France va de nouveau prier et souffrir aux Saints-Lieux pour le triomphe de l'Eglise et du Pape, le salut de la Patrie, la conversion des Pécheurs, la délivrance des âmes du Purgatoire.

Les pèlerins iront prier aussi dans la chapelle bâtie au lieu même où mourut le roi saint Louis, à Carthage (Tunis). La ville où sainte Perpétue, et son évêque saint Cyprien subirent le martyre. Saint Augustin y vécut, d'autres saints évêques y furent formés, et il y a quelques années, plusieurs de nos soldats y ont péri. C'est donc à la fois un pèlerinage universel et essentiellement français.

Départ de Marseille, le jeudi 10 mars.

Les prix sont de 1,385, 1455 et 1540 fr. en première classe sur les paquebots, et de 1,205, 1,265, 1,330 en deuxième classe, snivant l'itinéraire choisi par le pèlerin pour le retour.

Pour les personnes qui réduiraient leur Pèlerinage à la limite des sanctuaires de Jérusalem et de Bethléem, laissant en dehors Nazareth et la Mer Morte, le prix du voyage, aller et retour dans les mêmes conditions, serait de 1,005, en première classe, et 815 en deuxième classe.

S'adresser le plus promptement possible à M. l'abbé Fernique, secrétaire de l'OEuvre, 63, rue de Turbigo, à Paris.

———

La laïcisation. — Le tribunal de Clermont vient de rendre un important jugement qu'il convient de ne pas laisser passer sans le signaler.

Un membre de la famille de Flagheac avait fait donation, il y a quelques années, d'un terrain destiné à la construction d'une maison d'école à Saint-Saturnin sous cette condition explicitement stipulée, que la dite école serait dirigée par les Frères de la doctrine chrétienne.

La donation acceptée, la maison d'école fut bâtie et les Frères furent installés.

Au mois d'octobre dernier, par suite de tracasseries sans nombre, suscitées par le maire républicain de la commune, le Frère directeur dut donner sa démission.

Le préfet s'empressa de profiter de cette occasion pour nommer aux lieu et place des des instituteurs congréganistes un instituteur laïque, sans se préoccuper de la clause contenue dans la donation de la famille Flagheac, dont l'instance en restitution du terrain cédé vient d'aboutir devant la justice.

Le jugement déclare nulle, pour inexécution des charges, la donation dont il s'agissait et ordonne que les immeubles rentreront en la possession et propriété de la famille Flagheac, libres de toutes dettes et charges du chef de la commune.

Enfin, la commune de Saint-Saturnin a été condamnée aux dépens.

———

Un livre inutilé: *Le Curé Mélier* est exploité depuis plus de cent ans par les ennemis de l'Eglise. Ce prétendu curé, avant de mourir, aurait demandé pardon à ses paroissiens de leur avoir enseigné une religion dont il avait toujours reconnu la fausseté.

Des millions de badauds ont dévoré cet ouvrage et y ont cru plus qu'à l'Evangile.

Or, Léo Taxil, dans ses *Confessions,* démontre que toute cette histoire est une infâme invention de Voltaire et de son école. Le fameux curé Mélier n'a jamais existé que dans l'imagination diabolique de ces misérables imposteurs.

Elle est bien divine une religion qui est attaquée par de tels moyens et par de tels hommes.

———

VARIÉTÉS

—

Les mauvaises lectures.

—

Il n'y a rien de meilleur ni de pire que la langue , disaient les anciens , selon l'usage qu'on en fait. On pourrait en dire autant de la plume, puisqu'elle sert d'instrument à la langue pour instruire ceux que la parole ne pourrait atteindre. Mais la presse, qui multiplie presque à l'infini la parole ou la plume, est encore plus que tout le reste ou la meilleure ou la pire des choses. Elle a des ailes pour faire en quelques secondes le tour de l'Univers. Elle imprime, elle grave, elle immortalise la vérité ou l'erreur. L'esprit et le cœur de l'homme se remplissent à son gré de lumières ou de ténèbres, de vices ou de vertus. Elle règne sur les familles, elle gouverne la société contemporaine, elle fait et défait les lois, elle dirige l'opinion, elle est devenue la reine du monde.

Mais autant la bonne presse aurait d'influence si elle était plus répandue et mieux écoutée, autant la mauvaise a pris de nos jours d'empire et de crédit dans les affaires publiques. Tout se corrompt, la philosophie, l'histoire, les sciences exactes, le théâtre et les romans, la critique littéraire, les journaux surtout. Depuis les spéculations et les rêves des penseurs jusqu'aux leçons données dans les écoles, rien n'a échappé à la contagion.

. . . .

Mais de toutes les lectures, la plus commune, la plus dangereuse, la plus perfide c'est celle du mauvais journal. C'est par la curiosité que le journal s'impose, il s'impose à tout le monde, tout le monde veut le lire, et c'est pourquoi il n'est presque personne que le mauvais journal ne séduise et ne perde.

Celui-ci, de la première ligne à la dernière, n'est qu'un long tissu de blasphèmes et de scandales. Il commence sous la rubrique du calendrier révolutionnaire, et il se termine par des offres de débauche. Là, tout est mensonge et calomnie; l'article sorti de la plume de la rédaction, dans lequel l'Eglise est déchirée et mise en pièces; les nouvelles, entre lesquelles on donne une place distinguée à tous les faux bruits répandus contre le clergé, les couvents et les écoles chrétiennes; le feuilleton, roman honteux, dont on ne saurait lire une page sans souiller son âme des plus sales images; les fait divers, où il n'y a plus de diversité que celle du vice; la chronique des tribunaux et des cours d'assises, qui donne au crime le rélief séduisant de la célébrité. Tout, jusqu'aux annonces, est d'une grossièreté, d'une audace, d'un cynisme qui auraient révolté, en d'autres temps, le goût le moins délicat. Mais on s'est accoutumé au poison, on le boit à longs traits et on ne sent pas les atteintes mortelles qu'il donne à la conscience jusque dans les profondeurs de l'âme.

A côté des petits journaux qui se vendent par millions, voici les grands qui distillent d'une plume plus savante l'immoralité et l'irréligion. Les lecteurs choisis qui forment leur clientèle veulent bien être pervertis, mais avec plus d'art et de mesure. Souvent ils plaignent l'Eglise, quelquefois même ils la vantent; mais si son passé est glorieux, elle est sans crédit dans le présent, et l'avenir ne lui appartient pas. La science l'a tuée; l'humanité affranchie ne la supporte plus; il faut cependant la laisser mourir tranquillement et lui faire de belles obsèques. Quant à la morale, une fois sortie des mains de l'Eglise, elle n'aura plus de règle certaine. Qui sait si tel vice n'est déjà pas une vertu; si telle vertu n'est déjà pas un commencement de vice. Le jeu, le duel, le suicide, le divorce, l'adultère, sont tantôt excusés avec habileté, tantôt glorifiés avec audace. Le vol excite encore quelque aversion, et l'assassinat quelque horreur, mais déjà cette aversion diminue, cette horreur s'affaiblit. On veut bien se défendre contre les voleurs et contre les assassins, le jour où ils menaceront nos biens ou notre vie, mais le récit de

leurs prouesses a de l'intérêt, on leur reconnaît une certaine habileté, même une certaine grandeur, et tant qu'ils ne s'en prennent qu'à notre prochain, nous faisons de leurs exploits nos plus chères délices.

Voilà pourquoi les chroniques des cours d'assises sont des pages recherchées.

Mauvaise lecture! mauvaise école! Nous ne sommes plus ce peuple que le spectacle d'un homme ivre dégoûtait de l'intempérance, et qu'on amenait au pied de l'échafaud pour former sa conscience en contemplant le châtiment du criminel. Le crime n'inspire plus d'horreur; plus on l'étale, plus on lui donne d'imitateurs et de complices.

Tel est l'attrait des mauvaises lectures. Regardez maintenant quelles sont les mains qui se disputent cette indigne pâture. Enfants, jeunes gens, femmes, vieillards, maîtres et domestiques, ouvriers et patrons, hommes des villes et hommes des champs, chacun a son journal. Le cocher qui attend du haut de son fiacre, qu'on vienne le louer à l'heure ou à la course, ne sommeille plus, il lit et lit un mauvais journal. La ménagère qui va faire au marché les provisions du jour, emporte, avec les aliments destinés à nourrir le corps, les mauvais journaux destinés à empoisonner l'âme. C'est un mauvais journal que la femme du mineur ou du forgeron porte à son mari vers le milieu du jour, avec le dîner qui doit réparer ses forces. C'est un mauvais journal qui se vend à la porte de toutes les écoles et qui passe des mains de l'externe aux mains du pensionnaire, sous la couverture d'un livre classique. C'est un mauvais journal que le voyageur trouve à l'entrée ou à la sortie d'une gare, sur la table d'un cabaret ou d'un restaurant, dans l'auberge du village comme dans l'élégant salon des hôtels les plus renommés. En quelque lieu que vous vous arrêtiez, parmi les journaux offerts à la curiosité publique, à peine en trouvez-vous un sur dix qui soit honnête, un sur vingt qui soit chrétien. C'est par millions que les mauvais journaux comptent leurs lecteurs; c'est par milliers seulement qu'on peut compter ceux des bons journaux.

(A suivre.)

Toulouse. — Impr. catholique Saint-Cyprien.

15e année — No 9. — Edition des Départements. — Un No 10 c. — Dimanche 27 Février 1887.

LE
Dimanche illustré

ANNONCES ET RÉCLAMES
A l'Administration, 28, rue du Faubourg Arnaud-Bernard, Toulouse.

DIRECTION ET ILLUSTRATIONS
PAR
Louis-Victor GESTA
ARTISTE PEINTRE-VERRIER
Chevalier de l'Ordre de Saint-Sylvestre.

ABONNEMENTS
Toulouse, un an . . . . . 8 fr
Départements.. , . . . 6

NÉRON

NÉRON

—

Néron, empereur romain, était fils de C. Domitius Œnobarbus et d'Agrippine, fille de Germanicus; il fut adopté par l'empereur Claude, au détriment de Britannicus, l'an 50 de Jésus-Christ, et lui succéda l'an 54. Le nom de Néron est devenu proverbial pour exprimer un tyran furieux et sanguinaire. Ce prince commit des crimes sans nombre et mérita le titre de monstre que l'histoire, épouvantée de ses fureurs, lui infligea. Il fit périr Britannicus, sa mère, sa femme, son précepteur. Ayant mis le feu à Rome pour se donner le spectacle d'un grand incendie, il fit arrêter une multitude de chrétiens, que la haine publique accusait de ce désastre. Ce féroce et immonde empereur gouverna Rome et l'empire pendant 14 années. Enfin, un de ses lieutenants leva l'étendard de la révolte et tout l'empire se réunit à lui. Néron, abandonné de tous, s'enfuit chez l'un de ses affranchis. Là, ayant appris que le Sénat l'avait condamné, il se donna la mort.

LES SAINTS DE LA SEMAINE

———

Dimanche, 27 février. — Saint LÉANDRE, évêque.

Saint Léandre naquit à Carthagène en Espagne. Encore fort jeune, il se retira dans un monastère, où il passa plusieurs années. Après la mort de l'évêque de Séville, on le choisit pour administrer ce diocèse important. Après un voyage à Constantinople où il se lia d'une amitié très étroite avec saint Grégoire le Grand, il eut le bonheur de convertir Herménégilde, fils aîné du roi Lévigilde. Notre saint mourut vers l'an 596.

Lundi, 28. — Saint ROMAIN, abbé.

Saint Romain quitta le monde à l'âge de trente-cinq ans, pour aller vivre dans le monastère d'Ainai, près de Lyon. Peu de temps après, il se retira dans une plus grande solitude, dans un vallon du Jura, nommé Condat. Lupicin son frère ne tarda point à venir l'y rejoindre. Nos deux saints fondèrent plusieurs monastères et les gouvernaient ensemble; Romain mourut le premier vers l'an 460.

Mardi, 1er Mars. — Saint AUBIN, évêque d'Angers.

Saint Aubin naquit en Basse-Bretagne, vers la fin du Ve siècle. Il se retira de bonne heure dans le monastère, quand il fut élevé sur le siége épiscopal d'Angers. Il mourut l'an 549.

Mercredi, 2. — Saint SIMPLICE, pape.

Saint Simplice naquit à Tivoli. Après avoir été l'ornement du clergé de Rome, sous les papes saint Léon et saint Hilaire, il succéda à ce dernier sur la chaire de saint Pierre en 467. Les barbares s'étaient emparés de toutes les provinces de l'empire d'Occident. Rome tomba en leur puissance la troisième année du pontificat de Simplice. Le saint pontife ne manqua à rien de ce que demandaient de lui d'aussi tristes conjonctures. Il mourut en 438.

Jeudi, 3. — Sainte CUNÉGONDE, impératrice.

Sainte Cunégonde naquit vers la fin du Xe siècle. Ses parents la marièrent à saint Henri, duc de Bavière, qui fut depuis empereur. Dieu permit, pour éprouver sa patience qu'elle fût indignement calomniée. Elle prouva son innocence en marchant les pieds nus sur des fers de charrue rougis au feu, sans en resentir le moindre mal. L'empereur, frappé du prodige, demanda pardon à Cunégonde. Après la mort de son mari, elle s'empressa de se retirer dans un monastère, où elle mourut l'an 1040.

Vendredi, 4. — CASIMIR, prince de Pologne.

Saint Casimir, troisième fils de Casimir III, roi de Pologne, naquit à Cracovie l'an 1458. Il termina paisiblement, encore jeune, en 1483, un carrière des plus méritantes. Il s'opéra beaucoup de miracles à son tombeau.

Samedi, 5. — Saint ADRIEN et saint EUBULE, martyrs.

La septième année de la persécution de Dioclétien, Adrien et Eubule vinrent de de Mangane à Cézarée pour y visiter les confesseurs de la foi. Arrêtés à la porte de la ville, ils furent aussitôt conduits devant le gouverneur, qui, après les avoir fait déchirer avec des ongles de fer, les condamna aux bêtes.

A TRAVERS LE MONDE CATHOLIQUE

NOUVELLES DE ROME

Le *Moniteur de Rome* constate un rapprochement entre le Vatican et la France. Dans la réunion de l'anniversaire de son élection, le pape, devant les évêques de Blois, de Clermont et de Saint-Brieuc, parla de la France en des termes d'une touchante sollicitude.

— M. de Cassagnac applaudit à l'influence pontificale grandissante parce qu'elle est bienfaisante pour le monde entier.

Il ajoute qu'il faudrait s'incliner respectueusement et avec admiration devant les desseins de la Providence, faisant servir une grande puissance hérétique au relèvement éclatant de l'autorité pontificale.

— On lit dans le *Moniteur de Rome* :

« La presse anglaise est assez sympathique à la lettre du cardinal Jacobini. Le *Standard*, l'organe *tory*, approuve cette initiative et y voit le désir du Pape de maintenir la paix européenne :

« Ce qui a dû inspirer, dit-il, cet acte de Léon XIII, c'est moins la pensée de recevoir de nouvelles concessions religieuses, que celle d'épargner la guerre à l'Allemagne et à l'Europe. Aucune puissance ne saurait attribuer au Pape un motif purement politique. Si cette intervention maintenait la paix, le Pape devrait couronner son œuvre pacifique par une médiation entre la France et l'Allemagne. »

— *Fondation du collège Saint-Anselme.* — Léon XIII adresse à l'archevêque de Catane, qui a présidé la réunion des Abbés Cassiniens, à Rome, un bref pour féliciter cette assemblée du désir de rouvrir, à Rome, au palais Saint-Calixte, près la résidence du cardinal Pitra, le collège Saint-Anselme pour les moines choisis de toutes les Con-

grégations d'habit noir de Benoîtins. On y enseignerait la philosophie et la théologie. Le Saint-Père engage tous les abbés d'habit noir à y envoyer des élèves.

— Mgr Rampolla, nonce à Madrid, est définitivement choisi comme successeur du cardinal Jacobini.

— Nous lisons dans les annales Franciscaines (n° de février) :

« La Sacrée Congrégation des Rites a dernièrement publié un décret sur les écrits (de scriptis) du V. P. Honoré de Paris, décret par lequel elle déclare qu'après le minutieux examen des écrits de ce Religieux, grand devant le monde et devant Dieu, elle n'y a rien trouvé qui pût empêcher de passer aux autres procédures relatives à la béatification de ce serviteur de Dieu. »

— Mgr Milinovic, le nouvel et premier archevêque d'Antivari, dans le Monténégro, recemment nommé par le Saint-Père, a été accueilli avec la faveur la plus marquée par le prince Nicolas. Le prince avait envoyé un ministre à sa rencontre : Mgr Milinovic a conversé longtemps avec le prince.

Au dîner, le prince a porté un toast en l'honneur de Léon XIII et de l'archevêque catholique. Lorsque Mgr Milinovic a prononcé le serment, il a fait un discours où il a juré fidélité au trône et au prince.

Le nouvel archevêque a produit partout la meilleure impression. Le peuple lui a fait plusieurs ovations.

Les journaux slaves remercient Léon XIII et le prince Nicolas d'avoir gratifié l'Eglise catholique de son entière indépendance.

— On annonce de Rome que le Pape a voulu recevoir avec éclat Mgr Azarian comme envoyé du Sultan (Mgr Azarian avait eu déjà une audience privée).

Cette audience solennelle a eu lieu dans la salle du trône; les gardes nobles, palatins et suisses formaient la haie.

Le Pape portait l'étole magnifique que le Patriarche lui avait offerte au nom des Arméniens, et le Patriarche avait un magnifique costume oriental.

Le Pape a reçu l'autographe du Sultan et l'anneau qu'il a passé à son doigt et dont il a admiré la richesse (on sait qu'il vaut cent mille francs).

Mgr Azarian a fait l'éloge du Sultan et a porté des paroles de respect pour le Saint-Père, qui a remercié le Sultan et témoigné combien il appréciait la liberté laissée aux catholiques dans l'empire ottoman.

Mgr Azarian apportait diverses décorations pour la cour pontificale.

— *Mort du cardinal Cattani* — L'archevêque de Ravenne, S. Em. le Cardinal Cattani, vient de mourir.

Il était né à Brisighella, en Romagne, le 19 janvier 1823. Devenu chanoine de Saint-Jean de Latran, il fut, en 1866, nommé internonce en Hollande et, en mars 1868, nonce en Belgique. En 1875, le Pape Pie IX le rappela à Rome pour lui confier la charge de secrétaire de la S. Congrégation du Concile, et plus tard il l'envoya en qualité de nonce à Madrid. Enfin S. S. Léon XIII le créa cardinal le 19 septembre 1837, en le destinant à occuper le siège de Ravenne. Le cardinal Cattani faisait partie des SS. Congrégations des Evêques et Réguliers, des Rites, de l'Immunité et des Etudes.

— Le cardinal Taschéreau de Québec, est arrivé au séminaire à Rome, et le cardinal Gibbon, de Baltimore, au collège américain du Nord.

⁂

L'Anniversaire de Léon XIII.

L'Osservatore romano commence son numéro par ce texte :

Revenons un moment à ces jours de février 1878 que l'anniversaire d'hier nous rend présents.

On avait muré la bière de Pie IX sous la voûte de cette église qui avait été le centre de son règne, et à ces coups funèbres avait répondu une douleur résignée et pleine d'angoisse, car les seules voix qui se fissent alors entendre avec éclat proclamaient que là était muré et enseveli le règne même du Christ.

Les bons savaient bien qu'à la mort d'un Pape survit toujours la Papauté! Mais pour les pauvres yeux des hommes les institutions sont tellement liées aux personnes, qu'en voyant s'éteindre celles-ci, il semble pour un moment qu'un souffle de mort atteigne aussi les institutions.

Il semblait que cette tombe devait laisser une ombre douloureuse et éternelle sur l'histoire future de l'église ; il semblait que le salut qu'on ferait au nouveau Pontife serait trop accompagné de craintes et de larmes.

Et cependant il n'en fut pas ainsi.

L'annonce de l'élection papale jeta une joie immense, une joie qui ne diminuait pas la pieuse mémoire du Pontife mort, elle demeurait entière et vive.

Une fois encore, Dieu avait tiré l'aurore de la nuit, et nous, pleurants et craintifs, nous avions entendu comme la voix de l'Esprit-Saint descendue au Conclave du Vatican.

Et puis il se fit un grand silence comme pour ne pas troubler l'œuvre du nouveau Pape qu'on attendait comme pleine de fruits du côté des fidèles.

Par une providentielle circonstance, les actes du Pontife suscitèrent l'attention même des hommes séparés de la foi : il ne s'agissait plus d'une curiosité indifférente, mais on sentait d'une façon confuse, que cette grande force agirait plus que jamais, non seulement sur la catholicité, mais sur l'humanité entière.

Et à peine Léon XIII eût-il pris le gouvernement de l'Eglise qu'il s'efforça de résoudre les grands problèmes de la doctrine et de la pratique. Les Etats le virent prêt à résoudre cette universalité de questions qui répondent à la mission de l'Eglise sur le monde.

Et le monde, en si grande partie hostile à la Papauté, fut contraint de seconder en quelque façon l'action fortifiante de cette immense vitalité. Cela fut tel que l'influence de l'Eglise, qui paraissait devoir être chassée peu à peu de ses dernières terres, reprit un poste tel qu'on ne l'espérait plus et tel qu'on se le rappelait à peine.

Aujourd'hui le vatican, entièrement dépouillé de tous ses biens et combattu de tant de côtés avec un acharnement qu'on n'avait jamais vu, réapparaît parmi les grandes forces du monde. Tantôt par l'effet de la puissance morale inhérente à l'institut divin, la main prudente du Pape tire les plus grands résultats, tantôt le respect que la personne du Pape inspire, émousse l'hostilité dirigée contre l'institution.

Et les Etats voient volontiers le retour de cette expansion gigantesque ; mieux encore, ils l'accueillent comme protectrice de l'autorité des gouvernants et de la liberté des peuples. De sorte que la Papauté s'avance en conquérante, au nom de cette force qui seule maintient les conquêtes : la paix.

Et la caractéristique de ce règne s'est aussitôt manifestée : c'est la solution donnée ou cherchée à toutes les difficultés, c'est aussi l'attention obtenue du monde entier par tous les actes du Pontife.

L'*Osservatore* achève en montrant le concert unanime du monde, qui ne voit encore qu'un essai pour l'accroissement du règne de l'Eglise dans les efforts de ces neuf années.

Et c'est pourquoi sur toutes les âmes prises d'une grande fatigue du désordre, passe le désir de cette paix qui repose aux mains du pape.

DIOCÈSES DE FRANCE

PARIS. — LE MANDEMENT DE Mgr RICHARD. — L'Archevêque de Paris, au retour de Rome, développe en son mandement de Carême cette parole de saint Paul : *Veni... videre Petrum et mansi apud eum diebus quindecim* (Gal., 1. 18) : « Je suis venu visiter Pierre et le voir, et je suis demeuré quinze jours auprès de lui. »

Et comme fruit des enseignements pontificaux, le Prélat combat l'effort de la science impie pour faire passer dans les institutions sociales la désolante doctrine de la négation théorique de la divinité.

« De là ce système de la NEUTRALITÉ tant vantée dans l'école, dans l'hôpital, dans la législation, dans la vie domestique et sociale. »

Mgr l'Archevêque prend dans ces pensées le motif de considérations élevées pour défendre le dimanche, et recommander à cet égard les devoirs de chrétien vis-à-vis de tous ceux qui dépendent d'eux, ouvriers, serviteurs, enfants, et Sa Grandeur recommande de prêcher sans cesse la sanctification du dimanche. La profanation de ce our sacré est la plaie de Paris.

— LE COMITÉ DE DÉFENSE RELIGIEUSE. — Nous sommes heureux de donner à nos lecteurs le texte du compte-rendu des travaux de 1886 et de l'appel que le Comité de défense religieuse a adressé à ses adhérents :

COMPTE-RENDU

« Nous venons vous rendre compte de l'emploi fait en 1886 des ressources que vous nous avez confiées.

« Le produit net de vos souscriptions s'est élevé, du 1er janvier au 31 décembre 1886, à 65,113 fr. 67.

« 1° 13,467 fr. 95 ont été employés en subventions aux religieux expulsés et ont été consacrés aux travaux et aux publications du comité des jurisconsultes, dont l'appui est spécialement assuré aux congrégations religieuses.

« 2° 20,000 francs ont été remis à la Société générale d'Education et d'Enseignement pour être distribués à titre d'encouragement à environ deux cents écoles libres.

« 3° 20,532 fr. 84, fournis en grande partie par des souscriptions spéciales, ont payé les frais du pétitionnement contre les lois scolaires, qui détruisent de plus en plus la liberté du père de famille et organisent aux mains de l'Etat l'enseignement sans Dieu. Ce pétitionnement a réuni plus de 700,000 signatures.

« 4° Enfin, 10,843 fr. 88 ont été employés à organiser des conférences à Paris et dans les départements, et à envoyer notre correspondance hebdomadaire à de bonnes publications.

« On le voit, nos dépenses se sont élevées à 64,844 fr. 67, laissant un excédent de recettes de 269 francs.

« Alors que la persécution continue, que la passion antireligieuse semble être le sentiment dominant de ceux qui gouvernent la France, et que la suppression progressive du budget des cultes nous conduit à la spoliation complète du clergé, sous le nom de séparation de l'Eglise et de l'Etat, les catholiques comprendront que ce n'est pas l'heure de déserter la lutte et qu'il faut proportionner leurs sacrifices aux nouveaux périls qui les menacent. »

Appel

« Rien, depuis un an, n'est venu diminuer les souffrances ni les dangers auxquels la persécution religieuse condamne la France catholique.

« 1° La séparation de l'Eglise et de l'Etat et la suppression du budget des cultes sont annoncées chaque jour comme le but prochain auquel on nous conduit.

« 2° Les congrégations religieuses sont successivement expulsées de nos hôpitaux et de nos écoles et ont chaque jour besoin de l'appui de nos jurisconsultes pour défendre leurs droits et pour résister aux exigences croissantes du fisc.

« 3° La loi du 30 octobre 1886 est venue aggraver singulièrement la situation laissée à l'enseignement chrétien, et affirmer plus audacieusement que jamais la main-mise de l'Etat sur l'éducation de la jeunesse. Aussi un de nos principaux efforts consiste à soutenir et à encourager les écoles libres, qu'il est urgent de multiplier.

« 4° Enfin, la mauvaise presse poursuit son travail de calomnie et de démoralisation, avec la complicité du pouvoir. Nous continuerons à lui opposer la propagande de la bonne presse, une correspondance hebdomadaire envoyée aux journaux de province, et des conférences populaires faites à Paris et dans les départements.

Au milieu des périls croissants qui menacent l'Eglise et la Patrie, nous continuerons à lutter, forts de votre confiance et de votre appui, et nous aimons à penser que vous voudrez proportionner votre générosité à la puissance du mal qui nous assiège et à l'étendue du bien qui nous reste à faire. »

(*Suivent les signatures des membres du Comité*).

Les souscriptions sont reçues au compte de M. Ferdinand Riant, 35, rue de Grenelle, et Avenue d'Antin, 22.

La Marquise di Rende. — Une dépêche de son Ex. le Nonce de Paris a annoncé en ces termes la mort de sa mère :

« Ma mère est entrée saintement dans la paix aujourd'hui, à midi. »

Elle avait eu la consolation de reconnaître son fils et de le saluer Cardinal. C'est lui qui a dit les dernières prières.

On lit dans le *Gaulois* :

« Angélica Caracciolo était née du mariage du prince Joseph Caracciolo de la Torella avec la fille du célèbre Saliceti, que Napoléon 1er attacha à son frère Joseph, nommé par lui roi de Naples, en lui disant : « Mon frère, je vous donne un homme précieux sur lequel vous pouvez entièrement vous reposer. »

« Par sa mère elle avait donc dans ses veines le sang français.

« A Rome, comme à Naples, comme à Paris, le salon de la marquise di Rende fut le rendez-vous des notabilités politiques, diplomatiques, littéraires et artistiques et de la haute aristocratie.

« Douée d'une intelligence supérieure et d'un goût exquis, elle exerçait un grand charme sur tous ceux qui l'approchaient. »

— *Les obsèques de la marquise di Rende* ont eu lieu à Naples avec grande pompe et au milieu d'un concours considérable, aristocratique et populaire.

— Le beau-frère de M. About, M. Gallo, chef de bureau au ministère de l'intérieur, a, selon son désir réitéré, reçu les derniers sacrements.

— Le comte Tyszkiewicz, dont le cheval *Anglomane* a gagné un des grands prix aux dernières courses, a donné 500 fr. aux Petites Sœurs des pauvres et 500 fr. à la société de Saint-Vincent-de-Paul.

— *Mort de M. le comte Robert de Mun.* — Nous avons la douleur d'apprendre que M. le comte Robert de Mun a succombé à Munich, à la suite d'une hémorragie ; il était entouré de Mme de Mun et des siens.

M. le comte Robert de Mun qui avait suivi une cure douloureuse avec un grand courage s'est montré particulièrement grand chrétien dans ses dernières semaines. Samedi, alors que rien ne faisait présager une catastrophe prochaine, il demanda absolument l'Extrême-Onction, qu'il reçut avec une grande foi et une pleine liberté d'esprit.

M. le comte Robert, frère aîné de M. Albert de Mun, s'était associé avec un zèle persévérant à l'Œuvre des Cercles, dont il était une principale cheville ouvrière, surtout à Paris. Il avait une âme très apostolique.

Nous le recommandons aux prières ; nous

recommandons aussi les siens, sa veuve, dans une immense douleur, et ses enfants, dont il était si justement fier.

— *Vocations* — Les hommes de lettres ont une gloire dont on ne les félicite pas assez : leurs enfants se donnent à Dieu.

Louis Veuillot a une fille Visitandine, M. Mayol de Lupé en a deux qui servent les petits.

Mgr Gay, qui a reçu, il y a quelques semaines, la profession comme Augustine de la fille de M. Eugène Veuillot à l'Abbaye-aux-Bois, vient de recevoir au même couvent la profession de Mlle Elisabeth Beaucourt, fille de M. le marquis de Beaucourt, le persévérant et ardent président de la Société bibliographique.

CAEN. — Mort de M. Demolombe. — M. Demolombe, membre de l'Institut, doyen honoraire de la Faculté de droit de Caen, vient de mourir.

C'est une perte considérable pour la science du droit, dont M. Demolombe était certainement le représentant le plus autorisé.

Né à la Fère (Aisne), le 22 juillet 1804, il était reçu docteur à Paris le 2 août 1826. En 1827 et 1831 il obtenait successivement au concours et avant l'âge une suppléance, puis une chaire de droit à la Faculté de droit de Caen.

En 1864, il refusa une place de conseiller à la cour de cassation pour achever son grand ouvrage, Cours du code Napoléon (30 volumes in-8°). L'œuvre commencée en 1845 était terminée en 1879, et obtenait le grand prix biennal de l'Académie.

En 1880, M. Demolombe signa la consultation des jurisconsultes qui condamnait les décrets contre les congrégations. La République ne put lui pardonner ce soufflet bien mérité.

M. Demolombe avait été fait commandeur de la Légion d'honneur en 1868.

FOURMIES (Nord). — *La rage anticléricale.* — A Fourmies succombait à une maladie de poitrine qui la minait depuis longtemps, une jeune fille de 13 ans, Julie Durbecq, dont la mère logeait chez elle un sieur J.-B. Jemmenne, horloger, 52 ans, originaire de Sivry (Belgique). Dans la soirée qui suivit le décès cet individu rentra en état d'ivresse : la vue des cierges allumés, du Crucifix placé sur une table à côté du lit où dormait de son dernier sommeil la pauvre poitrinaire, l'irrita. Il se mit à injurier la femme Durbecq.

Il éteignit les cierges, saisit le Crucifix et voulut le briser, mais la femme Durbecq et sa mère parvinrent à le lui ôter des mains. Il se jeta sur le lit mortuaire et essaya d'enlever le linceul qui recouvrait le cadavre. Les deux femmes parvinrent encore à l'en empêcher, mais elles durent soutenir une véritable lutte, dans laquelle elles reçurent plusieurs coups de poing.

Une voisine, étant accourue, alla prévenir la gendarmerie, qui a mis ce forcené à la raison.

La mère de la femme Durbecq a dû s'aliter, par suite d'un coup qu'elle a reçu en pleine poitrine. (*Vraie France*).

ISSOUDUN. — Parmi les nombreux ex-voto qui lui arrivent de toutes parts, comme une protestation ininterrompue contre les décrets sacrilèges qui la retiennent captive dans sa basilique, Notre-Dame du Sacré-Cœur d'Issoudun a reçu une remarquable peinture intitulée *Reine des anges*, et signée : Blanche d'Orléans.

Le fond est d'or. La Vierge est assise dans l'attitude de la prière. Ses mains sont jointes. Elle est vêtue d'une robe blanche et d'un voile blanc. Une écharpe d'azur passe sur ses genoux, de droite à gauche. Ses pieds reposent sur la nuée qu'ils rendent lumineuse.

LYON. — Nous trouvons dans la *Semaine* de Saint-Dié un trait qui mérite d'être publié à la louange du regretté Cardinal-Archevêque de Lyon.

Le jeune Caverot, après avoir commencé ses études à Troyes, alla les continuer à Dôle, où les Pères Jésuites tenaient alors une institution célèbre. A son séjour dans cette ville, se rattache un épisode peu connu, qui était comme le prélude d'une vie toute d'abnégation et de dévouement. Pendant une promenade sur le bord du Doubs, très profond dans le parcours de Dôle, un des élèves s'étant imprudemment avancé trop près du bord, fit un faux pas et tomba dans la rivière. Les eaux étaient fort grosses, et le malheureux enfant ne tarda pas à disparaître. Ses camarades épouvantés poussaient des cris de terreur et de désespoir, mais aucun ne lui portait secours, tant le courant était rapide. Un seul n'hésita pas : le jeune Caverot. Sans quitter ses vêtements, il se jeta à l'eau ; après de laborieux efforts et avec un courage à toute épreuve, il fut assez heureux pour ramener sur la berge son camarade évanoui, mais encore vivant... Cette action courageuse valut à son auteur, comme on pense, une estime particulière parmi ses condisciples.

MARSEILLE. — *Morte au bal.* — « Malgré le mauvais temps, une foule énorme s'était rendue, lundi soir, au bal-spectacle du grand-théâtre. Cette fête, donnée au profit de l'Association des artistes et du Syndicat de la presse marseillaise, a été des plus brillantes, et la recette doit s'élever à une douzaine de mille francs.

Un incident dramatique a douloureusement impressionné les danseurs.

La dame Marie Valette, âgée de 34 ans, s'était montrée une des plus ardentes danseuses ; tout à coup, au cours d'une valse, on la vit chanceler et tomber sur le parquet.

On crut à un simple évanouissement, et on la transporta au foyer des choristes ; des soins lui furent promptement prodigués ; mais tout fut inutile. L'infortunée venait de succomber à la rupture d'un anévrisme.

Affublée encore de son déguisement, elle a été transportée, à l'aube, à son domicile, rue de La Palud ; sa famille est folle de désespoir.

La malheureuse femme morte au bal était originaire du Gard et séparée de son mari. »　　　　　　　　　(*L'Eclair.*)

La mort effrayante de cette danseuse est une bonne prédication de saison pour les coureurs et coureuses de bals et de théâtre.

METZ. — La vieille abbaye de Saint-Sixt, près Metz, va sortir de ses ruines, grâce à un modeste curé qui en a acheté les ruines pour y installer des dominicaines.

Cette abbaye fut fondée par une sœur de Charlemagne et inaugurée en 780, en présence de l'impératrice Hildegarde, dont le corps reposait jusqu'en 1793 à Saint-Arnoult, à Metz. D'abord abbaye bénédictine,

elle fut acquise plus tard par les Chartreux, qui la perdirent en 1790.

L'AUMONERIE MILITAIRE

Depuis la loi du 8 juillet 1880, il n'y a plus d'aumôniers militaires qu'en temps de guerre ou dans les garnisons isolées.

En cette époque de négation de toutes les croyances et de guerre ouverte contre l'Eglise, l'esprit d'intolérance n'a pas osé cependant laïciser complètement le champ de bataille et les ambulances. Cela viendra, mais, en attendant, les soldats qui tombent pour la patrie peuvent encore avoir la suprême consolation du prêtre et le réconfort de la dernière prière.

Que ceux — quelque sceptiques qu'ils puissent être, qui ont payé leur tribut à la guerre, assisté aux hécatombes des journées terribles et vu, au plus fort de la lutte, le brave aumônier courir d'un mourant à un autre, le crucifix à la main, et donner au soldat le fraternel baiser d'adieux et de paix — que ceux-là osent dire qu'ils n'ont pas été profondément remués par ce spectacle émouvant, grandiose, et qu'à chaque instant, ils n'ont pas eu comme une vision de cet au-delà qu'ils nient.

M. Henri-Roger de Beauvoir, dans un journal de Paris, fait des aumôniers militaires le portrait suivant :

« Ils sont très aimés, très choyés dans l'armée, les aumôniers. Et comme ils aiment leurs ouailles ! A la fréquentation du soldat ils s'assimilent sa franchise, sa rondeur ; ils adoucissent les formes austères qui tiendraient les hommes à distance, se font bons vivants et laissent le champ ouvert à une familiarité dont ils savent que le troupier ne dépassera jamais les bornes. Ils partagent ses fatigues, ses dangers, ses privations, donnent l'exemple du courage, de la résignation, des grands sacrifices à la patrie, montrent au feu la sérénité de ceux qui possèdent la foi en une vie éternelle, prêchent une religion d'indulgence et d'espoir et sont bons, charitables et tendres ; comment le soldat ne les aimerait-il pas ?

« Il y a des noms légendaires d'aumôniers ; ainsi l'abbé Ferrari, un jeune prêtre du diocèse de Paris, mort à la peine pendant la guerre de Crimée, au milieu des blessés qu'il soignait avec un zèle évangélique ; ainsi l'abbé Parabère, l'idole des zouaves qui l'appelaient le kalife du bon Dieu.

« Ainsi encore le bon abbé Faivre, aumônier du camp de Sathonay, qui avait créé un asile pour les filles des sous-officiers et soldats mariés, afin de les soustraire aux grossièretés et aux mauvais exemples de la caserne. Il habitait dans un frais et très étroit petit vallon, au fond duquel murmurait un ruisseau descendant à la Saône, une maisonnette de paysan tout enveloppée de verdure. Il y avait là un jardinet, toujours soigné, garni de fleurs renouvelées selon les saisons ; cela se faisait comme dans une féerie ; l'abbé, s'il soupçonna la vérité, ne sut du moins jamais au juste quel génie bienfaisant lui entretenait son jardin avec tant de sollicitude ; les troupiers, qui l'adoraient, profitaient du moment où il disait sa messe au camp pour venir, en tapinois, lui préparer cette aimable surprise.

« Pendant la néfaste guerre franco-allemande, entre tant d'autres qui ont lutté de vertu et de vaillance, il y en a un qui avait conquis une popularité vraiment touchante, parmi les soldats de l'armée de la Loire. Aujourd'hui encore, son souvenir est vivant. Après une vie de sacrifice, de dévoûment et de sublime héroïsme chrétien, ce saint, qui n'eut d'autre ambition que d'exercer un ministère de charité, est venu mourir modestement curé d'une pauvre commune de quelques centaines d'âmes, à Rouillon, près du Mans, lui qui, s'il l'eût voulu, serait arrivé facilement à l'épiscopat.

« Eh bien ! sa tombe est l'objet de pieux pèlerinages de la part des anciens mobiles de la Sarthe, dont il était l'aumônier vénéré.

« Ce prêtre modèle se nommait l'abbé Charles Morance.

« Il a laissé deux volumes de notes et de souvenirs des plus intéressants. Il y a là des récits bien impressionnants, dits avec un accent de vérité, de sincérité, qui en double l'intensité douloureuse.

« Vous êtes de ceux qu'on n'oublie pas ! lui disait le brave amiral Jauréguiberry. A l'inauguration de la statue du général Chanzy, au Mans, l'amiral l'aperçut, dans la foule, alors que toutes les autorités civiles et militaires étaient groupées sur l'estrade. Il s'empressa d'aller à lui :

— Vous avez été à la peine, lui dit-il, il est juste que vous soyez à l'honneur !

« Et lui prenant le bras, il amena le bon aumônier sur l'estrade où tout le monde l'accueillit avec les marques d'un profond respect.

« Jeunes soldats qui, dans les instants terribles où la mort plane sur vos têtes, reportez votre pensée vers le foyer paternel et l'église du village, soyez rassurés ; ce dernier ami des humbles, ce médecin des âmes ne vous fera pas défaut.

« Celui que les aimables *Panthères des Batignolles* insultent et appellent dans leur ignoble argot « *le Ratichon* », est pour vous une figure auguste et sacrée parce que, après avoir été le compagnon de vos dangers, il est le consolateur de la dernière heure.

« Vous le trouverez encore sur les futurs champs de bataille. »

ÉTRANGER

AFRIQUE. — *Mission du Congo.* — Le R. P. Augouard, dans une lettre adressée à Mgr Carie, vicaire apostolique du Congo français, laisse entrevoir ses espérances sur cette mission. Voici le principal passage de la lettre qui les contient et que publient aujourd'hui les *Missions catholiques* :

« Nous sommes en excellentes relations avec les chefs du pays, surtout avec le plus influent. Cependant il nous sera bien difficile d'avoir des enfants chez les Batékès qui nous entourent. Nous espérons être plus heureux chez les Waboumas, grâce surtout à la protection du grand Apôtre des nations.

« Dès que nous aurons des ressources et du personnel, il nous faudra établir une autre mission à l'embouchure du Koango, sur le Kassaï.

« C'est un point important à occuper si nous ne voulons pas être devancés par les protestants, qui vont vite avec leurs magnifiques vapeurs.

« Quand Notre Saint-Père le Pape aura érigé le Congo français en Vicariat apostolique (1) je vous proposerai de fonder une autre station au haut de l'Alima, vers Leketi, où la population est dense, paisible, et où les vivres sont abondants. C'est là que se trouve cette tribu des Batékès qui fournit des pagayeurs à l'expédition française. On est très content d'eux ; ils ne ressemblent en rien à ceux du Pool. »

Le bateau-missionnaire le Léon XIII.

« Le P. Paris, depuis son retour de la côte, et moi, sommes à Brazzaville, occupés à monter le boat, bateau-missionnaire qui aura une grande importance pour notre œuvre. C'est un travail dont nous serions venus difficilement à bout sans le secours du mécanicien Léopoldville, et encore y aurions-nous passé au moins six mois. Plus de sept mille rivets à marteler, sans compter les plaques et les côtes à réformer et à ajuster : tout cela au bord du fleuve, au soleil et en plein marais qui exhalent des odeurs par moment insupportables. C'est un vrai miracle que le bon Dieu nous ait soutenus jusqu'ici.

« M. le baron Von Nimpehts avec lequel nous sommes au mieux, a eu la bonté de nous céder son meilleur mécanicien, pour trois semaines. Grâce à lui nous avons pu terminer la coque en fer, sauf une cloison étanche que le R. P. Paris a laissée en route ; malheureusement il ne sait pas si elle est à Issanghila ou à l'endroit où ses porteurs se sont enfuis.

« Grâce encore à l'amabilité de M. Von Nimpchts, nous allons pouvoir donner une première couche de minium ; nous ferons ensuite le plancher, le mât, etc. J'espère que dans un mois le « *Léon XIII* » (c'est le nom que nous donnerons à notre premier bateau-missionnaire comme témoignage de reconnaissance envers le bien-aimé Pontife

(1) Cet événement si important pour l'avenir religieux du Congo est aujourd'hui, on le sait, un fait accompli. Par lettres apostoliques du 8 juin 1886, Mgr Carrie a été nommé évêque titulaire de Dorylée et vicaire apostolique du Congo français. Le sacre a eu lieu au séminaire du Saint-Esprit, le 24 octobre de la même année.

qui gouverne aujourd'hui l'Eglise). Le « *Léon XIII* », dis-je, voguera sur les eaux du Congo et du Kassai, portant la croix à travers des régions jusqu'ici déshéritées.

« C'est une fort belle embarcation ; les connaisseurs, le mécanicien surtout, en font l'éloge. Seulement, pour qu'elle puisse naviguer là où le courant est trop fort pour l'aviron, elle devra recevoir une machine. Les courants du Kassaï sont incomparablement plus forts que ceux du Congo, lesquels cependant sont rudes du Pool à Kouamoth. Comme c'est surtout par cette voie de communication que nous devrons nous étendre désormais, une petite machine devient indispensable. J'ai déjà demandé en Angleterre quel en serait le prix : mais où trouver la première obole pour se la procurer ? Ah ! si le bon Dieu inspirait à quelque âme charitable de nous faire cette aumône, voilà de l'argent qui serait bien placé ! »

ANGLETERRE. — On nous écrit d'Angleterre : « Cette année réunit les noces d'or sacerdotales du Pape et les noces d'or royales de la reine Victoria.

« La Reine envoie au Pape une Bible splendidement reliée, et Sa Sainteté enverra une table en mosaïque. »

— L'Angleterre a accueilli avec une grande foi la béatification de 54 martyrs de la Réforme ; le protestantisme, maintenant si divisé, qu'il semble toucher à sa fin, n'a plus osé élever son cri : « *No popery* » contre les catholiques, qui sont déjà la majorité relative. La situation catholique s'améliore donc beaucoup, et un parti puissant catholique avec lord Denbigh à la tête, s'occupe activement de faire établir des relations diplomatiques entre Rome et Londres.

BELGIQUE. — Mgr Pieraert, recteur magnifique de l'Université catholique, est décédé à Louvain ces derniers jours. Depuis longtemps, le vénéré recteur était sous le coup d'un épuisement qui déjà depuis plusieurs semaines ne permettait plus espoir d'une guérison. Il laisse derrière lui le souvenir d'un homme pieux et capable, qui a dignement continué la tradition de ses devanciers. Le corps épiscopal vient de lui nommer un successeur, en la personne de Mgr Abbeloos, vicaire général de Malines.

C'est un orientaliste de grande valeur, qui joint à ce titre une réputation bien acquise de prudence et de fermeté; administrateur habile, d'ailleurs, qui a fait ses preuves dans le service paroissial et dont le nom avait déjà été mis en avant à plusieurs reprises, lorsqu'il s'était agi de pourvoir à des évêchés vacants.

Mandements de Carême

Mgr l'évêque du Mans, dans son mandement pour le Carême de 1887, insiste près de ses diocésains sur l'importance de l'instruction religieuse à donner aux enfants, d'abord au foyer de la famille, ensuite dans les catéchismes régulièrement suivis.

— Là lettre pastorale de Mgr Sébaux, évêque d'Angoulême, est un pressant appel à chercher le salut par l'accomplissement des devoirs du chrétien dans les épreuves actuelles de l'Eglise.

Ces devoirs, le pieux prélat les envisage, avec une grande hauteur de vue, sous leur triple aspect : devoirs envers Dieu, envers les hommes et envers nous-mêmes.

— Mgr l'évêque de Tarbes, dans son mandement, annonce à ses diocésains le jubilé sacerdotal de Léon XIII. Il montre dans le triple diadème qui orne le front de Pierre et de ses successeurs, la triple autorité du Souverain-Pontife, du Roi et du Père. Sa Grandeur recommande le pèlerinage que les catholiques préparent pour cette année, de tous les points de l'Univers, vers la ville éternelle.

— Mgr l'évêque de Cahors insiste dans son mandement sur l'indispensable nécessité de rendre à Dieu sa place et son autorité dans les familles. La déchéance de l'autorité paternelle, dit Mgr Grimardias, vient de l'oubli où sont tombés les droits de Dieu et de son Eglise.

—. Mgr l'évêque de Luçon traite dans son mandement de Carême de l'énergie chrétienne.

— Mgr l'évêque de Chartres étudie les caractères de la véritable Eglise dans ses rapports avec les Etats civils.

— Mgr de Saint-Dié explique à ses diocésains en quoi consiste la paix chrétienne.

— Mgr l'évêque d'Orléans rappelle aux parents leurs devoirs dans l'éducation de leurs enfants.

— Mgr l'évêque de Grenoble nous adresse son Mandement de Carême dans lequel, et avec l'éloquence qu'on lui connaît, il envisage le *Crucifix*, « vision éternelle de Dieu le Père, réalisée par le Verbe Incarné, prêchée par le Saint-Esprit, aide et âme de l'Eglise. »

— Mgr l'évêque de Versailles, dont nous annonçons le départ pour Rome, explique la vocation chrétienne de la nation française. C'est, sous une autre forme, mais avec une égale hauteur de vue, la thèse exposée par Mgr de Coutances et que nous avons analysée.

— Mgr l'évêque de Pamiers appelle l'attention des parents sur l'instruction à donner à leurs enfants.

— Mgr l'évêque d'Angers traite la question de la libre-pensée, qui n'est, dit le Prélat, qu'une des formes sous lesquelles se révèle la franc-maçonnerie.

BIBLIOGRAPHIE

Nous nous faisons un devoir d'informer nos lecteurs que la cinquième série des **Mystères de la Franc-Maçonnerie,** *dévoilés par Léo Taxil,* vient de paraître.

En voici le sommaire :

Gravures. — 1º Initiation du Secrétaire Intime (6º degré). — 2º Initiation du Prévôt et Juge (7º degré). — 3º Initiation de l'Intendant des Bâtiments (8ᵉ degré). — 4º Le serment de vengeance des Elus. — Initiation du Maître Elu des Neuf (9ᵉ degré) : première leçon d'assassinat donnée à l'affilié.

Texte. — Banquets secrets des Loges : argot des festins ; toasts règlementaires ; manœuvre des verres ; cantiques des banquets. — Ensemble des secrets des grades symboliques : signes d'ordre et de reconnaissance, marches, mots sacrés, mots de passe, batteries, costumes, questions d'ordre pour chacun des trois premiers grades. — Les Chapitres ou la Maçonnerie Rouge ;

comment des loges on passe aux Arrières-Loges ; la sélection ; révélations faites aux Maîtres distingués par les chefs occultes ; système complet des grades. — Grades de Maître Secret et de Maître Parfait dévoilés et expliqués ; leur légende ; leur raison d'être ; leur but ; leur cérémonial ; leur enseignement.

Prix de la Série 50 centimes, franco par la poste, sous belle couverture illustrée. Editeurs : *Letouzey et Ané*, 17, *rue du Vieux-Colombier, Paris.*

MOSAÏQUE

Dans la dernière séance de l'Académie des sciences, M. J. Bertrand a présenté au nom de M. Aucoc, membre de l'Académie des sciences morales et politiques, une notice sur le cinquantenaire des chemins de fer français. Dans cette notice, M. Aucoc proteste contre la date choisie et rétablit la vérité à l'aide de faits et de documents officiels. La concession du premier chemin de fer français de Saint-Etienne à Andrezieux, date de 1823 ; celle du chemin de fer de Saint-Etienne à Lyon date de 1826 ; celle du chemin de fer d'Andrezieux à Roanne est de 1828. La concession du chemin de fer de Paris à Saint-Germain ne vient qu'en sixième lieu, en 1835. Au point de vue de l'ouverture des lignes, la ligne de Saint-Etienne à Andrezieux a été inaugurée le 1er octobre 1828 ; celle de Lyon à Saint-Etienne en 1830. Sur cette ligne, le nombre des voyageurs dépassait 170,000 en 1836, et la ligne de Saint-Germain n'a été ouverte que l'année suivante.

En Angleterre, le premier chemin de fer transportant des voyageurs date de 1825 ; la locomotive ne marchait d'ailleurs pas plus vite que de bons chevaux. C'est en 1829 qu'eut lieu le concours où Stephenson présenta le type de la vraie locomotive à chaudière tubulaire, qui avait été inventée dès 1828 par un Français, Marc Seguin.

On voit que la date fixée pour le cinquantenaire consacre une erreur : la vérité est que la France n'a été précédée que par l'Angleterre, et de quelques années seulement ; et

que pour les progrès réalisés, elle a marché presque de pair avec elle.

***

Le *Journal officiel* publie le rapport annuel de la commission du contrôle de la circulation monétaire sur la fabrication des monnaies en France pendant l'année 1886, nous y relevons les renseignements suivants :

On a frappé en 1886 pour 3,889.200 fr. de pièces d'or de 100 fr.; pour 19,687,500 fr.; de pièces d'or de 20 fr. ; pour 54,379 fr. de pièces d'argent de 50 centimes ; pour 200,000 fr. de monnaie de billon (dont 106,000 fr. en pièces de 10 centimes, 84,000 fr. en pièces de 5 cent., 6,000 fr. en pièces de 2 centimes et 4,000 fr. en pièces de 1 centime) ; pour 16,078,854 fr. en 3,215,771 piastres d'argent destinées à l'Indo-Chine ; et pour 91,127 fr. 05 cent. en 1,882,511 centimes de piastres en argent.

***

Grain de bon sens. — Les martyrs qui succombèrent pour la foi de Jésus-Christ, victime de la fureur intolérante du monstre couronné qui porte dans l'histoire le nom d'Henri VIII, vont bientôt recevoir de l'Eglise catholique une gloire nouvelle. Or, tandis qu'on les menaçait de les faire jeter dans la Tamise, deux d'entre eux, les PP. Peyto et Elstow, répondirent :

« Menacez les riches du monde qui boivent dans l'or et couchent sur le duvet, répondirent-ils ; pour nous, peu nous importe que vous nous fassiez jeter dans la Tamise : le chemin du ciel sera aussi court par eau que par terre. »

BULLETIN DIOCÉSAIN

LES SCANDALES DE PORQUEROLLES

On connaît les nombreux scandales auxquels a donné lieu la laïcisation des hôpitaux.

L'affaire de Porquerolles, qui vient de se terminer devant le tribunal de Toulon, jette un triste jour sur les résultats de la laïcisation des colonies agricoles.

M. de Roussen, ou plutôt Deroussen, administrateur de la *République française*, et sa femme (à la mairie seulement), Mme de Roussen, connue par quelques romans publiés dans les journaux républicains, sous le pseudonyme de Pierre Ninous, possédaient Porquerolles, petite île perdue dans l'archipel d'Hyères, comprenant de vastes terrains où ne croissaient que des ajoncs et des tamarins. Le sol en est bon — et Deroussen pensa que, bien défrichées, plantées en vignes et en céréales, ses garrigues infertiles ne tarderaient pas à produire des millions.

Pour les mettre en culture à peu de frais, il eut l'idée de demander à l'Assistance publique laïcisée de Paris de lui donner une centaine d'enfants assistés du département de la Seine.

L'assistance publique de Paris était alors sous la direction de Ch. Quentin, qui avait été au mieux avec la Ninous, et qui ne pouvait lui refuser ce service.

Entre républicains, d'ailleurs, on se doit un mutuel appui, M. et Mme de Roussen virent leur demande agréée avec enthousiasme, et le Conseil municipal de Paris accorda au nouvel établissement *laïque* une une forte subvention.

Il y a quelques mois, l'attention publique fut appelée sur l'établissement de Porquerolles par une rébellion des enfants qui nécessita l'intervention de la troupe.

Il fallut procéder à une enquête, elle révéla des faits inouïs.

Le procès est venu les confirmer, et le parquet a été obligé de poursuivre M. et Mme de Roussen pour violences contre les enfants confiés à leur garde.

Ces malheureux pupilles de la colonie laïque étaient traités comme des parias.

Pour faire des économies sans doute, les directeurs républicains de l'établissement les nourrissaient à peine, tout en exigeant d'eux un travail au-dessus de leurs forces.

La colonie agricole laïque, dite colonie *modèle*, était devenue un véritable bagne.

Pour les plus légères peccadilles, les enfants se voyaient soumis à d'abominables tortures.

Tantôt on les enfermait dans des cachots infects en les privant de nourriture ; tantôt on les attachait à des arbres, en les faisant bâtonner par les gardiens à coups de nerfs de bœufs, après les avoir bâillonnés pour étouffer leur cris. D'autres fois on les pendait par les pieds, et on les laissait plusieurs heures dans cette position douloureuse.

Enfin, dans les cas tout à fait graves, la Ninous avait recours à la « crapaudine, » horrible supplice qui consiste à faire coucher le patient à terre sur son ventre, à lui lier les pieds et les mains et à les attacher ensemble derrière le dos, en faisant décrire au corps un arc de cercle. Cette torture est si douloureuse qu'on l'a interdite dans les compagnies disciplinaires d'Afrique et même dans les bagnes.

A Porquerolles, tous ces supplices étaient parfaitement appliqués — et cela durait depuis quatre ans.

Les débats révèlent des détails révoltants ; Porquerolles était un enfer créé et administré par les deux fervents républicains, de Roussen et la dame Ninous, sa femelle.

En accordant une subvention à cet essai de laïcisation, dont nous connaissons maintenant les résultats, le Conseil municipal radical de Paris s'est associé à ces abominations.

Le tribunal de Toulon a rendu son faible verdict, mais l'opinion publique avait déjà rendu le sien.

Elle voit de quelle façon on remplace nos admirables Sœurs de charité et les ordres religieux, dont le merveilleux dévouement se consacrait à la guérison des malades et à l'éducation des enfants.

Une instruction pastorale de S. Em. le cardinal-archevêque de Toulouse sur le « devoir eucharistique » et un Mandement pour le Carême de 1887 viennent d'être adressés aux fidèles du diocèse.

Voici le dispositif de ce Mandement concernant les prescriptions relatives au jeûne, à l'abstinence et aux dispenses :

Article 3. — Nous rappelons aux fidèles parvenus à l'âge de raison qu'ils sont tenus à l'abstinence du Carême, et à ceux qui ont atteint l'âge de vingt-un ans accomplis, qu'ils sont de plus obligés au jeûne, s'ils n'ont point de dispense légitime.

Article 4. — En vertu d'un Indult de N. S. Père le Pape, nous apportons, pour cette année aux lois de l'Eglise, les adoucissements qui suivent :

I° Nous autorisons l'usage des aliments gras le dimanche à tous les repas, et une fois par jour, au repas principal, les lundis, mardis et jeudis du Carême, y compris le jeudi après les cendres, jusqu'au mardi de la Semaine Sainte inclusivement.

Les personnes légitimement dispensées du jeûne peuvent seules étendre l'usage des aliments gras à tous les repas du lundi, du mardi et du jeudi.

2° Le mélange, aux repas, de la viande et du poisson est rigoureusement interdit, même le dimanche.

Il est permis d'apprêter les aliments à la graisse tous les jours de jeûne et d'abstinence de l'année et du Carême, même pour la collation, excepté le mercredi des Cendres et les trois derniers jours de la Semaine Sainte.

3° Il est encore permis de faire usage de lait, de beurre et de fromage tous les jours de jeûne de Carême et de l'année même à la collation.

4° Enfin, nous autorisons l'usage des œufs pendant tout le Carême, mais non pour la collation, ni les trois derniers jours de la Semaine Sainte.

Article 5. — En vertu d'un autre Indult Apostolique, nous dispensons, jusqu'à la publication de notre Mandement pour le Carême de 1888, tous les fidèles de notre diocèse de l'abstinence du samedi, exceptant tous les samedis consacrés par le jeûne.

Article 6. — Les permissions relatives au carême sont accordées à la charge de remettre au bassin des dispenses, dans les paroisses respectives, l'aumône accoutumée. Ces aumônes sont affectées à l'entretien des œuvres diocésaines, et, en particulier, aux besoins pressants de nos séminaires.

Conformément à l'Indult précité, nous exhortons les fidèles qui, pendant l'année, feront usage de viande le samedi, à racheter par d'autres bonnes œuvres et par les aumônes envers les pauvres ces adoucissements à la rigueur de la loi.

. . . .

† FLORIAN, cardinal Desprez,
archevêque de Toulouse.

Par décision de Son Eminence, les mutations suivantes ont eu lieu :

M. l'abbé Bacquiés, aumônier à l'asile de Braqueville, est nommé desservant de la paroisse de l'Union ; M. l'abbé Pellefigue, desservant à Seyres, est nommé aumônier de l'asile des aliénés ; M. l'abbé Deneysses, desservant de Saint-Pol et de Saint-Menne, est nommé à la paroisse de Cabanac.

———

Mgr Goux, évêque de Versailles, est arrivé à Toulouse jeudi dernier. Sa Grandeur a célébré, le samedi suivant, dans la chapelle Sainte-Anne, le mariage de son diocésain M. de Pont avec Mlle de Sauzet. Mgr Goux se rend à Rome pour sa visite *ad limina*. Il annonce ce voyage dans son mandement de Carême, qui a pour sujet les prochaines noces d'or du Saint-Père.

———

Nous apprenons une triste nouvelle, qui aura dans notre ville un douloureux retentissement.

Mme Pauline de Chastenet de Puysegur, comtesse douairière d'Adhémar de Cransac, est décédée, mardi dernier, à Toulouse, en son domicile, rue Espinasse, 5, dans sa 77° année.

Mme la comtesse d'Adhémar, dont la santé était chancelante depuis quelque temps, a succombé aux suites d'une crise, dont les tendres soins et l'affectueuse sollicitude de ceux qui l'entouraient n'ont pu conjurer les funestes effets.

L'existence de cette femme forte, de cette chrétienne, s'était écoulée en faisant le bien ; les éminentes qualités de son cœur et de son esprit, son exquise bonté charmaient tous ceux qui avaient l'honneur de l'approcher. Sa mort provoquera les plus vifs regrets.

La Providence avait réservé à la comtesse d'Adhémar de profondes douleurs et aussi de grandes joies. Elle eut l'honneur de donner à la cause de Dieu et de la France trois de ses plus courageux combattants. L'un tomba à gravelotte (et quelle cruelle souffrance ce dût être pour le cœur de cette mère dévouée !) sacrifiant sa vie et les promesses d'un brillant avenir à son pays en danger. Le nom du capitaine d'Adhémar reste desormais indissolublement lié aux souvenirs de cette terrible guerre qui nous coûta le plus pur de notre sang.

Un autre lutte chaque jour au premier rang de ceux qui veulent préparer à la France un avenir réparateur, renonçant au charme que pouvait lui procurer le culte des arts et des lettres, mais rencontrant aussi la meilleure des récompenses dans le sentiment du devoir accompli et dans le témoignage d'une auguste confiance.

Le troisième, combat aussi pour le triomphe de ses croyances et l'avenir de la patrie. Il prépare des générations d'hommes formés à l'école du dévouement et de l'abnégation ; il est leur modèle en même temps que leur maître.

Tels sont les fils que la vénérée défunte a donnés à son pays ; elle avait le droit d'être fière d'eux. Ceux qui survivent sont accablés par la douleur ; tous deux pleurent celle qu'ils ont tant aimée et qui méritait si bien leur tendresse.

Mais ils ne pleurent pas seuls et sont entourés des sympathies les plus vives.

Pour nous, cette mort est presque un deuil de famille. Nous ne pouvons que joindre nos larmes à celles des dignes enfants d'une telle mère et, comme eux aussi, espérer et prier.

— Les obsèques de Mme la comtesse douairière d'Adhémar de Cransac, ont eu lieu sur la paroisse Saint-Etienne, le jeudi 24 février, à dix heures du matin.

Les voleurs de cadavres. — Mise en appétit par les enfouissements de Castelbou et de Duportal, la Société de la Libre-Pensée n'ayant plus d'animaux dans ses étables a imaginé, pour continuer la série des manifestations anticléricales, un nouveau procédé dont nous laissons l'appréciation à l'honnêteté de nos lecteurs. Voici les faits :

« Le Dimanche 13 février, mourait à l'Hôtel-Dieu, au nº 14 de la salle Saint-Lazare, le nommé Eugène Ramond, terrassier. Avant de mourir, ce malade, animé des meilleurs sentiments, a reçu tous les secours de la religion. Or, sa famille n'ayant pas réclamé son cadavre, la Société de la Libre-Pensée, sous le fallacieux prétexte de rendre les derniers devoirs à cet individu, a acquitté les frais des pompes funèbres et s'est emparé de son corps pour en faire le mannequin d'une nouvelle mascarade maçonnique. On a vu alors le triste spectacle d'un homme mort en bon chrétien promené dans les rues de la ville sous le drap rouge de la Libre-Pensée et accompagnée par la bande de comédiens qui s'était chargé de la cérémonie dans le seul but de faire de la réclame.

« Ainsi, le pauvre qui va mourir à l'hôpital n'est plus sûr d'être enterré suivant les idées qu'il a manifestées à ses derniers moments, car les libres-penseurs sont là pour acheter son cadavre. »

Errata. — LA BILLIÈRE (Hérault). — Dans notre dernier numéro nous avons fait appel à la piété *généreuse* de nos lecteurs en faveur de la pauvre église de La Billière ; une erreur typographique l'avait adressé à leur piété *générale*, nous n'y verrions pas d'inconvénient.

Nous devons rectifier aussi le nom du vénérable curé, M. l'abbé Mazars.

Ajoutons que, « pour les offrandes, on est « prié de les adresser ou à M. l'abbé Mazars, « curé de La Billière, par Lamalou (Hérault), « ou bien au bureau du journal le *Dimanche Illustré*. »

PENSÉE

Une croix bien portée n'est qu'une demi-croix.   (St François de Sales).

VARIÉTÉS

Les mauvaises lectures.

(Suite et fin.)

C'est ainsi que le déluge des scandales et des blasphèmes envahit nos villes et nos campagnes, plus rapide et plus entraînant que les grandes eaux qui viennent de se répandre dans notre Provence. Ces flots tumultueux, dont nos inondations ne sont qu'une pâle image, déposent au fond des esprits et des cœurs un limon pestilentiel et des germes de mort. Ce limon, bien loin de se retirer, ne fera que s'accroître; la lecture du lendemain s'ajoutera à celle de la veille; et tout s'éteindra, tout se corrompra dans ces âmes qui ont perdu la lumière de la vérité et le sentiment de la vertu. Quand Dieu eut ouvert les cataractes du ciel, il n'a fallu que quarante jours et quarante nuits pour ensevelir l'univers prévaricateur. Que sera-ce d'une génération tout entière ensevelie sous l'inondation des mauvaises lectures? Il y a quarante ans que ce déluge augmente. Il monte encore, il monte toujours. O vous, qui avez encore des yeux pour voir et des oreilles pour entendre, apprenez ce que devient aujourd'hui la société chrétienne aux prises avec un pareil fléau.

. . . .

Il faut nous instruire des nouvelles du jour? Hélas! ce ne sont guère que de mauvaises nouvelles, et on se sent pris d'une sorte de dégoût en ouvrant les journaux, parce qu'on est sûr d'avance qu'on n'y lira que les persécutions contre l'Eglise et les disgrâces des gens de bien. Du moins, s'il faut en être informé, épargnons-nous l'ennui de l'apprendre par la mauvaise presse, et ne lisons que de bons journaux.

Les bons journaux ne manquent pas, mais ce qui manque aux bons journaux, c'est la clientèle des honnêtes gens. On leur reproche d'être ennuyeux : au fond, c'est la vertu qui ennuie, et il n'y a que le vice qui nous attire et qui nous flatte. Si c'est la nouvelle du jour que nous voulons connaître, les bons journaux ne nous la donnent-ils pas aussi bien que les mauvais? Est-il donc nécessaire qu'elle soit encadrée entre un roman et un blasphème? Ou bien, pour apprécier cette nouvelle, avez-vous besoin du commentaire de l'impiété ou de la licence? Non, il n'y a point d'excuse pour abandonner la bonne presse et payer la mauvaise. Si la bonne presse languit, c'est notre faute. Si la mauvaise presse est florissante, n'en accusons que nous-mêmes. Nous sommes ses tributaires, c'est nous qui lui donnons des lecteurs, c'est nous qui l'enrichissons, c'est nous qui étendons son influence et qui consolidons son autorité.

Tardiores boni! disait un ancien. Les gens de bien sont toujours en retard. Ah! plût à Dieu qu'ils ne fussent qu'en retard dans le service de la religion et de la vertu! Mais les voilà qui s'enrôlent aujourd'hui dans la troupe des méchants. Ils lisent leurs livres, ils propagent leurs journaux, ils leur prêtent leurs yeux et leurs oreilles, ils leur donnent leurs cœurs, ils tendent d'eux-mêmes leurs mains et leurs bras pour activer partout l'incendie, et quand l'univers entier en est dévoré, ils ne s'aperçoivent pas qu'ils en ont attisé la flamme et encouragé les auteurs. O chrétiens! un peu moins de paroles, de plaintes et de protestations inutiles. Mais traduisez plutôt en actes ces discours bruyants dans lesquels vous affirmez votre foi. Un peu de courage pour chasser de votre foyer ces mauvais livres qui le souillent. Un peu de courage pour arracher des mains de votre femme, de vos enfants et de vos domestiques, ces mauvais journaux qui les corrompent! Un peu de courage surtout pour vous les interdire à vous-mêmes!

Regardez ce qui se passe autour de vous. Est-ce que les ennemis de l'Eglise achètent et répandent les journaux qui la défendent? Ils ont pour eux une invincible horreur, ils redoutent d'être éclairés, ils veulent garder à tout prix leurs préjugés et leurs sentiments de haine. Et vous, enfants de lumière, vous ne redouteriez pas d'être corrompus? Vous n'auriez pas pour la mauvaise presse l'invincible aversion que les impies témoignent à la bonne! Quelle contradiction dans votre conduite! Quelle humiliation pour la cause que vous prétendez servir!

Prenez donc, et ce sera le comble du courage, prenez donc la résolution de consacrer à la propagation des bons journaux l'argent que vous dépensez, sans y prendre garde, pour soudoyer les mauvais.

Que de feuilles légères, trop chères aux mondains, seraient forcées de changer d'allure et de renoncer à leurs feuilletons corrupteurs, si leur clientèle soi-disant chrétienne les y forçait en se désabonnant! Quelle force, quelles ressources, quelle popularité acquerrait la bonne presse, si les bons chrétiens osaient la soutenir. Cette audace, je la leur souhaite et je conjure le Seigneur de la leur inspirer pour la gloire de l'Eglise et le salut de la France.　　Mgr BESSON.

Toulouse. — Imprimerie cathol. Saint-Cyprien.

15ᵉ Année. — Nᵒ 2. — Édition des Départements. — Un Nᵒ 10 c. — Dimanche 9 Janvier 1887.

LE Dimanche illustré

Messager

DES

Paroisses

Indicateur

DES

Pèlerinages

ANNONCES ET RÉCLAMES	DIRECTION ET ILLUSTRATIONS PAR	BONNEMENTS
A l'Administration, 28, rue du Faubourg Arnaud-Bernard, Toulouse.	Louis-Victor GESTA ARTISTE PEINTRE-VERRIER Chevalier de l'Ordre de Saint-Sylvestre.	Toulouse. . . . . 5 fr. Départements. . . . . . 6 fr

XVᵉ ANNÉE

Toute réclamation concernant la Rédaction ou l'Administration du journal le *Dimanche illustré* devra être adressée *franco* rue du faubourg Arnaud-Bernard, 28. Les lettres non affranchies seront rigoureusement refusées.

Les manuscrits non insérés ne pourront, sous aucun prétexte, être rendus à leurs auteurs.

Il paraît chaque semaine 2 éditions du *Dimanche illustré* : la 1ʳᵉ pour la France et l'étranger ; et la 2ᵉ pour Toulouse ; dans cette dernière édition, l'article *Variétés* est remplacé par l'ordre de l'Adoration perpétuelle et des offices de la semaine.

DIRECTION, RÉDACTION ET ADMINISTRATION
28, rue du Faubourg Arnaud-Bernard, 28
TOULOUSE

ÉTABLISSEMENT THERMAL
DE
LAMALOU-LE-HAUT (THERMES ROMAINS)
Près BÉDARIEUX (Hérult).

Ce vaste Etablissement est situé sur le plateau le plus ouvert de la vallée où l'on respire un air exceptionnellement pur ; les ombrages de ses beaux parcs et des coteaux qui en dépendent en font un séjour délicieux.

Il est alimenté par sept sources minérales et thermales déclarées d'intérêt public, par décret en date du 26 août 1865.

Elles se divisent en deux groupes : 1° Acidules bicarbonatées, ferrugineuses sodiques, le fer s'y trouve en très grande abondance ; 2° Alcalines bromurées et iodurées. Ces dernières ne contiennent que peu ou point de fer. Toutes contiennent de l'arsenic et du cuivre.

Ces eaux sont administrées en bains ou en boissons.

Pour les bains : sans l'intermédiaire d'aucun réservoir, les eaux émergent directement des piscines et appareils balnéaires; elles n'ont subi aucune altération au contact de l'air : leur volume permet de renouveler l'eau constamment; sa température naturelle au griffon est de 34°.

Le malade est pour ainsi dire plongé dans la source même.

De là la supériorité de l'Etablissement de Lamalou-le-Haut.

Prises directement à la source et sans mélanges, les eaux en boissons y produisent leur maximum d'effet.

Les eaux de Lamalou-le-Haut ont une efficacité considérable dans les affections rhumatismales : 1° Rhumatismes articulaires chroniques chez les individus lymphatiques ; 2° Névralgies rhumatismales, sciatiques, migraines, névralgies faciales.

Leur température moyenne, leur action sédative en même temps que antirhumatismale, les font préférer à toutes les autres, dans les rhumatismes du cœur, de la moëlle épinière et des centres nerveux. Elles ont une action puissante sur l'anémie, la chlorose et les états morbides vulgairement appelés *appauvrissement du sang.*

La source dite du Petit-Vichy alcaline, se distinguant des autres par l'absence à peu près complète d'éléments ferrugineux, est recommandée contre les maladies des voies digestives; son action directe sur les reins, combat avec grand succès la gravelle et la goutte.

Cette eau est une des meilleures eaux de table connues. Elle se transporte et se conserve sans altération.

Grand hôtel de l'Etablissement attenant aux thermes. Vastes parcs, voitures particulières, omnibus, tramways, chapelle, bureaux de poste, télégraphe.

S'adresser au Directeur de l'Etablissement thermal de Lamalou-le-Haut.

15e Année. — N° 3. — Edition de Toulouse. — Un N° **5** c. — Dimanche 16 Janvier 1887.

LE
Dimanche illustré

SEMAINE RELIGIEUSE DE TOULOUSE

Messager

DES

Paroisses

Indicateur

DES

Pèlerinages

ANNONCES ET RÉCLAMES	DIRECTION ET ILLUSTRATIONS	BONNEMENTS
A l'Administration, 28, rue du Faubourg Arnaud-Bernard, Toulouse.	PAR **Louis-Victor GESTA** ARTISTE PEINTRE-VERRIER Chevalier de l'Ordre de Saint-Sylvestre.	Toulouse. . . . . 3 fr. Départements. . . . . . 6 fr

XVᵉ ANNÉE

Toute réclamation concernant la Rédaction ou l'Administration du journal le *Dimanche illustré* devra être adressée *franco* rue du faubourg Arnaud-Bernard, 28. Les lettres non affranchies seront rigoureusement refusées.

Les manuscrits non insérés ne pourront, sous aucun prétexte, être rendus à leurs auteurs.

Il paraît chaque semaine 2 éditions du *Dimanche illustré* : la 1ʳᵉ pour la France et l'étranger ; et la 2ᵉ pour Toulouse ; dans cette dernière édition, l'article *Variétés* est remplacé par l'ordre de l'Adoration perpétuelle et des offices de la semaine.

DIRECTION, RÉDACTION ET ADMINISTRATION
28, rue du Faubourg Arnaud-Bernard, 28
TOULOUSE

ÉTABLISSEMENT THERMAL

DE

LAMALOU-LE-HAUT (THERMES ROMAINS)

Près BÉDARIEUX (Hérault).

Ce vaste Etablissement est situé sur le plateau le plus ouvert de la vallée où l'on respire un air exceptionnellement pur ; les ombrages de ses beaux parcs et des coteaux qui en dépendent en font un séjour délicieux.

Il est alimenté par sept sources minérales et thermales déclarées d'intérêt public, par décret en date du 26 août 1865.

Elles se divisent en deux groupes : 1° Acidules bicarbonatées, ferrugineuses sodiques, le fer s'y trouve en très grande abondance ; 2° Alcalines bromurées et iodurées. Ces dernières ne contiennent que peu ou point de fer. Toutes contiennent de l'arsenic et du cuivre.

Ces eaux sont administrées en bains ou en boissons.

Pour les bains : sans l'intermédiaire d'aucun réservoir, les eaux émergent directement des piscines et appareils balnéaires; elles n'ont subi aucune altération au contact de l'air : leur volume permet de renouveler l'eau constamment; sa température naturelle au griffon est de 34°.

Le malade est pour ainsi dire plongé dans la source même.

De là la supériorité de l'Etablissement de Lamalou-le-Haut.

Prises directement à la source et sans mélanges, les eaux en boissons y produisent leur maximum d'effet.

Les eaux de Lamalou-le-Haut ont une efficacité considérable dans les affections rhumatismales : 1° Rhumatismes articulaires chroniques chez les individus lymphatiques ; 2° Névralgies rhumatismales, sciatiques, migraines, névralgies faciales.

Leur température moyenne, leur action sédative en même temps que antirhumatismale, les font préférer à toutes les autres, dans les rhumatismes du cœur, de la moëlle épinière et des centres nerveux. Elles ont une action puissante sur l'anémie, la chlorose et les états morbides vulgairement appelés *appauvrissement du sang*.

La source dite du Petit-Vichy alcaline, se distinguant des autres par l'absence à peu près complète d'éléments ferrugineux, est recommandée contre les maladies des voies digestives; son action directe sur les reins, combat avec grand succès la gravelle et la goutte.

Cette eau est une des meilleures eaux de table connues. Elle se transporte et se conserve sans altération.

Grand hôtel de l'Etablissement attenant aux thermes. Vastes parcs, voitures particulières, omnibus, tramways, chapelle, bureaux de poste, télégraphe.

S'adresser au Directeur de l'Etablissement thermal de Lamalou-le-Haut.

15ᵉ Année. — Nᵒ 4. — Edition des Départements. — Un Nᵒ 10 c. — Dimanche 23 Janvier 1887.

LE
Dimanche illustré

Messager

DES

Paroisses

Indicateur

DES

Pèlerinages

ANNONCES ET RÉCLAMES	DIRECTION ET ILLUSTRATIONS PAR	BONNEMENTS
A l'Administration, 28, rue du Faubourg Arnaud-Bernard, Toulouse.	Louis-Victor GESTA ARTISTE PEINTRE-VERRIER Chevalier de l'Ordre de Saint-Sylvestre.	Toulouse. . . . . 5 fr. Départements. . . . . . 6 fr

XVᵉ ANNÉE

Toute réclamation concernant la Rédaction ou l'Administration du journal le *Dimanche illustré* devra être adressée *franco* rue du faubourg Arnaud-Bernard, 28. Les lettres non affranchies seront rigoureusement refusées.

Les manuscrits non insérés ne pourront, sous aucun prétexte, être rendus à leurs auteurs.

Il paraît chaque semaine 2 éditions du *Dimanche illustré* : la 1ʳᵉ pour la France et l'étranger ; et la 2ᵉ pour Toulouse ; dans cette dernière édition, l'article *Variétés* est remplacé par l'ordre de l'Adoration perpétuelle et des offices de la semaine.

DIRECTION, RÉDACTION ET ADMINISTRATION
28, rue du Faubourg Arnaud-Bernard, 28
TOULOUSE

15ᵉ Année. — Nᵒ 9. — Édition des Départements. — Un Nᵒ 10 c. — Dimanche 27 Février 1887.

LE
Dimanche illustré

Messager

DES

Paroisses

Indicateur

DES

Pèlerinages

ANNONCES ET RÉCLAMES	DIRECTION ET ILLUSTRATIONS PAR	ABONNEMENTS
A l'Administration, 28, rue du Faubourg Arnaud-Bernard, Toulouse.	Louis-Victor GESTA ARTISTE PEINTRE-VERRIER Chevalier de l'Ordre de Saint-Sylvestre.	Toulouse. . . . . 8 fr. Départements. . . . . 6 fr

XVᵉ ANNÉE

Toute réclamation concernant la Rédaction ou l'Administration du journal le *Dimanche illustré* devra être adressée *franco* rue du faubourg Arnaud-Bernard, 28. Les lettres non affranchies seront rigoureusement refusées.

Les manuscrits non insérés ne pourront, sous aucun prétexte, être rendus à leurs auteurs.

Il paraît chaque semaine 2 éditions du *Dimanche illustré* : la 1ʳᵉ pour la France et l'étranger ; et la 2ᵉ pour Toulouse ; dans cette dernière édition, l'article *Variétés* est remplacé par l'ordre de l'Adoration perpétuelle et des offices de la semaine.

DIRECTION, RÉDACTION ET ADMINISTRATION

28, rue du Faubourg Arnaud-Bernard, 28

TOULOUSE

AUX VERRIERES
Rue du Faubourg Arnaud-Bernard, 28
TOULOUSE

MANUFACTURE DE VITRAUX PEINTS

Louis-Victor GESTA
Artiste peintre-verrier

Des RR. PP. Jésuites de Toulouse, Bordeaux, Marseille,
Castres etc., tec,.

Bref de S. S. Pie IX, 19 juillet 1867
CHEVALIER
DE L'ORDRE DE SAINT-SYLVESTRE

34 médailles : 12 or, vermeil, argent et bronze,
5 mises hors concours. 4 diplômes d'honneur,
2me médaille à l'Exposition univ. Paris 1867.

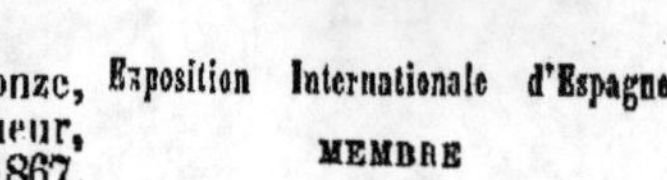

Exposition Internationale d'Espagne
MEMBRE
DE LA SOCIÉTÉ ARAGONAISE

ÉTABLISSEMENT THERMAL
DE

LAMALOU-LE-HAUT (THERMES ROMAINS)
Près BÉDARIEUX (Hérault).

Ce vaste Etablissement est situé sur le plateau le plus ouvert de la vallée où l'on respire un air exceptionnellement pur ; les ombrages de ses beaux parcs et des coteaux qui en dépendent en font un séjour délicieux.

Il est alimenté par sept sources minérales et thermales déclarées d'intérêt public, par décret en date du 26 août 1865.

Elles se divisent en deux groupes : 1° Acidules bicarbonatées, ferrugineuses sodiques, le fer s'y trouve en très grande abondance ; 2° Alcalines bromurées et iodurées. Ces dernières ne contiennent que peu ou point de fer. Toutes contiennent de l'arsenic et du cuivre.

Ces eaux sont administrées en bains ou en boissons.

Pour les bains : sans l'intermédiaire d'aucun réservoir, les eaux émergent directement des piscines et appareils balnéaires; elles n'ont subi aucune altération au contact de l'air : leur volume permet de renouveler l'eau constamment; sa température naturelle au griffon est de 34°.

Le malade est pour ainsi dire plongé dans la source même.

De là la supériorité de l'Etablissement de Lamalou-le-Haut.

Prises directement à la source et sans mélanges, les eaux en boissons y produisent eur maximum d'effet.

Les eaux de Lamalou-le-Haut ont une efficacité considérable dans les affections humatismales : 1° Rhumatismes articulaires chroniques chez les individus lymphatiques; 2° Névralgies rhumatismales, sciatiques, migraines, névralgies faciales.

Leur température moyenne, leur action sédative en même temps que antirhumatismale, les font préférer à toutes les autres, dans les rhumatismes du cœur, de la moëlle épinière et des centres nerveux. Elles ont une action puissante sur l'anémie, la chlorose et les états morbides vulgairement appelés *appauvrissement du sang*.

La source dite du Petit-Vichy alcaline, se distinguant des autres par l'absence à peu près complète d'éléments ferrugineux, est recommandée contre les maladies des voies digestives; son action directe sur les reins, combat avec grand succès la gravelle et la goutte.

Cette eau est une des meilleures eaux de table connues. Elle se transporte et se conserve sans altération.

Grand hôtel de l'Etablissement attenant aux thermes. Vastes parcs, voitures particulières, omnibus, tramways, chapelle, bureaux de poste, télégraphe.

S'adresser au Directeur de l'Etablissement thermal de Lamalou-le-Haut.

Hernies

Que font les médecins pour conjurer cette plaie sociale qui tue souvent
ses victimes après les avoir torturées toute leur vie? — Que pourraient-ils
faire? — Et d'abord, la hernie est-elle curable? — Quels sont les moyens
à employer pour en obtenir la guérison et arriver à se passer du bandage?
— Telles sont les questions que le **Docteur CHOFFÉ**, ex-médecin de
marine, a résolues dans ses Causeries Médicales. La 15ᵐᵉ édition de cet
ouvrage vient de paraître; mais les modifications importantes qu'y a appor-
tées l'auteur en font un livre nouveau et du plus grand intérêt. Outre les
Hernies, il y traite des *Maladies de la Femme*, et en général des **Affections
chroniques** de tous les organes.

C'est donc un guide précieux que mon confrère offre aux malades, car
ce volume de 275 pages est expédié *gratuitement* et sous enveloppe à tous
ceux qui joignent à leur demande 60 cent. en timbres-poste pour les frais
d'envoi. — Adresser les lettres au Dʳ CHOFFÉ, *quai Saint-Michel, Paris.*

Docteur SANDREAU.

H. OUDIN, Libraire-Éditeur. — PARIS, 17, RUE BONAPARTE, 17

VIENT DE PARAITRE :

ENTRETIENS SUR LES MYSTÈRES DU

SAINT ROSAIRE

Par Mgr L-Ch. GAY

ÉVÊQUE D'ANTHÉDON, ANCIEN AUXILIAIRE DU CARDINAL PIE, ÉVÊQUE DE POITIERS

Deux forts volumes in-12, brochés   **7 50**

DU MÊME AUTEUR

VIE ET DES VERTUS CHRÉTIENNES (de la) considérées dans l'état religieux. 9° édition. 2 beaux volumes in 8°.   **12 »**

LE MÊME, 3 volumes in-12, 10° édition,   **10 50**

ABRÉGÉ DU MÊME OUVRAGE, 1 volume in-12.   **4 »**

CONFÉRENCES AUX MÈRES CHRÉTIENNES, 2 beaux volumes in 8°, 2° édition.   **12 »**

ABRÉGÉ DU MÊME OUVRAGE, 1 volume in-12.   **4 »**

ELEVATION SUR LA VIE ET LA DOCTRINE DE N.-SJ. C., 2 beaux volumes in-8°, 2° édition broché.   **12 »**

FLEURS DE DOCTRINE ET DE PIETE, extraites des Œuvres de Mgr Gay, évêque d'Anthédon, 1 joli volume in-18 2° édition.   **2 25**

BEAU CADEAU D'ÉTRENNES

POUR MM. LES ECCLÉSIASTIQUES

HISTOIRE DU CARDINAL PIE, Évêque de Poitiers, par Mgr BAUNARD, Prélat de la Maison de Sa Sainteté, professeur aux Facultés Catholiques de Lille.

OEUVRES COMPLÈTES DE S. E. LE CARDINAL PIE, Evêque de Poitiers, 9 forts volumes in-8° brochés.

MAGNIFIQUE PORTRAIT DE S.E. CARDINAL PIE, gravé à l'eau-forte par F. GAILLARD.

Offerts à 54 fr. net payable au comptant, au lieu de 84 fr. 50, ou à 60 fr. payable par douzièmes, à raison de 5 f. par mois.

Le gérant : CAUSSÉ.   Toulouse. — Imp. Catholique Saint-Cyprien.

Le gérant : CAUSSÉ. Toulouse. — Imp. Catholique Saint-Cyprien.

Le gérant : CAUSSÉ.

Toulouse. — Imp. Catholique Saint-Cyprien.